新 版

# 現代社会への多様な眼差し

── 社会学の第一歩 ──

大関 雅弘 編著

晃 洋 書 房

# まえがき

　この本を読めば複雑な現代社会がよくわかるようになる．もちろん，それを目指してこの本は書かれています．とはいえ，"わかる"という日本語にはちょっと注意が必要です．「なあ，わかるだろう」という問いかけには，理解したのだから同意せよという含意があります．現代社会への多様な眼差しをみなさんに理解して欲しいのですが，理解したからといって，そのまま同意を求めるものではありません．同意するのはとりあえず保留にして，理解したことが自分のなかで"発酵"するのを待ちましょう．そうすることで，理解したことが自分のものになっていきます．

　最初から少し難しい話になりました．しかし，社会学を学ぶうえでも研究するうえでも，この点がとても大切なのです．では，どうして理解と同意を区別しなくてはならないのでしょうか．理解は，ある程度，客観的にできますが，同意には，あなた自身が抱いている「価値」もしくは価値観がかかわっているからです．ですから，社会学においては，あなたを離れて"わかる"ことはありえないのです．もっと言えば，わかってからのあなたは，以前のあなたとは異なっているかもしれません．もうもとの自分には戻れないかもしれないのです．その意味で，社会学は"危ない"学問なのかもしれません．でもそれゆえ，ちょっとした知的冒険を楽しむこともできます．しかも生きているあいだずっとです．

　驚きと疑問が学問の入り口であるとよく言われます．社会学では，とくに常識にかかわる驚きと疑問が大切です．新たな常識に出会い発見したときの驚き，あるいはなぜそれが常識なのかという疑問は，あなたの現代社会に対する認識を飛躍的に豊かなものにします．と同時に，あなた自身に対する認識をも豊かなものにします．というのは，こうした驚きや疑問の根底には，あなた自身の常識が横たわっているからです．ふだん意識していなかった自分の常識を，驚きと疑問を通して自覚することができるようになるのです．こうしたことから，自分の常識の基準になっている，自分自身が抱いている「価値」や価値観が何であるのかに気づくことが，複雑な現代社会がわかるようになるための第一歩

なのです．自分の眼でしっかり現代社会を捉えることができるようになりましょう．

　現代社会は，グローバル化のなかで日々変化を遂げています．何が起きてもおかしくないとさえ言われる社会が出現しています．そのため，メディアを通して，溢れんばかりの情報がこれでもかこれでもかと，私たちの生活に押し寄せてきます．そのなかから本当に必要な情報をどのようにして取捨選択したらよいのか，私たちは途方に暮れてしまいます．そこで，確固とした信念を持ち，何があっても動じないようにするのも一つの手かもしれません．でもその場合には，柔軟性を欠いてしまい，現代社会に適応することが難しくなります．それでは，その時その時の状況に合わせて，何でも受け入れればよいのでしょうか．そうすると，自分が生きている意味が見出せなくなってしまいます．では，いったいどうしたらよいのでしょうか．答えはひとつ．自分を鍛えるしかありません．その際に，情報や知識も確かに大切ですが，それだけでは十分でありません．それらを自分のものにするためには，社会学的なものの見方・考え方を身につけることがもっと大切になります．

　新版においても，旧版と同様，社会学の15の研究領域において，それぞれの切り口から現代社会に迫っています．とはいっても，ある研究領域の典型的な見解が必ずしも述べられているわけではありません．同じ研究領域だからといって研究者の考え方がほぼ一致しているとは限らないのが社会学の面白いところです．そうした執筆者の独自性を重視して，この本は，社会学の初心者を念頭において書かれています．しかし，いわゆる入門書のように基礎概念の解説を中心にしてはいません．驚きと疑問を持つことこそ，社会学入門の第一歩と考えるからです．ですから，みなさんは，興味・関心のある章から読み進めてください．そのなかで，社会学的なものの見方・考え方を身につけてください．そのうえで，みなさんの目の前に広がっている現代社会という大海原への航海に旅立ってほしいと思います．

　　2020年8月20日

　　　　　　　　　　　　　　　　　　　　　　　　　　　編　者

# 目　　次

第 **1** 章

# 社会学理論
—— 「社会」を理論によって捉えるとは ——

大関雅弘

個人と社会との関係に焦点をおいて現代社会を捉える社会学理論の特徴について本章で述べます．まず現代社会学理論の基礎を構築した E. デュルケームと M. ウェーバーがそれぞれ「社会」をどのように捉えたかを考察します．次に T. パーソンズと意味学派の社会学の特徴を把握し，それらを踏まえて，現代の社会学理論の課題を明らかにします．これらを通して，社会学理論という研究領域がもつ今日的な意義についての理解を深めていきましょう．

## 1 社会学理論とは何か

### 個人と社会との関係

　私たちは自分の人生を自由に創ることのできる主体です．こうした主体は，個人が自分で考えて自分で行動できるようになってはじめて可能になります．それでは，個人がしっかりしてさえいれば，自分の人生を自由に創ることができるのでしょうか．それだけでは不十分です．主体形成のためには，自己と他者とが関係し合い，結びつくことが必要です．そうした結びつきは，現代社会のように規模が大きく複雑になると，実感することがなかなか難しくなります．ですが，直接的にあるいは間接的に人びとが連帯することによって，人生を自由に創ることのできる社会をお互いに実現することが可能になるのです．

　このように考えると，個人と社会とが必ずしも対立するとは限りません．もちろん，個々人のあいだには衝突がありますし，また個人と社会との利害がいつも一致するわけではありません．しかし，社会学理論によって大きな視点から捉えると，社会と個人との関係は，どちらからみても「作られつつ作る」関

係にあります．社会の側からみた場合，個人と個人との関係によって社会が作られていますが，その社会のあり方が個人を特徴づけます．どの社会（国，地域）で生まれ育ったのか，またどの時代に生まれ育ったのかによって，個人の特徴はずいぶん異なったものになります．個人の側からみたらどうでしょうか．個人はいまみたように社会のあり方に対応して形づくられますが，その個人が，社会のあり方を日々再生産するとともに，新たな社会を作り出してもいくのです．

## 社会学の成立

　自分の人生を自由に創ることができる，こんな風に考えることができるようになったのはいつ頃からなのでしょうか．それは近代社会になってからのことです．すなわち，それまで共同体に埋没していた人間が，個人として社会を形成することのできる時代になってからのことです．しかしながら，その道のりは苦難に満ちたものでした．長いあいだ，強大な国家の力に対抗しながら，少しずつ個人の権利が認められてきたのです．ルネッサンス，宗教改革を経て，市民革命と産業革命とによって，まずイギリスで「市民社会」が形成されました．その後，フランス，ドイツなどヨーロッパ諸国に広がっていきました．

　「市民社会」とは，自立した個人が対等な関係で社会秩序を形成する社会のことです．18世紀のイギリスにおける資本主義的発展は目覚ましく，自由な生産と自由な交換に基づく自由競争を基盤にして，イギリスは「世界の工場」としての地位を獲得しました．その経済的発展が「市民社会」を支え，それを通して「自由」，「平等」の考え方が国民のあいだに根づいていきました．イギリスに遅れて他のヨーロッパ諸国とアメリカも産業革命を遂行し先進国になりましたが，アジアとアフリカの大部分の国々は，原材料と食料の供給地として位置づけられる発展途上国となり，この構造は，基本的には現在にまで至ります．

　こうした国際競争の展開とともに，イギリス国内においては，自由競争による経済発展が階級対立に基づく労働問題や都市問題を発生させることになりました．すなわち，労働時間の延長，賃金引き下げ，労働災害，単純・補助労働者としての子どもや女性の使用，周期的に発生する恐慌と大量の失業者といった労働問題や，職を求めて大都市に人びとが移動してきたことに伴い，住宅，上下水道，公衆衛生，犯罪，売春などの都市問題が引き起こされたのです．

　こうした自由競争によって引き起こされた諸問題は，19世紀に入ると顕在化し，「市民社会」が岐路に立つことになります．というのは，「自由」，「平等」という理念を基本とする「市民社会」が，それを支えている資本主義的な経済発展によって危機に瀕することになったからです．こうした事態に直面して，「市民社会」の理念を継承しつつ「市民社会」の立て直しを図る学問として，社会学が登場します．社会学の名称（socius＋logos ⇒ sociologie）を創ったことで知られるフランスのA.コント（1798 - 1857）は，「市民社会」を再組織化するための実証科学としての社会学を唱えました．とはいえ，彼だけが社会学を創ったわけではありません．18世紀に始まるA.スミス（1723 - 1790）の経済思想に代表される自由放任主義（古典的自由主義）に対抗して，19世紀半ば以降，「市民社会」を社会的にコントロールすることを目指す社会的自由主義の思想動向が現われ，そのなかで社会学が誕生したのです．

## 近代社会の自己認識としての社会学

　19世紀から20世紀へと欧米の先進社会が変貌を遂げるなかで，社会学者は，自分たちの時代がこれまでの伝統的社会とは異なる何か新しい社会であることをつかみとりました．彼らは，それを「△△」から「○○」へという仕方で表現しています．代表的なものをいくつか挙げましょう．コントは，「神学的段階」，「形而上学的段階」から「実証的段階」へ．H.スペンサー（1820 - 1903）は，「軍事型社会」から「産業型社会」へ．F.テンニース（1855 - 1936）は，「ゲマインシャフト」から「ゲゼルシャフト」へ．E.デュルケーム（1858 - 1917）は，「機械的連帯」から「有機的連帯」へ．R.マッキーバー（1882 - 1970）は，「コミュニティ優位」から「アソシエーション優位」へ，などです．

　彼らは，自分たちの社会がどこから来てどこへ向かおうとしているのかを問うことにより，いま自分の目の前で展開している「近代社会」がいかなる社会なのか，その特徴をつかみとろうとしたのです．それはまた，個人と個人とがどのように関係しているのか，その特徴を認識することでもありました．こうしたことから，社会学，とりわけ社会学理論は，欧米の先進諸国の変化を社会と個人との関係に焦点をあてて理論的に捉えることを課題にしています．これはとりもなおさず，人類の歴史のなかで「近代社会」がもつ独自性を自己認識

しようとする社会学の学問的営為でもあるのです.

## 2 「社会」をどう捉えるのか

　創始期のコントらの社会学を批判的に継承して,19世紀末から20世紀初頭にかけて「第2世代」の社会学者が活躍します.また,この時期に現代社会学理論の基礎が形づくられます.この節では,E.デュルケームとM.ウェーバー(1864-1920)を取りあげて,彼らがそれぞれどのような方法によって「社会」を捉え,理論化しようとしたのかを考察します.

### デュルケーム:社会統合

　デュルケームが「社会」を捉えるために採った方法は,「社会的事実」をモノとして観察するということです.人間は集団で生活するので,その集団に特有な行為,思考,感覚などの様式が発達します.これらを集合意識と言います.集合意識は,自分が作ったものではなく与えられたものという点で「外在性」を,またそれに従わなくてはならないという点で「拘束力」を,集団のメンバーに対して有しています.ですから,個々人の意のままに変えられないという意味で「社会的事実」は,モノのような性質を持っているといえるので,社会は客観的に観察できるとデュルケームは主張しました.

　その具体的な例をデュルケームの『自殺論』(1893)[1]を取りあげて説明しましょう.彼は,当時の統計資料に基づいて「自殺率」(10万人あたりの自殺者数)がそれぞれの社会環境のもとで多少なりとも一定した頻度で生じていることに注目します.通常考えられているように,自殺がまったく個人的な"心理"によるものであるならば,一定の「自殺率」が存在することにはならないはずです.つまり,個人にとって自殺しやすい,あるいは自殺しにくい社会環境があるということです.

　最近の自殺に関するデータを少しみてみましょう.次頁に示した表は,1985-2015年の日本の自殺率の推移です.1998年から2011年までの14年間,自殺者数が3万人を超えたことが大きな社会問題として取り上げられました.自殺率でいえば,1997年が19.3であったのに対して1998年に26.0まで跳ね上がり

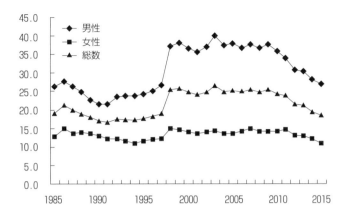

**図 1 - 1　総数および男女別自殺率の推移**（1985 - 2015）

出所：内閣府自殺対策推進室・警視庁生活安全局生活安全企画課「平成27年中における自殺の状況」（2016年3月18日），補表1-1「年次別自殺者数」に基づいて作成．

ます．その後の14年間にわたって25前後であったことが確認できます．2012年からは少しずつ減少し2015年は18.9です．1997年以前は概ね20以下の自殺率でしたから，新自由主義的政策が始まった1998年以降の日本の社会環境は，それ以前とはかなり異なることがわかります．そして現在，自殺率は，もとの自殺率の水準にまで戻ってきたようです．男女別でみると，男性の自殺率が女性の2倍以上であることがわかります．女性の場合には，自殺率が12から15で30年以上にわたって安定しています．1998年以降に変化した社会環境の影響を直接的に受けたのは男性でした．ごく単純化して言えば，会社で孤立しがちな男性に対して，日常生活で円滑な人間関係を形成している女性という対比によって，男女の社会環境の違いから自殺の抑止力を説明することができるでしょう．こうしてみると，ある社会環境のもとで一定の自殺率が存在するというデュルケームの主張は，かなりあたっているのではないかと思われます．ところで，日本の自殺率は，他の諸国と比べてどうなのでしょうか．残念ながら，日本は，自殺しやすい国のようです．WHOの2015年の統計によれば，韓国（28.9），ロシア（19.5）など日本（18.5）より高い国もありますが，フランス（12.3），アメリカ（12.1），ドイツ（9.2），イギリス（6.2），イタリア（4.7）などの先進諸国では自殺率はかなり低いものとなっています．

　『自殺論』に話を戻しましょう．デュルケームは，社会環境という人間と人間との関係のあり方によって，個人的な行為である自殺の頻度が異なると考えました．それを「自殺の4類型」として説明しています．自殺の類型といっても，それは自殺の原因や動機による分類ではありません．社会の統合力や連帯感の強弱（「集団本位的自殺」「自己本位的自殺」），および社会規範の強弱（「宿命的自殺」「アノミー的自殺」）によって，自殺を類型化したのです．

　デュルケームは，いまの社会においては，4類型のうち「自己本位的自殺」と「アノミー的自殺」とが基本であると捉えています．「自己本位的自殺」は，個人が集団生活から切り離されて孤立する結果として生じる自殺です．デュルケームの考えでは，「自己本位的自殺」は，伝統的な共同社会が崩壊しているにもかかわらず，それに代わって人びとを結びつける新たな関係がまだ形成されていないために起こります．自分が他者と結びついているという連帯感が弱くなれば，その社会の統合力は低下します．そうした社会環境にあっては，自殺が容易になるということです．次に「アノミー的自殺」ですが，これは個人の欲求に対するコントロールを行う社会規範が適切に働かなくなる結果，個人が無制限の欲求に駆られ，その欲求が充足不可能になることによる幻滅や空しさによって生じる自殺です．では，なぜ社会規範が適切に働かなくなったのでしょうか．例えば，お金さえあれば何でも買えるという時代にあっては，「学生のうちは我慢しなさい」といった社会規範は，個々人に対して強く働きません．社会の価値観が大きく変わるとき，あるいはお金がすべて（経済至上主義）という考え方が支配的になったとき，社会規範の働きは弱体化します．社会規範が働きにくいということは，社会の統合力の弱体化を意味します．

　このように，個人と個人とを結びつける「社会統合」という視点から，デュルケームは，自殺を論じました．社会環境によって一定の自殺率が存在するということは，それぞれの社会環境が固有の「社会統合」の程度をもっているということです．したがって，社会環境は，個人に先立って客観的なモノのように存在しており，それによって個々人の行為のあり方が決まる（自殺率）とデュルケームはいうのです．こうした社会学理論による捉え方を「方法論的集合主義」と言います．

## ヴェーバー：社会形成

　ヴェーバーは，デュルケームとは逆に，個々人の行為が社会を形成するという視点から研究を進めます．これを「方法論的個人主義」と言います．ここでは，1904年から1905年に書かれた「プロテスタンティズムの倫理と資本主義の『精神[3]』」(以下『プロ倫』と略記)を取りあげましょう．この著作のなかでヴェーバーは，いまの「社会」を次のように捉えています[4]．

> 今日の資本主義的経済組織は，既成の巨大な秩序界であって，個々人は生まれながらにしてその中に入り込むのだし，個々人（少なくともばらばらの個人としての）にとっては事実上，その中で生きていかなくてはならない変革しがたい鉄の檻として与えられている．

　多少前後の文脈も踏まえて敷衍すると，いまの「社会」は，「資本主義的経済組織」の圧倒的な影響力のもとにあり，それは「巨大な秩序界」を形成している．もし企業家が会社を潰したくなければ，また労働者が職を失いたくなければ，この「資本主義的経済組織」に適応しなくてはならない．だから，個々人にとって，「社会」は「変革しがたい鉄の檻」として与えられているのだというのです．では，どうしてこのような「資本主義的経済組織」ができあがってしまったのでしょうか．ヴェーバーは，その理由を人びとが「資本主義の精神」を抱くようになったことによってもたらされたと考えました．

　ヴェーバーは，人類の歴史とともに古くから存在してきた営利一般としての「資本主義」とは異なる，近代西欧に特有な「近代資本主義」の特徴を「資本主義の精神」による営利に基礎づけられている点に求めます．通常，営利活動によって利益をあげるのは，"儲けたい"という欲望によるものです．ところが「資本主義の精神」においては，"儲けなければならない"という義務によって営利活動が行われます．通常，営利活動による利益は，欲しいものを手に入れるための手段です．ところが，「資本主義の精神」においては，営利自体が自己目的となっています．つまり，"儲けるために儲けなくてはならない"と考えているのです．「資本主義の精神」というのは，明らかに"異常"です（ヴェーバーもそう考えました）．ところが，今日の私たちの「近代資本主義」(「産業資本主義」)においては，この義務として自己目的化した営利活動を行うことが根本

的な原則となっています．ですから，私たちは，企業家であろうと労働者であ
ろうと，この「資本主義的経済組織」に適応しなくてはならないのです．

　では，この「資本主義の精神」は，どのようにして生まれたのでしょうか．
それを明らかにしようとしたのが『プロ倫』です．ごく簡単に説明しましょう．

　宗教改革の時代，カルヴァン派の信徒たちは予定説を信奉しました．予定説
によれば，神は一部の人間だけを「永遠の生命」を与えられる存在として予め
選びました．信徒たちは，その教義をただ受け入れるだけでなく，主観的（＝
主体的）に捉え，自分が救われていることの「確証」を得るために，職業労働
にひたすら励みました．なぜ職業労働に励むことが救いの「確証」になるので
しょうか．それは，神は合理的に社会秩序を創ったので，その社会秩序は人類
の実益に合うようにできている．だから，社会の実益に役立つ職業労働こそが
神の聖意にかなうものである．もし自分が神に選ばれているのであれば，神の
栄光を増す行為（労働）のなかに神の恩恵の働きを意識することできるに違い
ない，と信徒たちが考えたからです．時を経ると，さらに，神が求める職業労
働は合理的な職業労働であり，その職業労働が社会的に有益であることは「収
益性」に現れるのであって，「収益性」がよいということは信徒の有能さを示
す証拠とされるようになりました．この証拠は，その信徒がとりもなおさず救
いに選ばれているということの証拠です．こうして，確定した職業の持つ意義
から近代の専門人が賞賛され，実業家の利潤獲得の機会は神の摂理だと考えら
れることになりました．これまでは，あくまでも救いの「確証」のために職業
労働が行われたのですが，そうした信仰の支えがなくても職業労働の考え方が
継承され（宗教の世俗化），18世紀には職業労働による営利活動は自己目的化す
ることになります．これが「資本主義の精神」です．『プロ倫』では，その典
型例としてフランクリンの「教説」が例に挙げられています．

　ヴェーバーは，この「資本主義の精神」が一つの「エートス」であると述べ
ています．「エートス」は，社会意識の一つの形態ですが，信徒たちが予定説
を主観的（＝主体的）に捉え，「救いの確証」のための労働にひたすら励むとい
うように，個々人の心理的起動力に焦点が当てられている点に，「エートス」
を用いた社会把握の特徴があります．個々人が自らの行為の意図や動機に込め
た主観的な「意味」を理解することを手がかりにして，社会学に特有な方法と

して，彼は，「理解社会学」を確立していきます．このように，ヴェーバーは，人びとの意識を媒介にして，個々人の行為が社会を形成するという視点から社会学理論を構築していきました．

## 3　社会システム論と「意味学派」の社会学

　T. パーソンズ (1902 - 1979) の社会システム論は，20世紀の社会学理論を半世紀近くも牽引しました．また1960年代後半以降，この理論を批判する一群の社会学理論が興隆してきます．これらを「意味学派」の社会学と呼んでいます．この節では，それぞれの社会学理論の特徴について述べていきます．結論を先取りすると，社会システム論では，「作られつつ作る」関係を社会の側から考察するのに対して，「意味学派」の社会学では個人の側から考察します．

### パーソンズの社会システム論

　若きパーソンズは，ヴェーバーの『プロ倫』に強く影響を受けました[5]．ヴェーバーの提起した「資本主義の精神」論から，パーソンズは，目標達成に向けて主体的に努力する現代社会における個人主義の価値理念をつかみ取りました．経済行為といえども，そのあり方は単なる利害によってだけではなく，その担い手である諸個人の価値的な要素を重視しなくてはならないと考えたのです．

　そこで，パーソンズは，行為を，① 目標，② 状況，③ 規範，④ 動機づけ，からなるものとして捉えましたが，また彼は，このように捉えられた行為自体が一つのシステムであるとみなすようになります．通常は，個人が行為するという順序で考えますが，パーソンズは，「行為の束」として個人を捉えます．ですから，彼によれば，「行為の束」としての個人は行為システムとして捉えることができるし，またそうした個人から社会が構成されているのであるから，社会も行為システムであるというのです．こうして，まず「一般行為システム」というすべての行為を構成要素とする行為のシステムというものを極めて抽象的に想定します．そのうえで，その共通基盤から分化したものとして，個人と社会を捉えるのです．では，システムとは何でしょうか．それは，その構成要素が一定の相互連関にある状態のことです．当時，システムという最新の考え

方を用いて発展を遂げていた自然科学の方法をそのまま社会学に取り入れるのは時期尚早であると考えたパーソンズは、次善の策として「構造‐機能主義」を提起しました。それは、システムにおける諸要素は不断に変化し続けますが、そのなかで相対的に変化しにくい要素および要素間の関係を「構造」としてまず把握し、次に、この「構造」との関連でそれ以外の相対的に変化しやすい要素がシステムの存続・維持に対して果す「機能」を確定するというものです。

　こうして、パーソンズは、「（一般）行為システム」を「行動有機体（生理システム）」、「パーソナリティ・システム」、「社会システム」、「文化システム」の4つの下位システムから構成されるものと定義します。そのうえで、彼は、システムが存続・維持していくためには必ず充たさなくてはならない必要不可欠な条件としての「機能要件」の研究に進んでいきます。この「機能要件」のことを「AGIL図式」と呼びます。それは、次の4つの機能を指します。[6] ①適応（adaptation）：システムの目標を達成するために必要とされる用具を提供する機能。②目的達成（goal attainment）：システムの目標を決定し、その目標の達成に向かって、システムの諸資源を動員する機能。③統合（integration）：システムを構成している諸々の単位（行為者，役割など）のあいだの関係を調整する機能。④潜在的パターンの維持および緊張処理（latent pattern maintenance）：制度化された価値を安定的に保持し，システムのなかに生じる歪みを正そうとする機能。

　パーソンズによれば、すべてのシステムは、必ずこの4つの機能を果さなければ、存続・維持できません。では、行為システムは、それを構成する4つの下位システムに機能分化しながらも統一性を失うことはないのでしょうか。下位システムのあいだには、“統御するもの‐統御されるもの”というヒエラルヒーが存在するためにバラバラにならないで済むとパーソンズは言います。サイバネティクスの考え方では、制御する能力は「情報」としての性質をどの程度持つのかに依存しますが、この「情報」にあたるのが、パーソンズの理論の「価値」です。つまり、「文化システム」（L機能）⇒「社会システム」（I機能）⇒「パーソナリティ・システム」（G機能）⇒「生理システム」（A機能）の序列に従って、文化の有する「価値」が社会、そして個人を統御するのです。

### 「意味学派」の理論的特徴

　パーソンズの理論は，人間の行為における価値的要素を重視するものでしたが，文化による「価値」によって個人の行為が統御されることになります．こうした理論に反対して，1960年代後半から新しいアメリカ社会学の動向が現われてきます．フッサールの生活世界論を社会学に適応したA. シュッツ（1899-1959）の「現象学的社会学」，G. H. ミード（1863-1931）を源流とする「シンボリック相互作用論」，およびH. ガーフィンケル（1917-2011）の「エスノメソドロジー」などです．これらの社会学理論は，それぞれ独自なアプローチを持つとはいえ，人間およびその行為を，社会システムによって決定されるような受動的な存在として捉えるのではなく，行為者自身の主観性（＝主体性）や能動性を理論的に強調する点で共通しています．これら一連の人間主義的な傾向を持つ理論を「意味学派」の社会学と呼んでいます．

　「意味学派」の社会学は，日常生活に存在しているルールを重視しますが，それは社会の構造に客観的に備わっているのではないと考えます．私たちが自明視している常識に基づく知識を用いて，個々の行為者が主観的に意味を付与することによってであれ，あるいは相互作用のなかで行為者がシンボルを媒介にして他者の行為を解釈し，それを意味づけながら自己と他者とが反応し合うことによってであれ，人間の主体的な働きかけなしには社会のルールは存在しえないということを，彼らは，理論的に明らかにしようとしたのです．

　例として，多数の学生が受講している教室において，なぜ静かな状態が保たれているのかを考えてみましょう．パーソンズであれば，学生が「静かに受講すべきだ」という規範（ルール）を，社会およびその前提にある文化の「価値」として内面化しており，それに従っているから静かな状態が保たれていると答えるでしょう．もしそれに従うことのできない学生がいたとしたら，それは社会の価値から「逸脱」した者とみなされることになります．これに対して，「意味学派」ではどうでしょうか．「人が状況を現実のものだと定義することによって，その結果，状況は現実となる」というW. タマス（1863-1947）の「状況の定義」を使って説明しましょう．学生が自ら置かれた教室の「状況」を解釈し，「静かに受講すべきだ」とその「状況」を定義することによって，静かな状態が保たれるという「状況」が結果的に出現することになります．もし学生たち

が「静かに受講すべきだ」と「状況の定義」をしているのに，途中から入ってきた学生が隣の学生に話しかけてもよいと他の学生とは異なる「状況の定義」をしたらどうなるでしょうか．その学生は，周囲の学生から"浮く"ことになるので，「静かに受講すべきだ」と「状況」を「再定義」することになり，それによって静かな状態が保たれることになります．ところが，教室にもとからいた学生のなかにじつは息抜きをしたいと考えている者が一定数いたとします．彼らは，途中から学生が入ってきたのを契機にして少々ざわつきます．その状況を教師が放っておくと，場合によっては，"多少話をしてもかまわない"と，学生は「状況」を「再定義」することになるかもしれません．そうすると，騒がしい教室の「状況」が出現することになります．

　学生たちは個々に知り合いもいればそうでない人もいます．声に出してコミュニケーションをしなくても，「状況」に対する意味づけを通して，学生たちはお互いに「相互行為」をしているのだといえます．その場合，教室では「静かに受講すべきだ」という規範（ルール）に基づいて「相互行為」が行われているとは捉えないのです．個々の学生が「状況の定義」という主観的（＝主体的）な働きかけを実際にすることを通して「相互行為」が行われており，その都度そこにルールが生起していると捉えるのです．

## 4　現在の社会学理論の動向

### 現代社会学理論の課題

　パーソンズは，現代社会が一つの全体としての「社会システム」であると捉えました．これは，20世紀中頃以降から現在に至る「全体社会」についての現状認識に基づくものです．個人と個人とが相互行為によって形成する関係の総体を狭義の「社会」とすると，その社会領域だけではなく経済領域や政治領域をも含む「全体社会」という意味での広義の「社会」が，パーソンズの「社会システム」です．それゆえ，彼は，「社会システム」が「経済」（A機能），「政治」（G機能），「国民共同態」（I機能），「信託体系」（L機能）という4つの下位システムからなるものとして理論化したのです．

　こうした「全体社会」の構造に対する視角が「意味学派」の社会学では弱い

と言わざるをえません.「意味学派」は,「意味」を媒介にして行為することにより, 個々人が能動的に関係を作ることを理論的に明らかにした意義は大きいのですが, それが「全体社会」の構造にどのようにかかわっているのかという点になると不明確なのです. こうしたことから,「全体社会」の構造と個々人の行為とがどのようにかかわり, さらに, そうした行為が「全体社会」の構造をどのように変化させうるのかを明らかにすることが, 今日の社会学理論の課題として提起されることになりました. いくつかの理論的な試みを紹介しましょう.

### 現代社会学理論の試み

J. ハーバーマス (1929 - )[7] は, 現代社会が「生活世界」と「システム」から成り立っていると考えます.「生活世界」は, 人が言語を媒介にして理解しあいながら了解を求める「コミュニケーション行為」を通して「意味」によって統合されています. これに対して,「システム」は,「生活世界」から自立化して政治や経済という形で形式的に組織された行為連関です. 現在, この「システム」における対象に対する技術的な処理能力である「道具的合理性」が増大し, 支配や強制を伴わない主体と主体との相互人格的関係に基づく「コミュニケーション的合理性」を圧倒しています. そうした「システム」の肥大化が,「生活世界」を侵食し, そのあり方を歪めるという「生活世界の内的植民地化」という事態が引き起こされていることを, 彼は問題にします.

N. ルーマン (1927 - 1998)[8] は, パーソンズの行為概念を基礎とする社会システム論から, コミュニケーションを基軸にした社会システム論への転換を図ります. パーソンズの理論が社会構造の変動を捉えるという点で弱点があったので, 彼は, その克服を目指したと言ってよいでしょう. その際にルーマンは, 行為から「意味」を切り離しました. それによって, 自己準拠概念を用いて, コミュニケーションを基軸にしたオートポイエシス的なシステム理論を構築しました. それは, システムが自らの構成要素とその関係を自ら産出することにより, 社会構造を再生産するとともにその構造を作り変えていくことを理論化しようとするものです.

P. ブルデュー (1930 - 2002)[9] は, 高級で正統であるとされている文化, 教養,

習慣などの「文化資本」を持っている家庭で生まれ育った子どもが，親と同様の社会的階級に所属することになる可能性が高いことから，経済資本と並んで文化資本が社会的地位を再生産することを主張しました．こうした文化資本においては，社会生活を営むなかで，その秩序に適合的な知覚と行動の図式が，本人には自覚されずに身体化されます．これが「ハビトゥス」です．したがって，「ハビトゥス」には，その「社会構造」が身体化されているといえます．そうすると，「ハビトゥス」だけであれば，社会の「構造」はただ単純に再生産されるだけです．そこで，ブルデューは，「ハビトゥス」を身につけた個人は，具体的な場における「プラティク」（広い意味での"実践"）によって，「構造」を変化させうると述べ，社会構造を日々再生産するとともに，それを超えて変化させうる要素を「プラティク」に見出しました．

### 社会学理論のこれから

　このように，「全体社会」の構造を個々人の行為を通して，そのあり方と変化を捉えようとする試みとして見てみると，社会システムの「構造」が個人の「行為」に対して圧倒的に優位にあることがわかります．ここには，安易に個人の行為に主体性を結びつけてはならないという，現代思想家M. フーコー（1926‐1984）の理論的な影響があります．しかしそれ以上に，現代社会の「構造」が実際にいかに強固であるかを物語っています．とはいっても，自分の人生を自由に創ることができる社会を形成するためには，個人が他者と結びつき，社会を主体的に形成していくことが必要です．その意味で，「作られつつ作る」関係に依拠して，社会学理論はその営為を続けていかなくてはならないのです．

　本章では社会学の誕生から現代社会学理論の特徴までを述べてきましたが，それは先進国を念頭に置いたものでした．しかし，グローバル化した現代社会では，社会学理論は，国民国家内部にとどまらず，国際社会全体を視野に収めたものでなくてはなりません．世界中の人びととの連帯なしには，たとえ先進国の一員であったとしても，自らの人生を自由に創ることはできないからです．社会学理論の課題は，ますます広い視野を必要とするようになり，またそれが担う社会的使命は，ますます重要性を増していくことになるでしょう．

## 注

1 ）E. デュルケーム（宮島喬訳）『自殺論』中公文庫，1985年.

2 ）デュルケーム，前掲書，「第二編　社会的原因と社会的タイプ」（pp. 160 - 369）．宮島喬『デュルケーム社会理論の研究』東京大学出版会，1977年．なお，「自己本位的自殺」と「アノミー的自殺」は本文で説明しているので，ここでは「集団本位的自殺」と「宿命的自殺」について説明しておきます．「集団本位的自殺」は，「自己本位的自殺」とは反対に，社会が高い統合度と権威をもっていて，個人に死を強制したり，奨励したりすることによって生じる自殺です．また，個人を超えた何らかの集合的利益や信仰上の大義のために一身を犠牲にする行為もここに含まれます．また「宿命的自殺」は，「アノミー的自殺」とは反対に，欲求に対する抑圧的な規範が強すぎて，閉塞感，絶望感がつのって生じる自殺です．デュルケームは，近代の西欧社会においては，「自己本位的自殺」と「アノミー的自殺」が基本であると考えていますが，日本社会の場合，いまなお 4 類型のすべてが成立している点が興味深いといえます．

3 ）M. ヴェーバー（大塚久雄訳）『プロテスタンティズムの倫理と資本主義の精神』岩波文庫，1989年（改訳）．

4 ）同上，p. 51.

5 ）パーソンズは，『プロ倫』の英訳を1930年に出版している．

6 ）T. パーソンズ・N. J. スメルサー（富永健一訳）『経済と社会——経済学理論と社会学理論の統合についての研究』岩波書店，1992年.

7 ）J. ハーバーマス『コミュニケーション的行為の理論』（上・中・下），未来社，1985年（上），1986年（中），1987年（下）．

8 ）N. ルーマン（佐藤勉監訳）『社会システム論』（上・下）恒星社厚生閣，1993年（上），1995年（下）．

9 ）P. ブルデュー（石井洋二郎訳）『ディスタンクシオン』（Ⅰ・Ⅱ）藤原書店，1990年.

第 **2** 章

# 産業社会学
## ——歴史は繰り返す？　「働くこと」の社会学——

津崎克彦

> 21世紀を迎えた現在，日本を含む世界各国では「働くこと」をめぐり多様な問題が起きています．その起源を調べていくと，我々が直面している問題は，19世紀から20世紀初頭，社会学の「巨人たち」が取り組んできた問題とよく似ていることに気が付きます．本章では「歴史は繰り返す」という言葉を手がかりにして，われわれの立つ地平を「働く」という観点から少し深く考えてみたいと思います．
> ------------------------------------------------------◆

## 1　働くことと自由

### 繰り返す歴史？

　2006年に番組『ワーキング・プア〜働いても働いても豊かになれない〜』がNHKで放送されました．地域や仕事内容，世代間の格差などを取材によって明らかにした同番組は，「一億総中流社会」という言葉で日本社会を理解していた人びとに大きな衝撃を与え，「格差社会」が時代を捉えるキーワードとなりました．また，人びとの間に自殺が広がっているのではないかという認識から，2007年に日本政府は「自殺対策白書」の作成を開始しました．日本の自殺率は1990年代中盤に上昇したことを同白書は明らかにしましたが，更に近年では就職活動の失敗などに伴う若者の自殺の増加傾向が注目されています．2000年代はまた，若者にとっての就労が厳しくなった時代でもあります．「フリーター」や「ニート」は2000年代初頭から一般化した言葉ですが，その後，苦労の末に就職した会社で，若者がうつ病，過労死や自殺に追い込まれる事例があいつぎ，「ブラック企業」という言葉も広く知られるようになりました．

　格差や貧困，自殺の拡大，厳しい労働状況とそれによる疲弊……，21世紀の日本では「働くこと（仕事・労働）」と関わる社会現象が大きな問題としてとりあげられるようになり，それは本稿執筆時点の2020年においても継続しています．時代の進展とともに格差が拡大し，仕事はますます厳しくなり，多くの人びとが自殺に追い込まれていく……そんな不幸な未来は想像したくありませんが，可能性としてありうることです．さて，今，採り上げた「格差・貧困」，「自殺」，「過重就労」という問題に，かつて取り組んだ人びとがいました．19世紀中盤から20世紀初頭に活躍し，その後の社会学の形成に大きな影響を与えた，K. マルクス（1818 - 1883）とF. エンゲルス（1820 - 1895），E. デュルケーム（1858 - 1917），そしてM. ウェーバー（1864 - 1920）です．彼らが生きた時代は，現在からおよそ100年少々前にさかのぼりますが，当時の人びとは，「働く」ということをめぐり，われわれと同じ問題に直面していました．

　「歴史は繰り返す」という言葉は，マルクスが書籍『ルイ・ボナパルトのブリュメール十八日』という本の冒頭で援用したものです．今日，われわれが直面している仕事をめぐるさまざまな問題は，あたかも彼の予見を再現するかのように進展しているようにも見えます．なぜでしょうか？　本章ではこの問題を検討することで，産業社会学の基礎的な知識を学びつつ，われわれの時代における課題を考えていきたいと思います．

## 「働く」ということとその変容

　産業社会学は，われわれが仕事や労働と呼んでいる，人間の「働く」という行為を対象としています．人はどのように働き，その内容はどのように変化してきたのか．働くことをめぐって，人びとはどのような問題に直面しているのか．その原因は何であり，また，われわれは未来に向かってどのように対処していけばよいのか．これらは産業社会学が扱う基本的な問題です．ところで，そもそも「働く」とはどのようなことを指すのでしょうか．われわれが当たり前のように使っている「働く」という言葉を深く探っていくと，「制作」や「生産活動」，あるいは「引き出す」という意味を持った，英語のプロデュース（produce）という言葉，さらにその語源となった古代ギリシャ語のポイエーシス（poïesis）という言葉にたどり着きます．哲学者のM. ハイデッガー（1889 - 1976）

は，著書『技術論』の中で，古代ギリシャ語のポイエーシスという言葉の本来
的な意味を考察しました．ポイエーシス＝生産活動とはどのようなことかにつ
いて，ここでは彼の記述を下に身近な衣服を作ることを例に考えてみたいと思
います．そもそも，人は何のために衣服を着るのでしょうか．衣服を着ていな
いことによる恥ずかしさを避けたい，気候の変化や危険から身体を保護したい，
他人と自分を区別したいなど，衣服は単に存在するのではなく，それ自体とし
ての目的があります（目的）．衣服を制作する人は，その目的に沿って，デザイ
ン，すなわち，いかなる色や形の衣服をいかなる素材で作るかをイメージしま
す（形相）．そして，衣服の制作過程においては，そのイメージに沿った素材と
なる繊維（質量）を調達し，糸から布にし，さらに染色した布を裁断して縫い
合わせることで，実際の衣服を作り上げていきます（作用）．少し難しい言い方
になるかもしれませんが，素材となる麻や綿などの原料は，現にあるその存在
の中（現実態）に，将来，衣服になる可能性（可能態）をはらんでおり，制作者
である人間は，素材（質量）に対して，目的を考え，形相をイメージし，作用
という一連の働きかけを通して，現実態から可能態を引き出したと言えます．
ポイエーシス＝生産活動の本来的な意味は，質量に対して，目的，形相，作用
という一連の流れを通して，対象となる存在の可能性を引き出すということ，
そして，働くということは，人間が自らこうした一連の生産活動に従事するこ
とと言えます．
　かつて，衣服の生産は，綿や麻，動物の毛などの天然の素材を採取し，糸車
や織機など，それ自体，複雑な知識を用いないでも作れるような，素朴な道具
を用いて行われていました．多くの人びとにとって，衣服の制作は，家族や地
域のメンバーの中など，目に見える範囲内の人間関係の中で完結した仕事であ
り，また，そこで生産される衣服のバリエーションも乏しいものでした．しか
し，現代ではこうした生産活動は大規模でかつ複雑化しています．まず企画や
設計，デザインと呼ばれる工程によって目的が定められ，それに合わせた素材，
色，形などが決定されます．仮に企画の段階で素材を綿にしようと決めたとす
れば，農家により原料としての綿が生産され，紡績業と呼ばれる会社が，素材
である綿を仕入れて糸にします．糸はさらに染色工程を通して色が付けられ，
着色された糸を織ることで，生地が出来上がります．生地は縫製工程により裁

断され，縫い合わされ，ボタンなどの装飾品がつけられ，アイロンがけをされて出荷されます．われわれはこうした一連の過程を経て生産された膨大な種類の衣服を，店頭やインターネットで比較して購入することができます．農業，紡績業，織布業，縫製業，卸・小売業，インターネットプロバイダーなど，現代社会では，一つの生産物がわれわれに届くまでには，多様で複雑な機械を用いて生産活動を行う個人や企業が多数介在しています．

　より一般的に，昔の人びとは，家族や地域（血縁，地縁）など，生まれながらに与えられた狭い人間関係の中で，お互いに似たような作業を行いながら，伝統的な生活の維持を目的として（伝統主義）生産活動を行ってきました．しかし，現代の社会では生産活動の中心になっているのは企業であり，企業は利益の拡大を目的にしつつ（資本主義），販売することを目的とした生産物を生み出すべく生産活動を行っています（商品生産）．そのために，企業は生産活動に必要な土地や機械（資本）を利用しつつ，従業員を雇用し，企業内部でさまざまな役割分担（分業）を担わせ，また従業員の活動を目的に従事させるべく管理することで活動しています．特に現代では，一方では企業が利用する生産手段も技術進展に伴い，情報技術を利用した複雑なものになってきました．また，仕事の分業関係は企業内だけでなく，企業間（企業間分業），さらに国境を越えて広がっています（国際分業）．そして，多くの個人は，社会の中で職業として，一定の仕事を分業として担いつつ，自らの労働力を商品として企業に販売する（雇用）という形で生産活動に従事しています．企業や個人が商品を自由に売買する経済体制を「市場経済」と呼びます．

### 自由と生産活動

　技術進展，分業の拡大，市場経済の浸透の帰結として，現代社会ではさまざまな商品やサービスが生まれました．また，われわれは自らの労働力を商品として，就職や転職を通して企業に雇用され，企業という組織の中で，一定の生産活動を役割として担いつつ，その対価を得ることで生活をしています．分業にせよ，市場経済にせよ，その萌芽ははるか昔にさかのぼることができますが，多くの人びとの日常に浸透するようになったのは，17世紀以降のことでした．

　17世紀にヨーロッパで登場した啓蒙主義と呼ばれる思想は，他のさまざまな

存在と同様，人間も自らのうちに大きな可能性を秘めた存在と考えました．しかし，その可能性は，過去から引き継がれた伝統，与えられた人間関係，そして宗教や支配者による思想や行動の束縛の中に閉じ込められた状態にあると考えました．啓蒙主義は人間に秘められた可能性の根源を，理性という言葉で表現し，伝統や支配から理性を解放すること＝自由により，個人の幸せと人類の発展が生まれると考えました．啓蒙思想は人びとが自由な発想の下で生産活動に従事し，新しい発明を行っていくこと，あるいは，与えられた人間関係や支配による束縛，不当な税の徴収から逃れ，自ら望む関係性の中で生産活動を行うことなど，自由を基本的な原理とする近代社会の形成に寄与しました．その帰結として18世紀中頃からはじまったのが産業革命と呼ばれる継続的な技術進展と，発明された技術を用いて人びとを雇用しながら生産活動を行う工場制度でした．経済学の始祖と呼ばれ今日でも大きな影響を持つA. スミス(1723 - 1790)は，工場を中心として行われる生産活動の背後に，富を求める人びとの利己心と，分業や勤勉，創意工夫をもたらす人びとの賢明さを理性として見出しました．啓蒙思想家の一人として，彼は人びとを統治者による支配から解放し，諸個人が賢明さを用いて働き自分自身の人生を自ら切り開くことができる社会を築くことにより，個人を超えた全体の豊かさと秩序が「神の見えざる手」により導かれるであろうと論じました．彼の著書『国富論』(1776) は，人びとの幸福や社会の繁栄の条件に自由があるとする「自由主義」の一つの筋道を示した書として広く読まれました．

　自由主義の広がりは，産業革命という形で，人びとの生活を大きく変革するさまざまな発明をもたらし，また，工場制度は，発明と自由な人びとの労働力を活用していくなかで，さまざまな製品の大量生産，大量販売を可能にしました．あふれる大量の生産物は人びとの豊かさの可能性をもたらしました．しかし，その帰結は，働く多くの人びとにとっては，混乱に満ちたものでした．

## 2　産業社会学の基本的問題

### 格差と貧困

産業革命以降に起きた生産活動をめぐる問題を，特に格差・貧困の問題に注

目しながら論じたのは，エンゲルスとマルクスでした．ドイツで工場の経営者の下に生まれたエンゲルスが産業革命の最先端であるはずのイギリスの地で見たのは，工場の周囲に広がる貧民街，劣悪な労働条件の下で長時間働かされ，時には事故で死亡していく労働者，放置される子供たちなど，幸せと言うには程遠い，労働者の悲惨な状態でした．衝撃を受けた彼はその詳細を『イギリスにおける労働者階級の状態』という本にまとめました．その後，彼は法学や哲学を勉強しジャーナリストとして活躍していたマルクスと出会い，共同研究を次々と発表していきました．

　マルクスとエンゲルスは，産業革命後の世界を，技術革新の中で生産活動の基本的な手段である機械を所有し，富を蓄積していく資本家（ブルジョアジー）と，自らは生産手段を持たず，労働力を資本家に販売することで生活をせざるを得ない労働者（プロレタリアート）という二分化された人びとにより構成される階級社会と捉え，両者の間で格差が拡大していくことに注目しました．その背景として彼らが指摘したのは，機械の発達の帰結として，小規模な土地や道具などの生産手段を利用しながら生産活動に従事していた人びとが自分の仕事を捨て，小生産者から労働者に転落していくこと，人びとの持つ技能がますます発達する機械によって代替され，その状況はさらに不利なものになっていくということ，そして，資本家間の競争の中で，一方では，より大規模な生産手段を所有する少数の資本家の下にさらに富が集積していき，他方で労働者の数はますます増大しつつ，その労働条件が低下していくという一連のメカニズムでした．

　社会に格差を生んでいる大きな要因の一つは，彼らによれば，豊かさを生む機械を中心とした生産手段が市場経済を通して特定の資本家の下に集中していくプロセスにあり，同時に生産活動の成果である利益が労働者に分配されず，資本家の手中に独占されてしまうことにあります．彼らは，生産活動そのものの拡大が目的となっている資本主義社会を批判的に捉え，その代替として生産手段を国家の下に置き，人びとの生活の維持，向上を目的として，計画に基づく生産活動と諸個人の必要に応じた分配を基本的な原理とする計画経済に基づく共産主義社会を提起しました．そして，資本主義と市場経済の深化に伴い，社会が両極分解していく中で，抑圧された側であるプロレタリアートの団結と

革命を通して共産主義社会が実現されるのではないかと予見しました.

## 孤独とアノミー

イギリスではじまった産業革命とそれに伴う社会的な混乱は，19世紀に次第にヨーロッパ全体に広がるようになってきました．マルクスらと同様，社会学の形成の大きな寄与を果たしたフランスのデュルケームが注目したのは，自殺の増大でした．

家庭の悩みや放蕩，疾病など，自殺の原因が個人的なものとして片づけられていた中で，彼は個人の行為の背後にそれを突き動かしている何か大きな社会的力があるのではないか，と考えました．そして，著書『自殺論』(1897) の中で，彼は自殺に関連する膨大なデータを比較し，宗教，戦争の発生，家族の有無，経済的な危機や繁栄，就労する産業などの違いが，自殺に関連していることを発見し，その考察から自殺の背後にある要因を大きく2つに整理しました．一つは「孤独」，2つめは彼が「アノミー」と呼んだ，理想が実現できないことによって生じる不安感，絶望感です．デュルケームによれば，従来の社会では，家族の親密性や宗教的な連帯性に人びとが統合され，また，伝統的な慣習が人びとの欲望を規制していました．近代社会の進展は，人びとを大きな集団や古い慣習から自由にしました．統合と規制が弱まった結果，人びとは孤独感を増幅させ，また，理想を描きながらもそれが実現できないという状況に陥ることで自殺に追い込まれていったとデュルケームは考えました．彼は，人間は一人では生きることができず，また，人間には，無軌道な自由ではなく，一定の規範や役割が必要であるという，新しい人間像を生み出しました．加えて，彼は，著書『社会分業論』(1893) において，拡大する分業傾向の中で，人びとが仕事を通して専門性という新しい義務や責任を獲得していくこと，また，同業組合に代表される個人でも国家でもない中間的な連帯（中間集団）の重要性を指摘し，時代の進展とともに，人びとの同質性に基づく社会（機械的連帯）から，個性，異質性，多様性を相互に尊重しつつお互いにつながりを持った社会である「有機的連帯」へと社会が発展していくという展開を示しました．

しかし，デュルケームの平和的な予見とは対照的に，その後の世界では人びとが個性を捨て，同質性と権威に服従していく傾向，すなわち，全体主義，権

威主義と呼ばれるような社会が生まれました．マルクスらやデュルケームの理論を批判的に包摂しつつ，精神分析の見地も加えながら社会を分析したE. フロム（1900 - 1980）は，その典型であるナチズムが，変化する近代社会の中で取り残された小商店主や職人等，旧中産階級と呼ばれる人びと，特にその子供たちが支持基盤となり発展していったことを見出しました．近代社会の成功者とは言えませんが，極端な貧困層でもないこうした人びとが，なぜナチスに加担したのでしょうか．フロムによれば，後発国ドイツが経験した急速な近代化は，伝統的な仕事に従事していた人びとから，経済的な基盤と子供たちの将来像を短期間のうちに奪っていきました．取り残された子供たちが抱いた将来に対する不安感と無力感，そしてのけ者にされているという孤独感が，20世紀最大ともいわれるナチズムという悲劇の一因となったというのがフロムの主張です．フロムは，多くの個人の創意や個性を堅持しながら社会を発展させるためには，上からの命令による計画経済でもなく，また，個人を絶望と孤独に巻き込んでいくような無軌道な自由主義でもなく，人びとの民主的な参加による経済，社会問題の解決を目指した民主主義的社会主義による政策的解決が必要であるとしました．

### 統制

目標を掲げ，毎週それに関連するテーマや作業を設定し，日々，それを実行できたかをチェックする――自己啓発や管理と呼ばれるこうした手法は，現代社会で広く普及しています．われわれの日常でなじみ深いこうした方法に影響をもたらした書籍として，B. フランクリン（1706 - 1790）が記し，1791年に出版された『フランクリン自伝』があります．科学者であり，企業家あり，政治家でもあった彼は，近代＝自由な社会の成功者として知られていますが，同書には，彼が節制，誠実，勤勉など，13の徳目を自身の理想として掲げ，毎週，一つの徳目の達成を目標として設定し，さらに一日のうちで，仕事，食事，睡眠の時間を表にしてノートに記し，日々の実行を記録し，反省していたことが書かれています．

なぜ，フランクリンは，目標に向かって自分自身を厳しく統制＝コントロールするという，近代社会を特徴づける「自由」という言葉からは，一見矛盾す

るような方法を自らに課したのでしょうか．ドイツで生まれたM. ウェーバーは，格差や貧困問題にあえぐ人びとから出発したマルクスらとは対照的に，フランクリンに代表されるような近代社会のある種の成功事例から出発して，その特質を解明しようとしました．さらに，近代社会の一面を，自由＝欲望の解放と捉えたデュルケームとは対照的に，ウェーバーはむしろ，自由な社会での成功者たちが，高い目標を立て，日々その実行を厳しく管理しながら，禁欲的，勤勉にその目標を達成していったことに，伝統社会と近代社会の違いがあると考えました．ウェーバーが注目したのは，近代社会で成功者とされる資本家や職業的地位の高い人物に，プロテスタントが多いという事実でした．プロテスタントとはキリスト教の一派で，16世紀，M. ルター（1483 - 1546）が従来のキリスト教の中心であったカトリック教会を批判したことをきっかけに分離した諸派を指しますが，ウェーバーが特に重視したのは，初期の資本家に強い影響を与えたプロテスタントの一派であるカルヴァン派と呼ばれる人びとの考え方でした．カルヴァン派は，人びとの現世における職業を天から与えられたもの（天職）と考え，聖職者のみならず一般の人びとも神の栄光のために働くことを要求されているということ，また，死後の世界で天国に入ることができるのは，あらかじめ神が決めた特定の人びとであり，現世の行いではそれを変えることができないこと（予定説）という教義を掲げていました．予定説は，カルヴァン派の人びとにとって，自分が果たして救済されるのか否かについての強烈な不安の根源となりましたが，天職を通してもたらされる仕事上での成功が，自らの救済のしるしとなるのではないかと考えました．そして，それまでは厳格な宗教家の間に限定されていた，日々の仕事を禁欲的に管理するという「合理的」な生活スタイルが，彼らの日常に広がることになりました．

　日常を合理化するという仕事，生活のスタイルは，プロテスタントという宗教的な背景を超え，世界中の多くの人びとに広がることになりました．現代では，学校，企業，医療機関といったさまざまな組織が，それぞれの目標に向けて生徒を，労働者を，患者を合理的に統制しています．果たして，それは人びとにとって幸福なことなのでしょうか．ウェーバーはこうした社会のあり方を「鉄の檻」という著名な言葉で表現しましたが，彼の表現からは，合理性に包摂されない自由な創造性，「暇」や「遊び」のような部分も，人間の生にとっ

て重要であるという示唆を受け取ることができます.

## 3　福祉国家，人的資源管理，日本的経営と20世紀の産業社会学

### 共産主義体制と福祉国家

　前節で取り上げた「社会学の巨人たち」は，その後の社会学の発展だけでなく，現実の社会にも大きな影響を与えました．一つの大きな出来事は，マルクスらの理論が，ソビエト連邦（ソ連）の成立（1922年）という形で，その後の共産主義国家の基礎となったことです．第二次世界大戦の終戦以降，東欧諸国，朝鮮民主主義人民共和国（北朝鮮），中華人民共和国など，共産主義体制はヨーロッパやアジアに広がり，その後も拡大傾向が続きました．共産主義の体制を採用した国は「東側諸国」と呼ばれ，西欧，アメリカ，日本など，自由主義を基調としてきた「西側諸国」と対立し，冷戦と呼ばれる軍事面，技術面，経済面の競争が行われました．

　自由に基づく経済体制を基調とする西側諸国においても，無軌道な自由が人びとの幸福にとって最適な原理であると認識されていたわけではありませんでした．西側諸国ではとりわけ社会的に弱い立場に立っていると考えられる労働者に対して積極的な権利を認めるようになり，労働者の連帯組織である労働組合の設立と企業との交渉（労使交渉）を通して労働条件を改善する方途を作りました．労働組合や政党活動，民主的な選挙を媒介とした政治参加の広がりは，労働法による政府の規制や，年金，生活保護に見られるような税，保険の徴収と再分配といった手段（社会政策，社会保障政策）の整備に寄与しました．また，人びとの生活の根幹に関わるような重要な事業に対しては，国営企業や公共事業という形で政府が関わり，経済・社会の安定的発展がはかられました．人びとの自由への介入を極力減らしていくような完全な自由主義国家でもなく，また，共産主義国家のように上から完全に計画された経済体制でもない体制は，福祉国家体制と呼ばれ，20世紀後半の西側諸国の基調となりました．

### 人的資源管理論の発展

　20世紀初頭に企業が労働者を管理する方法として登場したF.テイラー

(1856 - 1915) による科学的管理法は，ウェーバーが合理性の概念を構築するの
に影響を受けた方法でもありました．直接対象に関わるような肉体労働と，企
画やデザインなどの精神的労働を分離し，特に肉体労働を細分化，マニュアル
化しつつ誰にでもできるようにすること，そして，作業を計量化，計測しつつ，
賃金と作業量を連動させることで，生産性の向上を図っていくというテイラー
の方法は，自動車王と呼ばれることになったH. フォード（1863 - 1947）による
ベルトコンベアシステムと組み合わされ，20世紀の大量生産を支えた企業の代
表的な労働者管理の方法となりました．

　C. チャップリン（1889 - 1977）が映画『モダン・タイムス』(1936) で描いたベ
ルトコンベアのシーンは，そうした大量生産の下で働く労働者の状況をコミカ
ルに表現したものですが，チャップリンが演じる「男」が，単純作業と殺伐と
した人間関係の中で病んでしまったように，一見まさに合理的に見えるテイ
ラーの管理方法は，人間の生と矛盾するものでした．実際に，テイラー，フォー
ドによる労働者の管理方法は，離職の増大や労働運動の激化という形で，経営
問題にはねかえるようになり，よりよい管理の在り方が模索されるようになり
ました．

　テイラーから始まり，テイラーを乗り越えるべく探求が続いた一連の管理方
法に関する研究分野を「人的資源管理論」と呼びます．企業内キャリアの概念
を作ったA. ファヨル，職務や配置の重要性を説いたW. D. スコット，企業内の
人間関係やコミュニケーションの重要性を発見したG. E. メイヨー，あるいは
マネジメントにおけるリーダーシップのパターンとパフォーマンスとの関係を
明らかにしたK. Z. レヴィンなど，20世紀の人的資源管理論は，社会学のみな
らず心理学的な見地や実験的な方法を用いながら発展してきました．

## 日本的経営

　第二次世界大戦後，福祉国家による社会政策や企業の人的資源管理の変化な
どを背景としながら，西側諸国は高い経済発展を示すと同時に，古い産業から
製造業を中心とした新しい産業への移行を経験しながらも，マルクスが予見し
たような両極分解ではなく，新中産階級と呼ばれる，企業に雇用されつつ，一
定の生活レベルを維持する人びとが増大するようになりました．西側諸国の中

でも日本の成長は目覚ましく，特に欧米諸国のパフォーマンスが低下してきた1980年代になると，輸出を通して日本製品が各国を席巻するようになり，それを生み出した日本の経営，産業システムとその特殊性に注目が集まりました．

　企業別労働組合，重層的請負構造など，日本の経営に見られるいくつかの重要な特徴の中で，ここでは，人びとの働き方を支える企業の人的資源管理の制度に注目してみましょう．他国の企業の場合，管理者，技術者，一般工員など，企業内の分業を諸個人の能力とは独立に，仕事別にあらかじめ構成し，その仕事を遂行できそうな能力を持つ人材を採用し，契約を通して定められた仕事に人を当てはめていく方式（職務等級制度）が一般的です．処遇は仕事別に定められ，仮に高い能力があってもレベルの低い仕事で契約していれば，処遇は低くなります．ただ，働き手の側は人手が足りないからといって，自分の契約にはない他の人の職務には手を出しません．他方，日本の場合は，まず，特定の職務とは直接関わりない，潜在的な能力が個人に備わっていることを想定し，その能力を教育年数，勤続年数や，働きぶり，態度などの要因によって評価していきます（職能資格制度）．他国に比べると役割の範囲があいまいで，処遇は仕事内容そのものではなく，勤続年数や評価者の評価等で決まってくるため，他の人との協力や働きぶりのような要素が重要になってきます．

　第二次世界大戦後，「遅れ国」として出発した日本は，欧米から先端の技術を導入しつつ，急速な産業転換を経験しました．個人の仕事が柔軟に変化していく分業の方法は，日本企業がスピーディーな環境変化に応対することを可能にし，仕事内容そのものよりも働きぶりを評価する評価方法は，日本製品の品質向上という競争力に寄与しました．他方，特定の仕事に対する高度な専心，長期の訓練を必要とする専門的な職業人は評価されにくい傾向があり，そのことは，次第に産業が高度化していく中で足かせとなっていきました．また，上司の主観が評価を左右する傾向が強いことから，サービス残業の形で長時間労働が常態化していったこと，そして，労働者に長期勤続や長時間労働を労働者に求めがちな人的資源管理の在り方は，家庭と仕事の役割とのコンフリクトや性別役割分業の強化を生みました．

## 4　自由の時代と繰り返す歴史？

### 新自由主義の隆盛

　第二次世界大戦後に本格化した共産主義体制は，1970年代になると生活物資の不足や技術開発においても西側諸国に後れをとるようになりました．共産主義の代表国の一つであった中国は，1970年代終盤に，これまで閉ざしてきた対外交流を開始し，1992年からは「社会主義市場経済」の名の下で，計画経済から市場経済への移行を図りました．また，1991年にはソ連が崩壊し，旧ソ連や東欧諸国は自由主義，資本主義の枠組みに入っていくことになりました．対する西側諸国においても，1973年のオイルショックを契機として次第に経済が停滞するようになり，福祉国家体制の維持に伴う財政の拡大傾向や，失業率と物価の上昇が人びとの不安を襲うようになりました．危機の打開は「小さな政府」にあるとし，1980年代以降，国営企業の民営化，公共事業の縮小，規制緩和や減税などの「自由化」が，政策指針のキーワードとなっていきました．

　17世紀から始まる大きな運動としての自由への信奉，「自由主義」の隆盛は，20世紀終盤に「新自由主義」と呼ばれる形で復活を遂げ，上からの計画や政府による規制ではなく，個人や企業の自由な活動や関係が称賛されるようになりました．しかし，本章の冒頭で見てきたように，現代社会，そして現代日本は「働く」ということを中心にして，再び混迷の時代を迎えています．個人が夢を描くことが称賛される中で，広がる格差によりそれが達成できない現実，不安の中で過剰に自己啓発や仕事に専心していくこと，あらゆる状況が個人の努力の問題に還元され，協力よりも競争が優先されていくこと，お互いのつながりを感じることができず，孤独感を感じざるを得ないこと，こうした現代の「生きづらさ」の経験は，再び訪れた自由な時代における「繰り返す歴史」の延長にあるのではないでしょうか．

### 現代社会の課題

　他方，われわれの時代は，かつての自由の時代から，さらに一歩深化した状況にあります．第1は，グローバル化であり，国境を越えた人びとの交流と相

互の影響の結果として，世界がますます一つの存在となってきていることです．2つ目は情報技術の発展です．産業革命期以降の技術発展が，人間の肉体的な部分を代替し，発展させたものとすれば，現代の情報技術は記憶と情報処理を通して，人間の知的な部分を代替しつつあります．グローバル化と情報技術の発展は，国際競争や国際分業，技術の利用や「技術との競争」を通して，雇用や労働の世界に，機会とも脅威ともなりうる新しい可能性をもたらしています．われわれの未来は，かつて自由の可能性を信じた人びとが夢見たより大きな幸せな状況に近づくのでしょうか．あるいは，逆に，われわれはより一層大きな絶望の状況に追い込まれているのでしょうか．本稿でその答えを出すことはできません．ただ，ハイデッガーは先述した本の中で詩人ヘルダーリンの「危機のあるところ救いもまた芽生える」という言葉を繰り返し引用しています．われわれは，社会学を通して歴史を学ぶこと，世界を学ぶことで，われわれの立っている基盤を自覚すること，そして，先人から受け継いだ問題を現代に照らし合わせ，その共通性と差異をより深く考えることで，救い＝幸福に向かうためのヒントを見つけることができるのかも知れません．

**参考文献**

ウェーバー，M.（大塚久雄訳）『プロテスタンティズムの倫理と資本主義の精神』岩波書店，1989年．

エンゲルス，F.（一條和生・杉山忠平訳）『イギリスにおける労働者階級の状態——19世紀のロンドンとマンチェスター』（上・下），岩波書店，1990年．

津田眞澂『人事労務管理の思想』有斐閣，1977年．

デュルケーム，E.（宮島喬訳）『自殺論』中公文庫，1991年．

デュルケーム，E.（田原音和訳）『社会分業論』青木書店，1971年．

ハイデッガー，M.（小島威彦・アルムブルスター訳）『技術論』理想社，1965年．

フロム，E.（日高六郎訳）『自由からの逃走』東京創元社，1965年．

松本慎一・西川正身『フランクリン自伝』岩波書店，1957年．

マルクス，K.（植村邦彦訳）『ルイ・ボナパルトのブリュメール一八日』太田出版，1996年．

マルクス，K.＆エンゲルス，F.（大内兵衛・向坂逸郎訳）『共産党宣言』岩波書店，1971年．

# 第3章

## 家族社会学
──家族の「正しいカタチ」ってあるの？──

座主果林

私たちが知っている「当たり前」の家族は，普遍的な家族のあり方なのでしょうか．また，家族に「あるべき姿」はあるのでしょうか．家族はこれまで社会の中でどのような役割を果たしてきて，これからの家族はどのように変化していくのでしょうか．この章では，家族社会学の視点から，家族の構造と変動について学びます．さらに，ひとり親家庭の貧困・新型出生前診断・同性婚の広がりなどを手がかりに，これからの家族のあり方について考えてみましょう．

## 1 「家族」とはなにか

### 家族と「当たり前」

　子どもの頃，友達の家に遊びにいったら，自分の家と違っていてびっくりした，という経験はありませんか．母親の呼び方一つとっても「お母さん」「おふくろ」「ママ」などさまざまなものがあり，母親の名前を呼んだり，「ねえ」「おい」などと呼び掛けるだけで特定の呼称がなかったりする場合もあります．その呼称が自分の知っている「当たり前」と違うだけで，なんとなく奇妙な感じがしたり，友達がいつもとちょっと違って見えたりしたかもしれません．

　多くの子どもにとって，生まれてきた家族のあり方は，まさに「自分の世界がはじまった時からそうだった」のですから，このような違和感を抱くのは当然のことともいえます．このような，その人が生まれ育った家族は**「定位家族」**といいます．

　それぞれの家族のあり方は，家の大きさ・室内の整頓の仕方などの家の形態にかかわることから，どんな家族の構成員がいてどのような関係を築いている

かまで，まさに千差万別です．友達の家に遊びに行ったり，話を聞いたり，本やテレビで古今東西のさまざまな家族のあり方を知ったりするうちに，子どもは家族にもさまざまな形があるということを自然に学んでいきます．

とはいえ，もし結婚相手と家族についての考え方や，家族といる時のふるまい方があまりにもかけ離れていたら，新たな家族をお互いに納得できる形で作り上げていくのはなかなか大変かもしれません．このように自らの結婚によって新たに築いた家族は，「定位家族」に対して「**生殖家族**」といいます．

家族はその人の価値観，日常のふるまいの重要な部分を形成する場所なので，自分が生まれ育った家族，そこでの「当たり前」から完全に離れて，家族のあり方について考えるのはなかなか難しいものです．


## 「家族」の範囲と定義

そもそも「家族」とはなんなのでしょうか．ちょっと本を閉じて，自分の家族の構成員を頭に思い浮かべてみてください．あなたの家族はどんな構成員から成り立っていますか．また，家族はあなたにとってどんな存在ですか．

大学の講義のはじめに，自分の家族の構成を書き出してみてください，という課題を出したところ，父親，母親，きょうだい（父母の同じきょうだい，父母のどちらかが同じきょうだいなど），祖父母，義理の父母，子ども，母親の（婚姻関係にはないが長く同居している）交際相手などさまざまな家族成員が挙がりました．イヌやネコを重要な家族の一員として挙げた人も複数います．

ここで**家族の定義**を確認してみましょう．『広辞苑』によると，「家族」とは「**夫婦の配偶関係や親子・兄弟などの血縁関係によって結ばれた親族関係を基礎にして成立する小集団．社会構成の基礎単位**」[1]です．ペットが家族成員に挙がったことを考えると，「親族関係を基礎」という定義は現実の私たちの意識からするとやや狭すぎるようでもあります．「社会構成の基礎単位」については，どのように「基礎」なのかは示されていません．そこで次に『社会学事典』を紐解くと，「**感情融合を結合の紐帯としていること，ならびに成員の生活保障と福祉の追求を第一義の目標とすることにその基本的特徴がある**」[2]とあります．

さきほどの課題では，同居しているメンバーを家族とみなす人が多いようでしたが，同じ屋根の下で暮らしていても，家をシェアしている友人や同じ寮で

暮らす人は家族かというと必ずしもそうではないでしょう．一方，一人暮らし
をしている学生は，ほとんどの人が別居している親やきょうだいまでを家族成
員と考えていました．これは「生活保障と福祉の追求を第一義の目標とする」
という『社会学事典』の定義を照らし合わせてみるとよく理解できます.

　では就職したら，家族の構成員が突然変わるのかというと，必ずしもそうい
うものでもないようです.就職して別居している兄が家族かどうか分からない,
と他の家族成員よりやや離れた位置に書いた学生がいました．「生活保障」を
家族の条件と考えると独立した兄は家族成員からはずれますが，家族の「結合
の紐帯」になっている「感情融合」は，兄が独立した日から突然変わるわけで
はないでしょう．この学生の意識のなかでは，家族成員が変化しつつある途上
なのかもしれません.


### 「家族」の範囲の曖昧さ

　このように考えてみると，家族成員はだれか，という一見単純そうに思える
問いから家族のさまざまなあり方が見えてきます．ペットなど人によって家族
に入れたり入れなかったりするメンバーもいますし，別居している家族のよう
に家族成員としての位置づけが少しずつ変化しつつある場合もあるのです.

　このような家族成員のあり方の曖昧さを示す一例が，家族との「別れ」の場
面です．P.ボスの研究では，行方不明者の家族など喪失の事実が明確でない[3)]
場合や，認知症患者の家族など，その人は存在するのに以前のその人ではない
ような状況が「**あいまいな喪失**」と呼ばれています.

　「あいまいな喪失」は2つに分けられます．一つ目は，心理的には存在して
いるが身体的には存在しない，「『さよなら』のない別れ」です．これは行方不
明，誘拐，移民，養子縁組，離婚，転勤，子どもの独立，高齢者施設への入所
などにより起こります．2つ目は，身体的には存在しているが心理的には存在
しない，「別れのない『さよなら』」です．これは，アルツハイマー病やその他
の認知症，慢性精神疾患，脳梗塞，薬物やアルコールへの依存，インターネッ
トやTVへの強迫観念などにより起こります.

　「あいまいな喪失」についての研究から，ボスは家族成員の定義には本人た
ちの意味づけが大きな役割を果たし，専門家などが外から定義するのは限界が

あると指摘しています．「感情融合を結合の紐帯」とする現代の家族にとって，時に本人自身にとっても家族の範囲は曖昧なものであり，一定の家族成員と家族像を前提として，家族をとりまく諸問題を考えることはできないのです．

とはいえ，家族を取り巻く晩婚化，未婚化，少子化，ひとり親家庭，介護などの言説を見回すと，「3歳までは家で」「これからはイクメンが当たり前」など，「家族はこうあるべき」という規範意識に満ち溢れています．当然，私たち自身の家族像もこうした文化的・歴史的文脈から自由ではありません．

皆さん一人一人が，自分の「家族」や社会の中での「家族」の果たす役割について考える力を身につけるために，第2節，第3節では家族社会学の視点から家族の構造と変動について学んでいきましょう．

## 2 「近代家族」とその特徴

### 「近代家族」概念の誕生

第1節で議論してきたように，私たちそれぞれにとっての「当たり前」の家族は，周囲の他の人にとっての「当たり前」の家族とイコールでありません．同様に，歴史的にみれば，私たちの社会における多数派の家族のあり方や規範的家族像（家族のあるべき姿）も，必ずしも「当たり前」ではなかったのではないか，と考えることができます．このような家族像の相対化のなかで登場したのが，「**近代家族（modern family）**」論です．

「近代家族」概念は，「1970年代に隆盛を誇った欧米圏の家族史研究とフェミニズム理論において使われるようになった[4]」もので，18世紀後半にイギリスで起こった産業革命以降，欧米を中心に広がっていった家族の形態をさしています．「近代家族」の特徴をどのように規定すべきかについては，その後論争の的になってきました．ここでは，落合恵美子（1958- ）の定義[5]に従って，① **家内領域と公共領域の分離**，② **家族成員相互の強い情緒的関係**，③ **子ども中心主義**，④ **男は公共領域・女は家内領域という性別分業**，⑤ **家族の集団性の強化**，⑥ **社交の衰退**，⑦ **非親族の排除**，⑧ **核家族**[6]，という8点にまとめて「近代家族」の特徴を考えてみましょう．

### 「近代家族」の8つの特徴

　「近代家族」の特徴の一つ目「**家内領域と公共領域の分離**」は，産業化の進展による家族の役割の変化について述べたものです．産業革命以前の主要産業は農業で，生産活動などを行う場と家族の生活の場は，はっきり分離していませんでした．産業化の進展によって，家族は市場や国家という公共領域に参加する個人を供給する装置となり，家内領域の役割は家事・育児などに限定されることになりました．労働に専念するために家事や育児をする人が必要，ということなので，家内領域と公共領域は補完関係にあるといえます．

　2つ目は「**家族成員相互の強い情緒的関係**」ですが，これはもちろん「近代家族」以外の家族では，家族への愛情がなかったとか，家族への愛情が社会的に認められなかった，という意味ではありません．実際，例えば日本では古くは『万葉集』に山上憶良（660?‐733?）の子を思う歌[7]が複数載せられています．ですから「強い情緒的関係」とは，恋愛結婚を出発点として「生殖家族」[8]を形成する傾向や，家族への愛情が社会の他の成員とのかかわりより優先される傾向が強められたことを意味しているのです．

　3つ目の「**子ども中心主義**」は，農業などの継承者の育成組織としての機能から，市場の一員として子どもを社会化することに家族の機能が変化したこと[9]を示しています．また，乳児死亡率が高く子どもが多かった時代よりも子どもに愛情，手間，費用をかけて育てることが可能になった[10]，という人口構造的変化も背景にあります．4つ目の「**男は公共領域・女は家内領域という性別分業**」は，家族成員が性別により異なる役割を期待され，特に女性の役割が家内領域に限定されていったことを意味しています．

　5つ目の「**家族の集団性の強化**」は，家族が地域共同体や親族に開かれたネットワークであることをやめ，家族という単位での集団としてのまとまりを強めている，ということです．6つ目の「**社交の衰退**」も，家族がネットワークを切り捨てて公共領域から引きこもるようになったということを示します．

　7つ目の「**非親族の排除**」は，家族は親族から構成され，それ以外の者は排除される，ということを意味しています．『源氏物語』を読むと，かつて家のなかには乳兄弟や従者など，さまざまな非親族がいたことが分かります．そして「非親族の排除」とともに8つ目に挙げられた「**核家族**」化が進んでいきま

した．これは，近代家族の基本型は夫婦と未婚の子どもからなる核家族である，ということを示しています．しかし，「家族としてのペット」の存在などを考えると，家族成員の範囲は，近年また新しい形で拡大しつつあるのかもしれません．

### 家族の機能

家族にはさまざまな形態がありますが，その多くには共通する機能（社会の中でのはたらき）がみられます．結婚内の性の許容により社会の新しい成員を補充し，婚外の性を禁止する「**性的機能**」，子どもが文化を内面化するように育てる「**社会化機能**」，生産や消費の単位として機能する「**経済機能**」，安らぎの場・憩いの場として機能する「**情緒安定機能**」，病人や高齢者をケアし扶養する「**福祉機能**」などの機能です．[11]

「近代家族」の機能の特徴を考えてみましょう．生産が切り離されたことで，家族の「経済機能」は労働力の市場への供給と消費活動に特化しました．また，病院・高齢者施設・保育園などの専門施設が普及し，家族の「福祉機能」は限定されていきました．ただし，これは家内領域の担い手の負担が軽くなった，という意味ではありません．核家族化とともに夫婦間・親子間の情緒的絆（「情緒安定機能」）が強調されるようになり，家内領域の担い手である女性には家事・育児等への献身によって情緒的絆を支える役割が与えられたからです．

## 3 「近代家族」の変動

### 「性別役割分業」の成立

「近代家族」の特徴の一つである「男は公共領域・女は家内領域という性別分業」は，男性に公共領域での活動，特に家族の消費活動を支える労働を求める一方，女性には家事・育児・介護などの家内領域を引き受ける「主婦」という役割を与えました．この「男は仕事，女は家庭」という分業のあり方を「**性別役割分業**」といいます．今回は日本における「性別役割分業」の成立と変化を追いながら，「近代家族」の変動を考えていきましょう．

農業を中心とする職住一体の生活では，男女ともに家業に従事していました．

第二次産業・第三次産業で雇用されて働く人の割合が増えるにつれ，労働の場と家が離れ，「家内領域と公共領域の分離」が進みます．このような状況で成立する「性別役割分業」は，日本では1960年代から一般化し，同時に〈専業主婦〉も誕生しました．これは女性の就業構造においては，〈就職→退職→結婚→出産・育児→パートタイム〉という「**M字型就労**」として現れました．

　産業化した社会の「主婦」役割の特徴は，A. オークレー（1944 - ）によると [12] ① もっぱら女性に割り振られること，② 経済的な依存，つまり女性の依存的な役割と結びついていること，③ 労働として認知されていないこと，④ 女性にとって，それが主たる役割であること，の4点です．このような役割のあり方は，女性の解放を目指す立場から批判されてきました．例えば上野千鶴子（1948 - ）は「近代家族」は構造的に女性の抑圧のもとに成り立つものであると指摘しています． [13]

　「性別役割分業」は，多くの課題を女性にもたらしてきました．「近代家族」のモデルからはずれた女性の貧困，〈専業主婦〉の孤立，「母性」が当然のこととされる中での育児の困難，「仕事」をもつ「主婦」の二重の労働などです．

　一方，労働市場で働く家計の稼ぎ手として期待された男性にとっても「性別役割分業」は困難をもたらします．「性別役割分業」が一般化していった高度経済成長期には〈モーレツ社員〉という言葉が広まりました．家族も自らの家庭生活も顧みず，ひたすら仕事にまい進する男性の働きぶりがうかがえる言葉です．当時は年功序列賃金と終身雇用が広まった時期でもあり，企業に一体感と忠誠心を抱く労働者の姿は，戦場における戦士に例えて〈企業戦士〉とも言われました．このような中，多くの男性は長時間労働を強いられ「公共領域」に「拘束」されることになったのです．

### 「性別役割分業」の変化

　こうして，日本でも「近代家族」とその重要な特徴である「性別役割分業」が一般化し，「家族のあるべき姿」と意識されるようになっていきました．その背後には，家業としての農業から第二次産業・第三次産業の被雇用者へという産業構造の変動がありました．

　しかし，1980年代以降の労働市場の変化などに伴い，家族のあり方も再び変

容していくことになります．まず男女雇用機会均等法（1985年）によって，これまで男性中心だった労働市場に本格的に女性が参入することになりました．さらにバブル経済崩壊後は年功序列賃金の変化や「過労死」問題などにより，仕事だけに全精力を傾けるような働き方に疑問が投げかけられました．こうして家族のあり方が，「男は仕事，女性は家庭」から，男性は「仕事だけでなく家庭も」女性は「家庭だけから仕事も」という方向へ変わっていったのです．

　21世紀になると，男女共同参画の観点などから「ワーク・ライフ・バランス」（仕事と生活の調和）が叫ばれるようになり，政府が「イクメン」（育児に積極的に取り組む男性）プロジェクトを主導するなど，男女ともに仕事にも家庭生活にもバランスよくかかわることが推進されるようになってきました．しかしこれは反面，仕事をもちながら家事・育児・介護も担う女性の「新・性別役割分業」ともいうべき新しい負担や，育児に参加しようとしても上司などの理解が得にくい男性の困難などを生みだすことにもなっています．

## 「近代家族」という理想と「少子化」

　「性別役割分業」の変化は，「近代家族」をつくりだしてきた労働市場の変動を反映しています．次に私たちの「意識」に注目しながら，現代日本における規範的家族像としての「近代家族」について考えていきましょう．

　近年，日本では合計特殊出生率（一人の女性が平均して生涯に産む子どもの数）は1.3〜1.4人程度，つまり人口が減少していく水準で推移しており，「**少子化**」は喫緊の社会問題の一つです．日本では，現在でも出生する子どものうち未婚女性から生まれる子どもの割合は低く，未婚化・晩婚化の進行が「少子化」の進行に直結しています．

　日本の未婚化・晩婚化は人びとが結婚を望まなくなったから生じたわけではありません．国立社会保障・人口問題研究所の調査によると，35歳未満の未婚者のうち，「一生結婚するつもりはない」人は2010年度の調査時点でも男女ともに1割に満たず，9割弱の人が「いずれ結婚するつもり」と答えています．

　ではなぜ未婚化・晩婚化がすすんでいるかというと，希望する条件での結婚が難しい，というミスマッチの問題[14]があるからです．その第1の要因は若年層の雇用の不安定化です．「性別役割分業」を維持できる収入を求める場合，条

件にあう男性が見つからないのです．その背景には，「仕事も家庭も」という「新・性別役割分業」を重すぎる負担と考える女性，一方で「稼ぎ手」としての役割を引き受けられなってきている男性の姿が見えてきます．

　第2の要因は，恋愛・結婚の選択の自由の進展です．現在の結婚は「家同士の結びつき」という性質を弱め，本人たちが自由に結婚相手を選べるようになってきました．「近代家族」の特徴の一つである「強い情緒的絆」は，絆を結ぶのに「ふさわしい相手」を選ばないといけない，という意識を強めます．もちろん離婚・再婚などで相手を選びなおすことも可能ですが，最初からそう考えて結婚する人は少ないでしょう．その結果，「ふさわしい相手」が現れるのを待ち続ける，ということも起こってしまうのです．

　未婚化・晩婚化の2つの要因から，社会と家族が変動する中で「近代家族」を規範的家族像とする私たちの「意識」が困難をもたらしていることがわかります．そしてこの困難は，結果的に「少子化」の進展にも影響しているのです．

### 「近代家族」の「強い情緒的絆」にひそむ問題

　家族をとりまく環境と家族の姿が変動する中でも「強い情緒的関係」は家族の重要な側面とされています．講義の中で，「私にとって家族とは（　　　　　）である」の空欄を埋めるという課題を出したところ，そこでも「リラックスできる相手」などの答えが多く挙がりました．

　しかし，家庭内で児童虐待・家庭内暴力などの問題が発生しているという「発見」[15]が，「親密で愛にあふれた家族」は神話にすぎないことを明らかにしてきました．理想の家族像と現実の家族のあり方には「ずれ」があるのです．家族のあり方が変容するなかで，「強い情緒的関係」は「近代家族」の最後の砦ともいえます．「近代家族」を「あるべき家族の姿」と捉えてしまうため，私たちは「情緒的関係」にあまりにも過重な期待を抱いているのではないでしょうか．

　第4節では，現代の家族をめぐる具体的な3つの課題を手がかりに，「これからの家族のあり方」について議論します．ひとり親家庭などの貧困から「近代家族」像からはずれることがもたらす困難について，新型出生前診断から「近代家族」が担ってきた負担の限界について，同性婚の広がりからこれからの家

族像について，それぞれ考えていきましょう．

## 4 現代の家族をめぐる課題

### ひとり親家庭の貧困

ここでは，ひとり親家庭などの貧困の問題から，社会の変化と「近代家族」
にかんする問題を考えます．

まず2つの点を確認しましょう．第1に，「貧困とはどのような状態か」と
いうことです．貧困と聞くと，栄養失調でガリガリに痩せた子どもたちの写真
が頭に浮かぶ人もいるでしょう．このような生命を維持するために必要な最低
限度の食料などを欠く状態は「絶対的貧困」と呼ばれます．一方，その社会に
おいて標準的とされる生活レベルが保てない状態を「**相対的貧困**」と呼び，経
済的に豊かになってきた先進国では，「相対的貧困」も課題となってきます．

第2に，貧困に陥る原因と対応についてです．貧困の原因については，個人
の怠惰に原因があるという見かたと，社会の構造に原因があるという見かたが

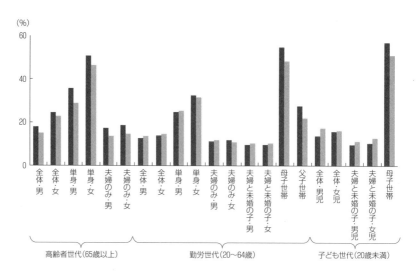

**図3-1 世代・世帯類型別相対的貧困率**

注：各類型の左が2007年，右が2010年の値．
出所：内閣府男女共同参画局『男女共同参画白書 平成24年版』2012年．

あります．もし前者なら自己責任と考えることもできますが，後者なら原因となる社会の構造を変えることも必要でしょう．日本のデータを見ると，性別・単身かどうかなどによって相対的貧困率が異なり，構造的に貧困に陥りやすい状況があると考えることができます．

　**図3-1**を見ると，相対的貧困率（ここでは可処分所得が中央値の50％未満）が最も高いのは母子世帯で，5割を超えています．このような高い貧困率になる構造的な要因について考えるために，日本のひとり親世帯の相対的貧困の特徴を海外のデータと比べてみましょう．OECDの平均では，ひとり親世帯の相対的貧困率は無業で約50％，有業で約20％と差があります．しかし，日本場合，有業でも無業でも貧困率にほとんど差がみられません．[16] これはひとり親の多くを占める母子家庭において，[17] 母親が働いても貧困状態から抜け出しにくいという状況があることを示しています．

　**図3-1**をもう一度確認すると，高齢単身女性および勤労世代単身女性の相対的貧困率も平均と比べて高いことが分かります．これらの女性とその家族の相対的貧困率の高さは，男女の雇用格差を反映しており，その背後には「性別役割分業」が確立した時期に現れた「M字型就労」以来の，女性の労働を補助的なものとする日本の労働市場の構造があります．

　「性別役割分業」の成立と変化で議論したように，「近代家族」を生みだし，支えてきた労働市場は，近年その一部が大きく変容してきました．「ひとり親家族」の貧困は，この変化にもかかわらず，「近代家族」からはずれることはそれぞれの家族にとってより一層の困難を生みだす，という社会全体の構造にかかわる問題を浮き彫りにしているのです．

### 新型出生前診断とケアの担い手の問題

　子ども・障害者・高齢者などの「家内領域」でのケアは，「近代家族」の重要な役割の一つとなってきました．ケアを担う家族の負担とその問題について，生命科学技術の急速な発展に伴う新たな課題から議論していきましょう．

　新型出生前診断では，妊婦の血液を調べることで胎児の3つの染色体異常の有無が分かります．日本では，2013年から年齢などの条件を満たす希望者が，研究に参加する形でこの検査を受けられるようになりました．受診した妊婦2

万人弱のうち，胎児に染色体異常があると確定したのは230人，胎児が亡くなった事例もあり，最終的に221人が中絶し，妊娠を継続したのは４人でした．ほとんどの家族が，染色体異常をもつ子どもの誕生を選択しなかったのです．

　仕事をやめるのが難しいとか，既に手厚いケアが必要な家族成員がいるなど，それぞれの家族にはさまざまな事情があります．胎児の障害を出産前に調べる新しい技術が普及すれば，子どもを育てる家族，特にケアの大きな部分を担うことになるかもしれない母親にとっては，選択肢が増えることになるでしょう．

　一方でこのような技術は，障害の有無による生命の選別を新しい形で可能にするものだといえます．生まれてくる子どもの立場から考えれば，本人の希望を聞かれることもなく，障害というその人の一部分でしかない性質によって，生まれる機会に格差が生じることになります．

　家族に重い負担がかかる状態で，家族に障害のある子どもの中絶の選択を任せることは，障害をもつ個人が生きる権利<sup>18)</sup>，ケアを担うことになる家族成員の負担の両方の面で大きな問題です．この問題の根底には，「家内領域」としてのケアが一部の家族成員に大きな負担を課す「近代家族」の構造と，社会が変化する中でそれを維持しようとする限界があるのではないでしょうか．

　そういう意味で，この問題は胎児に染色体異常がみつかった家族だけの課題ではなく，私たちの社会全体が直面している課題ということができるのです．ケアの必要のある個人とその家族を社会の中でどのように支えることができるのか，私たち一人一人が考えていく必要があるのではないでしょうか．


### 同性婚の広がりと新しい家族像

　最後に，「家族のあり方」の変動を示す事例として，同性婚の広がりをとりあげます．近年，結婚により享受できる権利や保護，および結婚する両者の性別にかかわらない平等な扱いを求め，同性でも結婚できる権利を求める人びとが現れました<sup>19)</sup>．2000年にオランダで同性結婚法が成立したのを始めとして，ヨーロッパを中心として同性婚を認める国・地域は広がってきています．

　アメリカではそれまでも同性婚を認める州がありましたが，2015年に最高裁判所が全州で同性婚を認める判決をだしました．このような同性カップルが家族を形成する権利を認める流れとともに，子どもを育てる同性カップルも増加

しています．アメリカで18歳以下の子どもを育てる同性カップルは，2013年に
11万2000組，子どもの数は21万人近くにのぼると推計されています[20]．

　日本では同性婚は認められていません[21]が，2015年に渋谷区で同性カップルを
「結婚に相当する関係」と認める条例が成立したのをはじめ，複数の自治体で
同性のパートナーシップに対する証明書を発行する動きが広がっています．

　同性カップルでは「男は仕事，女は家庭」という分業はできないので，特に
育児をする同性カップルは家事・育児などの役割と仕事をどちらが主に担うの
か，分担はどのようにするのか，各自の仕事の状況や家事のスキルなどによっ
て決めていくことになります．途中で役割の比重が交代する可能性もあります．

　これは，変化する「性別役割分業」の中で私たち全員が考えなければならな
いことと共通しています．そういう意味では，同性婚の広がりや子どもを育て
る同性カップルの増加，そしてそこで形づくられる新たな家族のあり方もまた，
当事者やその家族だけにかかわる問題ではなく，これからの家族のあり方を考
える私たち全員の課題と共通しているといえるでしょう．

### 「これからの家族」と社会

　この章を通して，家族に「当たり前」のあり方はないことや，家族のあり方
が変動しつつあることを学んできました．「これからの家族」のあり方にも唯
一の正解はありません．未婚者の割合の増加に伴い，家族がもつ影響力自体が
今後さらに変化していくかもしれません．家族社会学の視点も手がかりにして，
皆さんそれぞれが「これからの家族」のあり方，そして家族に頼ってきた機能
を社会はどう担っていくべきなのか，ということについて考えてみてください．

注
1）新村出編『広辞苑（第五版）』岩波書店，1998年．
2）日本社会学会社会学事典刊行委員会編『社会学事典』丸善出版，2010年．
3）P. ボス（南山浩二訳）『「さよなら」のない別れ　別れのない「さよなら」』学文社，
　2005年．
4）落合恵美子「近代世界の転換と家族変動の論理」『社会学評論』64（4），2014年，p.533.
5）落合恵美子『近代家族とフェミニズム』勁草書房，1989年，p.18.
6）「近代家族」論以前には，核家族を家族の普遍的な形態とする主張もありました．
7）「憶良らは今は罷らむ子泣くらむそれその母も吾を待つらむそ（『万葉集』巻3：

337）」（大意：私はもう退出いたしましょう，子どもが泣いているでしょうし，子どもの母親も私を待っているでしょうから）は「宴会から退出する時の歌」と説明があります．社交の場から帰る理由として説得力があったのか考えてみると面白いかもしれません．

8）「親密な関係」の変化については，『親密性の変容』（A.ギデンズ，松尾精文・松川昭子訳，而立書房，1995年）で詳しく議論されています．

9）L.ストーン（北本正章訳）『家族・性・結婚の社会史』勁草書房，1991年，pp. 47 − 48.

10）F.アリエスは『〈子供〉の誕生』（杉山光信・杉山恵美子訳，みすず書房，1981年）において，「子ども」という概念自体が17世紀末以降に成立したものであり，無垢で家族が守るべき対象としての「子ども」は近代化の産物であることを実証しました．

11）森岡清美・望月嵩『新しい家族社会学（四訂版）』培風館，1997.

12）A.オークレー（岡島茅花訳）『主婦の誕生』三省堂，1986年，p. 6.

13）上野千鶴子『家父長制と資本制』岩波書店，1990年.

14）山田昌弘『「婚活」現象の社会学』東洋経済新報社，2010年.

15）『〈児童虐待〉の構築』（上野加代子・野村知二，世界思想社，2003年）のように，この「発見」のあり方に疑問を投げかける研究もあります．

16）内閣府男女共同参画局『男女共同参画白書 平成22年版』2010.

17）2011（平成23）年度の全国母子家庭世帯等調査によると，母子家庭123万8000世帯，父子家庭22万3000世帯となっています．

18）障害者の立場から，障害者と家族・社会の問題にとりくんだ本として，『母よ！殺すな』（横塚晃一，すずさわ書店，1975年）があります．

19）J.チョーンシー（上杉富之・村上隆則訳）『同性婚』明石書店，2006年.

20）杉山麻里子『ルポ同性カップルの子どもたち』岩波書店，2015年．なお，同性カップルが親になる経緯は，異性のパートナーとの間にできた子どもをひきとる，養子・里子，女性の同性カップルが精子提供を受けて人工授精・体外受精する，男性の同性カップルの精子を使い卵子提供を受けて代理出産するなどです．

21）『同性婚』（南和行，祥伝社，2015年）によると，第24条に「両性」「夫婦」とあるため，日本国憲法は同性婚を認めないという解釈が一般的です．一方，「個人の尊厳」「幸福追求権」「性別に基づく差別の禁止」を根拠に，同性婚を認める見解もあります．

第 **4** 章

# 地域社会学
## ――生活者の思想から地域を構想する――

五十川飛暁

地域社会って，なんだか，分かるようでよく分からないところがあると思いませんか．しかも，地域社会と聞くと，「活性化」だ「まちづくり」だと，われわれはなんだか少し意気込んで構えがちなところがあります．この章ではシンプルに，地域社会を現実に担っている人たちにポイントをおいて，現場の思想から，地域社会とその政策的可能性を検討していくことにしましょう．

-----------------------------------------------------------◆

## 1　地域社会とはどのような存在か

### 地域社会とはどこを指すのか

　みなさんは「地域社会」と聞いたとき，どのようなところをイメージするでしょうか．多くの人が「市町村くらいの大きさのところかな」と思ったのではないでしょうか．けれども，同時に「いやいや，都道府県ぐらいでも地域っていうよな」と考え，そうすると「なんだかよくわからなくなってきたぞ」と，戸惑いを感じた人もいるかもしれません．その戸惑いはもっともです．市町村と都道府県ではまったく大きさが違います．けれども実際には，もっと小さな範域，例えばみなさんが通った小学校の校区のような範囲も一つの地域として成立しますし，逆にもっともっと大きな，極端には国を超えた範域のつながり，例えばEUやASEANといった国際社会のまとまりも，ときに地域社会と呼ばれたりします．どういうことなのでしょうか．

　少なくともわかるのは，「地域社会」という言葉が指すその対象は，たいへん幅広く，多様だということです．あいまいといってもいいかもしれません．

そこに共通点をさがすとすれば，まずもって「地域」という概念に，つねにある空間的な広がりが念頭におかれているということがあるでしょう．加えて，とくに「地域社会」といったときには，そこになんらかの社会生活上の共同が含意されていることが普通です．最初に例に出した市町村や都道府県といった範域は，いってみれば行政的な区割りにすぎません．けれども，社会生活の共同ということでいえば，必ずしもその範域にしたがわなければならないわけではありません（もちろん，一致することも多いですが）．例えば複数の国家にまたがりながら牧畜をしている遊牧民にとっての地域社会は，国家という枠組みにしばられるものではないのです．

とすれば，「地域社会」というものが，その場所や固有の歴史，すなわちそこでの社会生活の共同を担う人びとのその時々のふるまいにおうじて，その中身や範域が多様にありうることも了解できるはずです．そして，その「地域社会」を理解しようとするならば，社会生活の「担い手」をキチンと押さえる必要があるということもわかるでしょう．

## 日本社会の現状と地域社会

その担い手のことを考えるうえで次に考えておきたいのが，みなさんが「地域社会」と聞いてすぐさま思いうかべるかもしれない，別の側面です．それは，地域社会というのはいわゆる「都会ではないところ」，つまり郊外や農村，中山間地や離島といった「田舎」を意味していて，その田舎が「現在なにやらたいへんそうである」というイメージです．

田舎というのはあまりにマイナスイメージが強いので，ここでは「地方」と言いかえておくことにしましょう．それが「たいへん」というのは，現在，過疎化や少子高齢化といった社会状況の変化によって，ここでいう地方がひじょうに疲弊をしているという事態を指します．

例えば「限界集落」という言葉を聞いたことがあるでしょうか．限界集落とは「65歳以上の高齢者が集落人口の50％を超え，冠婚葬祭をはじめ（中略）社会的共同生活の維持が困難な状態にある集落」[1]のことをいいます．ここでいう「集落」というのは，社会生活の基本的な単位の一つですが，別の言い方として「むら」という理解をしておいてもらってもわかりやすいかもしれません．

その維持が「限界」のむらが多数あるということです．

　国土交通省・総務省の調査によると²⁾，その限界集落が全国において2019年段階で 2 万349にものぼり，2015年度調査時より5862も増加したといいます．また，そのうちの956集落においては，高齢者率が100％，つまり住民全員が65歳以上となっています．今後10年以内に消滅の可能性がある集落は454あり，いずれ消滅すると予測される集落も2743と報告されているのです．

　そしてそれらの多くの集落で発生しているのが，従来利用してきた田や畑が維持できなくなることによる耕作放棄地の増加，同じく耕作地における獣害の発生，住宅の老朽化や空き家の増加，地域社会での働き口の減少や商店・スーパーの閉鎖による買い物困難の発生などの諸問題です．これらは近年，新聞やテレビなどでも大きな話題になっているので，聞いたことがあるという人も多いでしょう．都市部に住んでいる人たちであれば，そのような「地方」の状況をみて，たいへん気の毒に感じるかもしれません．

　もちろん，これらはいうまでもなく大問題です．ただし，都市部にいる自分たちには関係のない遠いお話ではないということも知っておかなければなりません．そもそも，日本の総人口は2004年の 1 億2779万人をピークにして既に減少がはじまっています．2053年には 1 億人を下回り，2100年には6000万人を割ると予想されています³⁾．都道府県別にみた 5 年ごとの人口動態の推計でも，2020年から2025年にかけての 5 年間および2025年から2030年にかけての 5 年間ではわずかに東京都と沖縄県で人口の増加が見込まれているものの，2030年から2035年にかけて以降は，すべての都道府県で人口が減少していくと予測されているのです⁴⁾．

　すなわち，過疎化や少子高齢化，そしてそれにまつわる諸問題というのは，これからどこでも問題になってくるであろう（あるいはすでになっている）ことであり，そういう意味でたいへん普遍的なものなのです．都市だからとか地方だからとかでなく，だからこそ「地域」として考える，それが地域社会学の特徴の一つということになるでしょう．

## 2 地域社会はどのように眼差されてきたか

### 近年盛んな地域活性化の議論

　そのように目線を相対化しつつ，けれども，過疎化や少子高齢化にまつわる諸問題が現在のところもっとも顕著にあらわれているのが「地方」の現場であるのも確かです．そこで次に確かめておきたいのは，それではそのような現場に対して，われわれはこれまでどのような眼差しを向けてきただろうか，ということです．さきほど，「なにやらたいへんそうなイメージをもってしまいがち」といいましたが，それを，イメージというだけでない政策のレベルまで広げて，考えてみることにしましょう．

　さっそくですが，一般論でいうと，現在，「限界集落」化を進めつつある現場に政策レベルで必要だとされているのは，もっぱら，集落の維持とそのための支援ということになります．集落の維持と支援が必要な理由についてはいろいろと指摘されています．

　いくつかその理由も紹介しておくと，例えばその一つが，地域文化の衰退への危惧です．すなわち，日本の各地方，各地域社会というのは，これまで，お祭りや風習をはじめ，さまざまな伝統的な文化を継承してきた存在です．なのに，それがなくなってしまったら，伝統的な文化も途絶えてしまう．それは日本全体にとってたいへん損失である，という見解です．

　あるいは，農山村の原風景の損失，もあるでしょう．われわれが「里山」だとか「田舎」と聞いて思いうかべるような「いい景観」，例えばある集落が存在するとして，その集落の背後には手入れのゆきとどいた裏山があり，また裏山からは集落を通りぬけて小川が流れていて，その小川に沿って水田が広がっている．そういう景観はどこか懐かしさがともなう心落ちつく存在なわけですが，その景観は，そもそも人びとの暮らしがあってはじめて成立するものです．人が住まなくなってしまうのであれば，そういった景観もなくなってしまうよね，という理由です．

　そしてもう一つ，近年とてもよく指摘されているのは，農山村の維持が都市部での生活にもたいへん関係しているのだ，という論理です．どういうことか

というと，農山村の人たちというのは，ただそこに住んで自らの生活をこなしてきただけでなく，それによって身近な自然環境を実にキチンと守ってきたという事実があります．けれども，そこに人が住まなくなってしまうと，山や川は荒れてしまうことになります．その結果，例えば洪水が起こりやすくなり，結局は下流の都市部の人たちの生活にも影響が出てしまう．「それでは困るでしょ」，「地方は地方でちゃんと存続してもらわないと」というわけです．

　ともあれ，そういった理由とともに，現在，いわゆる「地方」にあたる農山村の「地域再生」が，われわれの社会にとっての喫緊の課題とされるようになっているのです．そして，例えばIターンやUターンの推奨による人口と担い手の増加，地元の地域資源の見直しによる観光化の可能性，都市部と農村部の交流をいかした農地の保全など，さまざまな方向性からの「地域活性化」の模索が，制度の整備とともに実践されてきています．

## 地域社会の切りすて論

　他方，もちろんですが，「地方」をめぐって主張されているのは「活性化」ばかりではありません．すでに紹介したように，日本はこれから全国的にたいへんな人口減少が推測されています．そのようななかでは，すべての集落を維持していくというのも，現実にはたいへん難しいことは容易に予想されます．そういった観点から，過疎集落を移転させていくなど，積極的に「撤退」も考える必要があるのではないかという議論もあがっています．[5)]

　さらに，「山村に人が住まなくなったのは，そもそもそこに住む必要がなくなったからなんじゃないのか」，「そういう合理的な理由があるのだから放っておいていいのではないか」という意見や，もっと過激に「山村ばかり振興策を出して優遇するなんてズルイのでは」という考えを聞いたら，それはそれで，みなさんも「そうかもしれない」と思うかもしれません．

　ともあれ，現在，「限界集落」の現出をはじめとする地方の疲弊という状況に対しては，政策的な支援にもとづく活性化の必要という議論と，他方で自然淘汰としての切りすて論，その2つの議論が主流になっているということがいえるでしょう．みなさんは，どちらのほうがよいと思ったでしょうか．どちらも，ちゃんと筋のとおった見解です．

## 地域政策に欠けているもの

　ただ，ここでみなさんと検討しておきたいのは，いま確認した地域社会をめぐる2つの主要な議論には，それぞれ正しいにもかかわらず，実は，抜けおちているものがあるのではないか，ということです．抜けているものがある．では，それはなんでしょうか．

　私がそのことをハッキリと考えさせられたのは，あるドキュメンタリーを観たときでした．NHKで2007年に放送された『秩父山中 花のあとさき ムツばあさんの秋』がそれです．少し紹介しておきましょう．ムツばあさんが暮らす埼玉県秩父の山村は，かつては林業や製炭でたいへんにぎわったところでした．けれども，その生活も様変わりしてみな山を降り，いまでは集落の人口は10名に満たず，しかも高齢者ばかりで「限界集落」そのものです．先祖代々から耕してきた畑も，満足に維持することができません．

　そのような集落の変化のなかで，ムツばあさんはちょっと意外な行動をとってきた，というのが，そのドキュメンタリーのポイントでした．どうしたかというと，彼女は夫とともに，畑に1万本以上，花やもみじを植えつづけてきたのです．では，それはなぜだったのでしょうか．番組内のナレーションの言葉を借りれば「耕せなくなった畑を放っておくのは申し訳ない．せめて花を植えて山に返したい」という気持ちからでした．

　もうちょっと掘りさげてみます．なぜ彼女たちは花を植えないと気がすまなかったのでしょうか．それは，端的にいって，その土地に，長い間，お世話になってきたからでした．しかも重要な点は，そうやって世話になったのは自分たち「いま」の人たちだけではないということです．つまり，秩父の人たちは，（というか，ほかの多くの地域社会の人たちもそうだと思いますが，）代々，そこの土地と強いつながりをもって暮らしてきました．目の前に広がる畑は，先人たちによる働きかけの蓄積の結果としてそこにあるのです．もちろん，それらの畑や山は，たしかにいまを生きている自分たちの土地です．そうではありますが，けれども，自分たち「だけ」の土地でもないのです．そういう，「世代」ということも含めた土地とのつながりをもっている．だから，畑を耕さずにただただ放って荒れさせてしまうことに，たいへんな心の痛みと責任を感じるのです．

　そのようなムツばあさんの営みから了解できるのは，そのようにずっとつな

いできたような「つながり」，それをどう継承していくのか，あるいは，どう
納得してその「つながり」自体を仕舞っていくのか，それが，現場の人たちに
とって，いま，たいへん切実な問題であるのだということです．

　そして，そうだとすると，ということになるのですが，そう考えるとこれは，
もしそういう人たちを支えるとしたら，じゃあ，どういう地域政策がいいとい
うことになるのでしょうか．それは少なくとも，さきほどまで確認してきた「と
にかく活性化が必要」という議論とも，あるいは逆に「そんなの無駄だ」とい
うのとも，そのどちらとももまったく，政策の方向性が変わってくることになる
であろうことは想像してもらえるのではないかと思います．

　つまり，地域社会をめぐるこれまでの政策論に欠けてきたのは，「実際のと
ころ，ではそこの人たちはいったいどう考えているのか」という現場の考えで
あり，自分たちが置かれている状況について自分たちはどう捉え，どうありた
いのかという，現場の判断なのです．

　そもそも社会学というのは，われわれの頭のなかにある「常識」に捉われず
に実際の社会の姿をキチンと押さえ，その押さえた事実から今後の社会のあり
方を構想するというのが基本的姿勢です．その基本的姿勢は，こと「地域社会
学」という分野においても同じです．まずは現場の実際の姿を押さえたうえで，
そこから地域社会やその政策について考えようとする，それが，地域社会学の
営みの一つの核心といえるでしょう．そこで後半は，実際に現場の人びと，す
なわち地域社会の「担い手」に寄りそってみると地域政策としてどのようなも
のが提出できるのか，私の調査経験から具体的に紹介してみることにします．[6)]

## 3　住民の発想を確かめてみる

### 町並み保存運動への注目

　紹介するのは，これまでに議論してきた「地域活性化」の文脈とも重なる，
あるまちづくりの実践についての政策論的な検討です．より具体的には，みな
さん，「町並み保存」というのは聞いたことがあるでしょうか．町並みという
のは沿道の建造物群がつくりだす一帯の景観のことなのですが，なかでも一定
の歴史的な蓄積をそなえた町並みが，近年，たいへん価値のあるものとして認

識されるようになってきています. 例えばかつての街道沿いの宿場町の雰囲気が残っている地区だとか, 参詣客の多いお寺の門前町として栄えてきた一画, あるいは茅葺きの旧家が立ちならぶ風景などが分かりやすいでしょうか.

そのような「町並み」はいわゆる「地方」に存在している (もっというとそれまでの経済開発から取り残された結果として残った) ことも多く, それゆえ近ごろでは, そういった地域の資源を「再発見」するとともに, あらためてまちづくりに活かそうとする地域がたくさんみられるようになってきています.

しかも, 従来はとにかく「開発!」「開発!」ということで, 古い町並みを壊し近代化することによって地域発展を目指してきた市町村など行政の側までが, いまでは逆に, 観光による地域活性化の切り札として積極的に町並みを保存し売りだしていこうとしています. その結果として, 条例や細則など, 町並みを守るための制度的なバックアップもたいへん充実しつつあるのです.

そういう状況に, 私はなにやらたいへんプラスのイメージをもっていました. そして当初は素朴に, どうすれば町並みの保存を各地域でより効率的に進めていけるのだろうか, と考えていました. たいへん外側からの視点であり, 先ほどまでの議論でいうと「とにかく活性化が必要」という見方に近いといえるでしょう. そしてそのような私が目をつけたのが, 滋賀県にある近江八幡市でした. 近江八幡はかつて近江商人の一大拠点として栄えた町ですが, その近江商人の商家の町並みを活かした町並み保存の先進地ということで, とみに有名であったからです.

しかも, 近江八幡の町並み保存は当初から住民主導で進められてきたものであったということが, より興味をひきました. そもそもは地区内を流れる河川を自分たちの生活の変化によってひどく汚してしまったのがはじまりだったのですが, 「じゃあ埋め立てることにしましょう」という計画をたてた行政に対して反対の声をあげ, その運動のなかで, あらためて当該河川も含めた町のトータルな景観を守っていくことを住民自ら決めたのです.

そして実際, 住民の人たちがとても頑張った. その頑張った結果として, 当初は埋め立てを計画していた行政も方針転換をし, 積極的に町並み保存をバックアップするようになっていったという, たいへんハッピーな展開を経験した地域なのです. その後, 町並みを守るための制度も導入されましたし, そうやっ

て景観がキチンと整備されたおかげで観光客も増えるようになり，ですからこ
れは，まちづくりとしてたいへん理想的なようにみえたのです．
　そこで，その活動から，町並みの「保存」をうまく進めていくためのポイン
トを探ってみようというのが，私の当初の問題関心でした．

### 実際はバラバラ！？

　そういった関心から現場に入った私は，近江八幡の住民の人たちは自分たち
のなかで，また行政との間で，とても上手に保存のための合意形成を進めてき
たのだろうと想像していました．「みんなが一丸となって取りくんでいるに違
いない」，そんなイメージさえもっていました．けれども，そういう期待はか
なり早い段階でいったん脇におかなければならなくなりました．なぜなら，現
場にいくと，町並み保存はけっしてスムーズに機能しているわけではない，と
いうことが分かってきたからです．
　どういうことかというと，現場で聞き取りをはじめてすぐに，「私は賛成」「僕
は反対」といったぐあいに，賛否の意見を口々に聞くことになったからです．
いそいで付けくわえると，正しくは，それは町並み保存のバックアップのため
に導入された制度である町並み保存条例に対する賛成／反対の意見でした．そ
の賛否の意見で，現場はある種の混乱をしているようにもみえたのです．
　町並み保存の制度が導入されるということは，その保存の対象である建造物
(つまり町並みを構成する家々) に対して，「こうしなければいけない」とか「ああ
してはいけない」とか，そういう規制の網掛けがかかることを意味します．近
江八幡の町並み保存条例においては，対象地区内の戦前までに建てられた建造
物に対しては，基本的に修理して維持することになりましたし，他方で戦後の
建造物に対しても，その建替えの際には「当該保存地区の歴史的風致を著しく
損なうものではないことが必要[8]」とされました．つまり，建て替える際にも「そ
れっぽさ」が求められることになったのです．
　「そりゃあ，負担に感じる人と感じない人がでるよな」と思いつつ，けれど
も「そもそも住民の人たちが主体なはずじゃなかったの？」ということもあり，
とまどいも覚えました．

## 制度をめぐる混乱の原因

そこでとりあえず，私は，なぜそのような混乱が起こってきたのかを調べてみることにしたのです．そうすると，その要因として，いくつかのことがあるというのが，まずは分かってきました．

それも簡単に説明しておくと，分かってきたことの第1は，制度の保存対象範囲の決め方がもつ問題でした．対象範囲がどのように決められたのかの理由は「特に伝統的な町屋が連続して，八幡らしい町並みの景観を構成している」（近江八幡市教育委員会）という観点からだったのですが，これは噛み砕いていうと「見た目」です．伝統的な商家の町家が並んでいるような見た目のよい通りを中心にして，その通りの両側の並びを網掛けの対象として指定していくという，そういう決め方だったのです．

それのなにが問題だったかというと，そういう決め方の結果として，制度の線引きと地元町内会の範囲の線引きとがずれてしまったのです．従来，近江八幡の人たちが地域で物事を決めたりするときにずっと依拠してきたのは，伝統的な地域組織である「町内会」でした．けれども，制度はその町内会を分断してしまうような線引きになってしまっていたのです．すなわち，同じ町内会ということでいうと，制度に指定されたほうの範囲の人たちには保存のための規制がかかるが，そうでない人たちは同じ町内会なのに規制はかからない，そういうことになるわけです．

となると，町内会で共通に話しあう話題として，町並み保存というのはひじょうに取りあげにくくなるというのが想像できると思いますし，実際，そうなってしまいました．つまり，住民たちの間で，正式に制度について議論するような場，というのが欠如することになってしまったのでした．そのことが，制度をめぐる混乱というものを引き起こしている一つの原因になっている，ということが分かってきたのです．

それだけではありません．分かってきたことの第2として，制度の実施によって，近江八幡の町並み保存の主だった担い手は，住民というよりは制度を管理する行政ということになりました．しかもこれまで，制度を担当する部署が，たいへんコロコロと変わってきたのです．当然ながら，担当者もたびたび変わります．それのなにが問題かというと，部署や担当者が代わるごとに，「規制

の強さ」というのも変わってしまっていたのです.

　例えば私が聞いたのは,自らの家の立て直しを行政と相談していた人でした.その住民はとても町並み保存に積極的な人でしたが,最初,当時の担当部署の担当者と打合せをして「こんな感じでいきましょう」ということで,ほとんど話はまとまっていたのです.けれども,その時期にちょうど担当部署が変更になったので,念のため新しい担当者に確認をしてみた.すると,今度は急に「そんなのではダメ」といわれて,もっと厳しい指導をされてしまい,それでたいへん困ってしまったそうなのです.

　そういうふうに,「いったいどのような町並みを守るのか」ということ自体が,制度の担い手となった行政のなかでも揺れ動いてきました.そして,トータルな町並みを守るためのバックアップとしての制度であったはずが,結局,個別の建物をどうするかという問題になっていってしまいました.

　他方で,住民の人たちは,町並みのなかに住みつづけているわけですから,快適な生活をしたいわけです.例えば昔ながらの町家というのは,中二階といって,二階の高さが180cmぐらいしかありません.だから,できることなら天井高を高くしたい.また,自宅の敷地内に駐車場もほしいと願います.当たり前です.けれども,条例があるので自由にはできない.行政の担当者と個別に交渉していくしかない.それで結局,指導をされてしまうわけです.

　となるとそこに,いやおうなく,「建造物のあるべきかたち」と「生活の利便性」という2つの物差しをめぐって,対立状況が生まれていくことになります.他方,前述したように,制度に対してフォーマルに話しあえる場は欠如しています.その結果として,人びとは制度に対して個別に「賛成」「反対」と主張していくしかない,そういう状況に置かれてしまっていたのです.

### 現場の考えにせまるヒントの発見

　そのようにして私は,現場の人たちの意見をたどるなかで,ひとまず,近江八幡の町並み保存が制度をめぐって混乱している原因を理解することができました.けれどもなんだか,それが分かったところで,スッキリすることができません.なぜなら,「かたち」か「利便性」かという,そういう水準で住民の人たちの意見をみているだけでは,結局は「町並み保存は良いのか悪いのか」

という話にしかならないと感じたからです．それでは，「良い」か「悪い」か
しかない二元論に否応なく陥ってしまいます．

　町並み保存をうまく進めていくためのポイントを学ぼうとしていた私は，そ
こで「うーん」と困ってしまったのです．現場の表面的なところをなでている
だけのように思えていました．先の議論でいえば，「なにが活性化だ．現場は
そんな簡単じゃないじゃないか」といったところでしょうか．

　ですが，それでも現場でウロウロと歩いて話を聞いていくうちに，なにやら，
そのような二元論を乗りこえるヒントになるかもしれない，そういう現場の人
たちの注目すべき対応も，いくつか見いだすことができるようになっていきま
した．見いだすというよりは，現場にあわせて考えざるをえなくなったといっ
たほうがよいかもしれません．フィールドワークのおもしろいところです．

　さて，そのいくつかの対応ですが，まず第1に，ついさきほど，「建造物の
あるべきかたち」と「生活の利便性」の対立状況が起こっていると指摘しまし
た．実際，確かに制度と対峙するときはそうなのですが，けれども，人びとの
生活をみていると，それらはとりたてて対立するものとは扱われていないよう
に思えてきた，というのが一つ．

　第2には，現場には実際に町並み保存の制度に反対して自宅をすっかり建て
替えてしまった人がいたのです．その人は「こんな制度は映画のセットをつく
るみたいなものじゃないか」といって，本当は修理して使いつづけないといけ
なかったはずの戦前築の自宅を新しくしてしまった．しかし，そのように「保
存」というところからすると「無茶を通した」というその人が，でも町の人た
ちにけっしてひどく否定されたりはしていない．しかも，制度に積極的に賛成
している人たちからも批判されていないということがあって，「あれっ，それっ
てどういうことだろう？」と思ったのです．

　そして第3に，近江八幡にはずっと町並み保存のために動いてきた地元の
NPO組織があるのですが，そのNPOが，これだけ制度に対して賛成や反対と
いう意見が渦巻いているにもかかわらず，自分たちは町並み保存をキチンと実
践してきたのだ，と胸をはっていたのです．それを「ゆるやかな町並み保存」
と称していて，それもたいへん気になった．それで，これらっていうのはいっ
たいどういうことなのだろう，ということで，さらに突っ込んでいくことにし

ました．そうすることで，現場の人たちの発想になんとか迫れるのではないかと考えたのです．

### 人びとの間に存在する「かかわりの視点」

その結果として，まず，第1のヒントに絡んだ発見をすることになりました．なにかというと，それまでは，どうにも「近江八幡の商家の町並み」と，生活の利便性も含めたそれ以外の条件が対立しているように見えていたのですが，そもそも，実は町並み保存をするずっと以前から，町並みには「商家以外の条件」，具体的には，西欧近代建築がいくつもまぎれこんでいたのです．1905年に来日したヴォーリズという人物が設計した家々がそれでした．

おもしろいのは，私はまったくのよそ者ですから，そういった洋館は，なんだかまったく脈絡のないもののように見えるわけです．けれども，地元の人たちにとってはそうじゃない．私はひところ，ずっと「このヴォーリズ建築っていうのは商家の町並みとは全然関係ないですよね」みたいに聞いていたのですが，すると住民の人たちは，きまって「いやいや，おなじだよ」と返します．「これはどっちも近江八幡らしいからOKなのだ」という言い方をするのです．

「近江八幡らしさ」．けれども，この「近江八幡らしさ」というのも，分かったようで分からない．だから，さらにいろいろと聞いていったのですが，そうすると，しだいに明らかになってきたのは，ようするにヴォーリズ建築が大事だっていうのは，それは「ヴォーリズさん」が建てたから大事なのだということとでした．

たしかに，ヴォーリズという人は，近江八幡にただ住んでいただけでなく，会社を立ち上げ，その売上で地域に学校や病院をつくるなど，近江八幡の発展ということを考えて地域とかかわってきた人物として人びとに認識されています．しかも，そういう「お堅い側面」だけじゃなく，例えば「母がたいへん世話になった」とか，あるいは「一緒に酒を飲んだことがある．だからヴォーリズの建てたものは好きなのだ」という人もいたのです．

ともあれ，そういうふうに直接的であったり間接的であったりはするのですが，いずれにしても，ヴォーリズの建築は「ヴォーリズさん」という具体的個人の評価と絡めて判断される側面がたいへん強い，ということが分かってきた

のです.

　そうすると，ヒントの2つ目であった，制度に反対して自分の家を建てかえてしまった住民が，けれども周囲にさほど否定されていない理由というのも分かってきました．というのは，その人は建具屋という商売をしているのですが，彼が建て替えをしたのは，「その商売をつづけながら当地で暮らしていくためにはどうしてもそうしなきゃいけない」という切実な思いがあったからでした．そして，それを周りの人たちは十分に知っています．だからこそ，「あの人ならそうするだろうなあ」と，その行為を「否定」ではなく「理解」するのです.

　そこに存在していたのは，これまでに出てきた「建造物のあるべきかたち」を守るべきという物差しとも，それに対する「生活の利便性」を主張する視点とも異なる，第3の視点でした．それは，町並みやそのなかの建造物に関係する人物がいったいどういう思いで建造物に向きあってきたのか／いるのかという点を重視して判断する見方でした．すなわち，外側からうかがうだけではたいへん分かりにくい住民たちの生活上の評価に一貫性を通していたのは，「かかわりの視点」であったのです.

## 「ゆるやかな町並み保存」という自負の中身

　この「かかわりの視点」の存在をハッキリと確認できたことによって，残った第3のヒント，つまり現場のNPOが胸を張って「自分たちはゆるやかな町並み保存をキチンと実践してきた」と主張することの意味も，目の前の霧が晴れるように，とは大げさですが，理解することができるようになりました．前節からの問いである「そこの人たちはいったいどう考えているのか」という現場の考えにも，ここでやっと迫ることができるようになりました.

　すなわち，まず，近江八幡の人たちにとっては，「商家の町並みを構成している近江商人の歴史」も，「ヴォーリズ建築という西洋近代出自の要素」も「近代性をともなった自分たちの現代生活」も，いずれも全部，対立しているとかしていないとか，そういうことではなく，すべて，近江八幡の人たちにとってのトータルな「近江八幡らしさ」を表現するものと捉えられている，ということです．全部，近江八幡での自分たちの生活に必要なものなのです.

　では，それではなんでもアリなのかといえば，それも違います．人びとは，

なにか新しく町並みにつけ加わろうとするものが出てきたときに，それを，「建造物のあるべきかたち」や「生活の利便性」という観点はもちろん，そこにとどまらず，「かかわりの視点」を判断の底において，その新しくつけ加わろうとする変化が「近江八幡らしさ」に適っているかどうかという秤にかけつづけてきたのです．それは「ヴォーリズさん」についてもヴォーリズ建築についてもそうでしたし，家を建て替えてしまった住民に対する評価もそうでした．

　つまり，これまで検討してきた近江八幡の町並みというのは，これは，つねに新しいものがつけ加わったり，そこから何かが削られたり，そういう取捨選択をつねに繰りかえしつづけてきたわけです．そうやって取捨選択を繰りかえしながら，つねに近江八幡の人たちによってつくりつづけられている，そういう存在なのだ，ということになります．

　そして，そういう判断の仕方を，いま混乱を招いている制度とは別のところで，近江八幡の住民たちは，ずっと実践してきたわけです．制度に対する賛成とか反対とか，そういう意見とは別のところで，住民間での合意形成のあり方としてずっと保持をしてきた．それが，現場のNPOが「自分たちはキチンとやってきた」と胸を張っていることの内実であったのだ，ということになります．

## 4　現場の視点をいかした地域政策へ

### 「保存」に対する「形成」という発想

　さて，これまでみてきた事例を，現場の人びとの発想というところからあらためて対比的にまとめることによって，地域政策を現場から考えることの必要と意義を確かめ，結びにかえることにしましょう．

　すなわち，まず，近江八幡における町並み保存の制度というのは，「建造物のあるべきかたち」という物差しに特化するようなものであったのに対して，住民たちの日常の実践は，そうではない「かかわりの視点」を根拠にしながら，町並みをつねに判断しつづけるようなものでした．

　言い換えると，従来の町並み保存に対する行政の政策というのは，どちらかというと「守る」，「保存する」というところに大きなポイントが置かれてきたのに対して，当事者にとっての町並み保存，地域社会の「担い手」の目線から

の町並み保存というものを考えてみた場合には，むしろ「つくる」，「形成していく」という発想があって，そこにこそポイントが置かれていたわけです．

　そうすると，そういう地域社会の現場の発想を押さえることができたならば，そこからなにがいえるでしょうか．きわめてシンプルですが，これまで圧倒的に主流を占めてきた「保存」という視点からの政策に加えて，もう一つ，「形成」という発想に寄りそった政策という選択肢を加えることができるでしょう．

　そして，もし「形成」にポイントを置こうとなった場合には，そういう発想の担い手であるところの住民の人たちに，もう一度主役として出てきてもらう必要があるということになります．また，そういう人たちが「形成」しつづけていけるような条件こそを，政策的に整えていく必要があるということになります．例えば，町並み保存の制度的な線引きと町内会の線引きの食い違いなどは，真っ先に正していくべきところになるはずです．

　どうでしょうか．ともあれ，後半を使って紹介してきた事例からは，現場から考える（教えてもらう）ことによって，従来とはちょっと異なる発想や政策の可能性を提出しうる，ということが分かっていただけたのではないかと思います．私などは，その「ちょっと異なる」発想が，これからの地域社会のあり方を考えるうえで，たいへん有効なのではないかと考えています．例えばみなさんは「保存」と「形成」なら，どちらがよいと思ったでしょうか．

　地域社会の今後というものは，なにか「こうすればよい」という答えがあるように思えて，けれどもけっしてそのようなことはありません．だからこそ，いろんな考え方やアイデアを蓄積していかなければならないわけですが，そのようななかにあって，地域社会学の営為とは，われわれの社会の今後の可能性自体を豊かにする，たいへん実践的な営みといえるのです．

---

注

1）大野晃『限界集落と地域再生』京都新聞出版センター，2008年，p. 21.

2）国土交通省・総務省『過疎地域における集落の現状把握調査（中間報告）』2019年.

3）国立社会保障・人口問題研究所『日本の将来推計人口（平成29年推計）』2017年.

4）国立社会保障・人口問題研究所『日本の地域別将来推計人口──平成27（2015）〜57（2045）年──（平成30年推計）』2018年.

5）林直樹・斎藤晋編著『撤退の農村計画──過疎地域からはじまる戦略的再編』学芸出版社，2010年.

6）主には，以下の論文とそのための調査をもとにしています．五十川飛暁「歴史的環境
　保全における歴史イメージの形成——滋賀県近江八幡市の町並み保全を事例として」『年
　報社会学論集』第18号，2005年，pp. 205 - 216.

7）堀川三郎「歴史的町並み保存」地域社会学会編『キーワード地域社会学』ハーベスト
　社，2000年，pp. 328 - 329.

8）近江八幡市「町並み保存条例」第5条.

**参考文献**

倉沢進『コミュニティ論——地域社会と住民運動』放送大学教育振興会，1998年.
鳥越皓之『環境社会学の理論と実践』有斐閣，1997年.
鳥越皓之『「サザエさん」的コミュニティの法則』日本放送出版協会，2008年.

## 第 **5** 章

## 社会病理学
――その困難性とどう向き合うのか――

平井秀幸

> フランスの社会学者である E. デュルケム (1858 - 1917) は，社会の法則や規則を知るためには法則や規則それ自体を調べるよりも，法則や規則への「違反」やそれに対する「制裁」のあり方を調べる方がよいと述べています[1]．確かに，スポーツのルールを説明する際に「反則」の説明からはじめた方が伝わりやすいといったことがあるように，物事の表面を理解するために裏面に目を向けることが得策である場合は少なくないでしょう．本章では，この "表を知るために裏を知れ" とも言うべきデュルケムの研究指針を実行に移そうとした社会病理学をとりあげ，批判的に論じていきたいと思います．

## 1 社会病理学に対する素朴な疑問

### 社会病理 (学) の定義

「社会病理学」という言葉を聞いて，どんなイメージを思い浮かべるでしょうか．「何やら小難しそう……」，「医学や看護学の一種かな……」，「さっぱりイメージがわかない……」，多くの人は最後のイメージかもしれません．

とりあえず社会学の辞典を開いてみると，「社会病理学」は以下のように説明されています．「社会学的手法を用いて社会病理的現象およびそこに見られる社会生活上の機能障害などの問題を解明しようとする学問」．そして，「社会病理」の方は「正常ないし健全な常態とは異なる社会的現象を比喩的に社会病理という．犯罪・非行・離婚・売春・自殺・中毒・貧困・差別・スラム・暴動などが社会病理現象とみなされる」と規定されています[2]．

やや難解な表現ですが，分かりやすく言えば社会病理学とは「『犯罪・非行・

離婚・売春・自殺・中毒・貧困・差別・スラム・暴動など』——煩雑なので，これ以降は『As』と略記します——に代表される諸社会病理現象についての社会学的研究」だということができそうです．社会学の教科書である本書に社会病理学についての章が含まれているのは，このように「社会病理学」が社会学の一種であることに由来しているわけです．

### 社会病理学に対する2つの疑問

　さて，以上のことをふまえて（他の章と同様に）社会病理学の具体的な展開，内容，意義や今後の課題・展望などについて解説していきましょう……，と言いたいところなのですが，残念ながら本章ではそういったことはあまり述べません．なぜなら，社会病理学を論じるにあたっては，そうした議論よりも（正確にはそうした議論に先立って）きちんと検討しておかなければならない事柄があるように思われるからです．

　具体的には，以下の2つの疑問です．おそらく私だけでなく，本章を読んでいる読者のなかにも上で述べた社会病理学の定義を見て同じようなことを思った人がいるのではないでしょうか．

　　疑問1：なぜ，Asを社会的な "病理" 現象——「正常ないし健全な常態とは異なる社会的現象」——だと断定できるのだろうか．
　　疑問2：社会病理学が「Asについての社会学」であるならば，なぜ，"社会病理学" という固有の学問を名乗る必要があるのか．

　この2つの疑問は素朴なものですが，社会病理学にとってはとても重要な疑問です．なぜなら，この2つの疑問の両方に説得的な答えを与えることができない限り，「社会病理学」の研究をスタートさせることができないからです．疑問1に答えられないとダメなのは言うまでもありませんが（「犯罪社会学」「非行社会学」「貧困の社会学」……といった名称（「Asについての社会学」）でよい，ということになります），仮に疑問1に答えられたとしても個々の「Asについての社会学」を「社会病理学」と総称しなければならない積極的理由が見つからない限り，「社会病理の社会学」等とする方が名称としては適切でしょう．

　本章では，まずこの2つの疑問に対してこれまでの社会病理学がうまく解答

を与えることができていないことを論じたのち，社会病理学とは異なるかたち
で「Asについての社会学」を展望する「構成主義」の考え方を紹介します．
そして最後に，社会病理学と構成主義の両者の問題点を，"研究をめぐる「価
値」"という観点からまとめてみたいと思います．

## 2　社会病理学の困難性

### 正常と病理

　まず疑問1から検討していきましょう．As（社会病理現象）は「正常ないし健
全な常態とは異なる社会的現象」と定義されていたわけですが，ある社会現象
に対してそれが「正常」なのか「病理」なのかを判定することはできるのでしょ
うか．

　先ほど，社会学の辞典を借りつつAsの具体例として「犯罪・非行・離婚・
売春・自殺・中毒・貧困・差別・スラム・暴動など」を挙げました．ですが，
これはほんの一例にすぎません．社会病理学の泰斗である四方壽雄は，個人の
病理（犯罪，売春，依存，堕胎，精神障害……），集団の病理（テロリズム，ウーマンリ
ブ運動，暴力団，離婚，DV，シングルマザー……），地域の病理（過疎，過密，スラム，
公害，部落，交通渋滞……），社会制度・社会機能の病理（政治腐敗，経済不況，不登
校……），社会文化の病理（ポルノ，人種差別，人口問題，社会主義化……），国際関係
の病理（経済摩擦，戦争……）からなる実に150種類以上に及ぶAsのリストを掲
げています[3]．大量殺人のような犯罪や人種差別などを社会病理現象に数えるこ
とには納得できても，さすがにウーマンリブ運動やシングルマザーが病理だと
言われると「え？」と思ってしまう人も少なくないでしょう．実際に，1988年
に作られたこの四方のリストに対して，「これらを病理呼ばわりする四方のテ
クスト（社会病理学）自体が病理的なのではないか」と皮肉交じりの批判を投げ
かける者もいるほどです[4]．

　確かに，四方のリストに入る諸現象全てを「正常ではない，社会的にみて不
健全な病理現象である」と断定することは困難でしょう．さらに考えてみれば，
一見すると納得できそうな大量殺人や人種差別にしてみても，時（歴史，経緯）
と場所（空間，地域）と人（集団，文化）が変われば「正常」とも判定し得るもの

かもしれません．しがない一般人が連続殺人を犯せばそれは「凶悪犯罪」（病理）
とみなされますが，熱狂的な支持を受けたアメリカ大統領がテロへの報復とし
て何千，何万の民間人を殺傷してもそれは「英雄行為」（正常）とみなされます．
また，ナチスドイツが20世紀前半に行ったユダヤ人に対する差別・迫害行為は
現代ドイツや当時の自由主義国家の常識では「反ユダヤ主義」（病理）ですが，
ヒトラー政権下では「劣等人種の浄化」（正常）とみなされて推進されました．時，
場所，人によって正常／病理の判断基準が多様であるとすれば，ある特定の社
会現象を万人が賛同できるかたちで客観的・普遍的に病理だと断定することは
ほぼ不可能だということになります．

　実は，四方自身も「ある社会現象を，どのような基準，概念で社会病理と定
義し，認識し，対策を講ずるかという社会病理問題の認識については，一律的
に解釈することはむつかしい」と述べています[5]．多くの社会病理学者が，この
疑問1に説得的な解答を与えようとこれまで四苦八苦してきました．ですが，
四方同様この疑問に答えることの困難性を指摘するばかりで，その試みはお世
辞にも成功しているとは言えません．

## 方法としての社会病理学

　それでは，疑問2についてはどうでしょうか．疑問2に対する解答もさまざ
まな社会病理学者たちによって与えられてきましたが，特に大橋薫による「方
法としての社会病理学」が有名です．そこで，この考え方について検討を行っ
てみましょう．

　大橋は，社会病理学は単に「Asについての社会学」と規定されるのでは「不
十分」であって，Asに代表されるさまざまな「逸脱」現象の事前，事中，事
後の諸過程において起こる「生活機能障害」を中軸として理論体系が再構成さ
れなければならないと述べています．社会病理学はAsに代表される「研究対象」
によって特徴づけられるのではなく，さまざまな「逸脱」現象と「生活機能障
害」との関連性を解明していくという「社会学のなかでの特別の方法的立場」
によって固有性を獲得する，というわけです[6]．

　確かに「逸脱」現象はある日突然生起するわけではないでしょうし，過去か
ら現在，未来へとつながる個人史に深く立ち入らないと理解できないものです．

そこにおいて，「生活機能障害」という視点はAsの解明・理解に役立つ可能性
があるでしょう．しかし（「そもそも『逸脱』と『非逸脱（同調）』をどう区別するのか」
「そもそも『生活機能障害の社会学』でよいではないか」といったにべもないツッコミは措
くとしても），以下の２点において，大橋の提唱する「方法としての社会病理学」
は先の疑問２に十分に答えるものとはなっていないように思われます．

　第１に，「生活機能障害」に注目するというのは，具体的なデータ収集，分析，
解釈のための「方法」というよりは研究上の「視点」「心構え」のようなもの
として捉えるべきでしょう．大橋自身も「本来的社会病理学は，社会的逸脱と
社会的生活機能障害——生活障害，ないし障害の完全な表現——との２つの視
点とその関わりのなかで，社会生活や社会現象，あるいは人間生活や人間現象
を，＜社会学的手法＞によって解明する学問なのである」と述べているように，
実のところ「方法」は一般の社会学と何ら変わりがないのです．<sup>7)</sup>

　第２に，「生活機能障害」という「視点」や「心構え」にしても，社会学的
に見てさほど「特別」なものとは言えません．「生活機能障害」という言葉を
使わなくても，「逸脱」現象をめぐってそれを個人史上の過去（背景・原因），現
在（逸脱者の意味世界），未来（回復・更生・離脱の過程）に位置づけながら分析する
ことは十分可能ですし，すでに多くの「社会学」者が実践しています．

　それゆえに，大橋の「方法としての社会病理学」は，「Asについての社会学」
ではない固有の学問領域として「社会病理学」を打ち立てるための論拠とはな
らないように思われます．そもそも，社会病理学者の米川茂信なども述べてい
るように，「生活機能障害」を伴わない「逸脱」現象を想定することは可能で
すし（「贈収賄」で告発され引退した会社役員の生活は，機能障害どころか "悠々自適" なも
のかもしれません），だとすればその分析には「生活機能障害」という視点以外
の分析視角が必要となるケースもあるでしょう．<sup>8)</sup> 疑問２に関しても，疑問１と
同様に社会病理学は説得的な解答を用意できていないのです．


　ここまでの議論をまとめましょう．社会病理学は疑問１・２に解答を与える
ことができない以上，学問としての固有性を有しているとは言えない状況にあ
ります．つまり，「犯罪社会学」「非行社会学」「貧困の社会学」……といった「As
についての社会学」でよく，それらを「社会病理学」という名称で総称する必

要性も妥当性も残念ながら見出せないのです．もちろん，以上のことは「As
についての社会学」が不可能であるとか，意味のない学究作業だとか，そういっ
たことを意味するわけではありません．どのようにそうした社会学的研究を
行っていくのか，その際の注意点は何か，といった点は依然として（社会病理
学をめぐる名称問題などよりもはるかに）重要な論点であり続けています．しかし
ながらそれは「社会病理学」にとっての論点ではなく，各々の「Asについて
の社会学」のなかで追及されるべき論点なのです．

## 3　社会病理学を超えて？

### 構成主義の視点

　Asを「社会病理現象」であると客観的・普遍的に定義したり，Asについて
の社会学を「社会病理学」と総称することに無理があるとすれば，私たちは
Asについてどのような視点から社会学的研究を行うことができるでしょうか．
その一つの可能性を示しているのが「構成主義」の考え方です．

　社会学者の宝月誠は，構成主義の視点を「『社会病理』の状況を構成する客
観的で普遍的な条件をいたずらに見出そうとするのではなくて，人びとが『社
会病理』とみなす状況がまさに『社会病理』と定義されるのである，と考える
ように頭を切り替えること」と表現しています[9]．つまり，ある現象を研究者が
「社会病理だ」と客観的・普遍的に判定することは困難だが，いろいろな時・
場所を生きる多様な人びとがある現象を「社会病理だ」と定義・判定する（or
しない）ことでその現象が「社会病理」現象として"構成"されていく（orいかない）
様子を研究者が観察することは可能である，というわけです．

　「（主に）女性への付きまとい」――以下，「付きまとい」とします――を具体
例として考えてみましょう（後述するように，厳密には「付きまとい」という客観的状
態が存在するかのように議論を進めることには問題があるのですが，ここではそれは措きま
す）．多くの人が知っているように，それが「ストーカー」として日本におい
て取り締まられるようになったのはごく最近のことです（ストーカー規制法がで
きたのは2000年です）．また，日本のように世紀転換期に法規制が整えられた国も
あれば，そうではない国もあります．また，ストーカーをめぐる立場も，「度

を越えなければ『一途な恋』を過剰に規制すべきではない」という考え方から「許されざる社会的悪徳だ」という考え方まで幅広く存在しています．無論，どうなれば「度を超え」たことになるのか，基準設定が難しいことは言うまでもありません．

　構成主義は，前節で論じた社会病理学のように「付きまとい」に対して客観的・普遍的な「社会病理」判定（「ストーカーだ！」）を下したうえで研究を進めることは困難であることを認めたうえで，それでもなお「付きまとい」の研究をあきらめることなく，別の研究プランを提案します．すなわち，**「社会病理」かどうかの定義をめぐってさまざまな主張・活動が交わされていく過程**そのもの──ある人が「付きまといは社会病理（ストーカー）だ」「いや，違う」と意見表明したり，そうした意見に基づいて「ストーカーを刑務所に入れて矯正しなければならない」「ストーキングを受ける被害者の方にも問題がある」「手紙やメールだけでなく，SNSを使用するのもストーカーである」などとさまざまなレトリックや資源を活用しながら種々の活動を進めていく様子──の調査・分析へと向かうのです．

### 価値中立性と視点相対性
　こうした構成主義の特徴を社会病理学と対照させるかたちでやや抽象的に述べるならば，「価値中立性」と「視点相対性」ということになるかもしれません．
　社会病理学で用いられた「病理」「逸脱」等の言葉は，言外に「悪いこと」「正すべきこと」であるという価値判断が隠されています．それに対して構成主義は，自らがある社会現象を「病理」「逸脱」等と断定的に定義・判定することを避け，人びとによる定義活動の観察に徹するわけですから，その点において価値中立的なスタンスをとっていると言えるでしょう．また，それと関連しますが，構成主義は「病理」「逸脱」等の定義やそれに基づく活動が時・場所・人によって異なり得ることを認め，むしろそこでの相違を細かく記述しようとします．さまざまであり得る定義のどれか一つに肩入れしたり，特定の活動を支持したりすることは禁じ手とされていますから，その意味で視点相対的だと言えるわけです．社会学者のC. W. ミルズ（1916-1962）は，20世紀前半のアメリカ社会病理学が客観的な科学性を標榜しつつも実際には保守的で伝統的な共

同体を理想とする特定の立場に立っていたことを鋭く批判しました[10]. ミルズの
批判は，社会病理学が価値中立性と視点相対性を"僭称"していた――実際は
そうでないのにそう名乗っていた――ことに向けられていたと考えることもで
きます.

　構成主義は，ラベリング論[11]やその立場を徹底させた社会問題の構築主義[12]をは
じめとして，エスノメソドロジー[13]，ナラティヴ・アプローチ[14]，ライフストーリー
分析[15]といったさまざまな社会学的視角と密接な関係を有しています. 紙幅の都
合上詳しくは紹介できませんが，優れた研究がたくさん著されていますので，
興味のある読者は個々の著作を手にとってみるとよいでしょう.

## 4　研究上の「価値」とどう向き合うか

### 構成主義の困難性

　現代社会学において，「Asについての社会学」研究の多くが構成主義的な視
点を多少なりとも採用しており，その意味で構成主義はこの分野で優勢な研究
指針となっていると言えます. さりとて，その指針に疑問がないわけではあり
ません.

　第1に，構成主義の視点は本当に価値中立的・視点相対的と言えるのか，疑っ
てみることができます. 犯罪社会学者の鮎川潤は，構成主義の有力アプローチ
である「社会構築主義アプローチ」を例にとり，それが「たとえ対象と距離を
置いた観照的スタンスを取ろうとも，それが一つの利益関心を提示しているこ
とは否めない」と述べています[16]. 例えば，構成主義の立場に立つ研究者は「As
が『社会病理』現象として構成されていく過程」を分析する際，自らある状態
Aを「社会病理だ」と定義することはせず，社会内の多様な人びとによって「A
は社会病理だ」と定義されていく諸活動Bsを観察するのだと言います. しかし，
「『付きまとい』という行為Cが，さまざまな活動Bsによって『ストーカー』A
という社会病理として構成された」などと述べる際に典型的ですが，そこでは
研究者によって「付きまとい」という行為・状態が存在することが暗黙裡に想
定されがちです. だとすればそれは価値中立的・視点相対的とは言えません.
Aへの客観的想定は控えるとしても，Cへの客観的想定が行われているのだと

すれば，そこには研究者の利益関心（特定の視点や価値）が紛れ込んでいるわけ
です.[17]

　第2に，Bsについても研究者の価値に基づく恣意的な判断が行われている
可能性があります. Aを「社会病理だ」と定義する活動Bと，同じAを「社会
病理だ」と定義する活動ではない別の活動B̄を区別する基準は，他ならぬ研究
者の視点や価値に依存するものではないでしょうか. 例えば，「Aは社会病理だ」
と定義して活動するような明確な$B_1$もあれば，「Aに関して，何か分からない
が少しモヤモヤする」といった曖昧な$B_2$もあります. 曖昧な$B_2$はB̄とどのよう
に区別されるのでしょうか. ある曖昧な$B_2'$はBとして研究対象とするが，別
の曖昧な$B_2''$はB̄として研究対象とはしない，と区別する際の客観的な基準は
想定困難なように思われます.[18]

　第3に，構成主義の視点に従えば，“一切のBsが存在しない場合に社会病理
現象が存在することはない”ということになりますが，そうなると“潜在的”社
会病理を対象とした研究は不可能です. 社会学者のR. K. マートン（1910‐2003）
は，社会問題をすでに一定数の人びとによって認識されている顕在的社会問題
と，未だ社会の大多数の人びとに気づかれていない潜在的社会問題とに弁別し
ています.[19] 社会病理に置き換えれば，すでに多くのBsが存在する“顕在的”社
会病理と，Bsが（それほど）存在しない“潜在的”社会病理，という区別になる
でしょう. 構成主義者は誰かが始めたBを観察することはできるものの，まだ
誰もBを行っていない対象をとりあげて「(“潜在的”) 社会病理だ」と論じるこ
とはできません. 現代日本における「大学生の就職活動」Cを，「Bsが（それほど）
存在しない（しなかった）」がゆえに「財産犯」Aという社会病理（大学の講義を
休んでまで出席することが期待される就職説明会や面接は，企業による授業料の違法詐取行
為と捉え得るかもしれません）として研究対象に設定できないのだとすれば，それ
は学問として不自由な気もします.

　第4に，第3の点と関連して，構成主義は研究者が研究対象であるAsにつ
いての客観的想定（「Asは社会病理である／そうではない」）を行うことを禁じ手と
していますから，Asについての価値的評価（「Asは望ましくない／望ましい」）だけ
でなくAsについての解決志向性を持った規範的評価（「Asは改善されるべきだ／改
善される必要はない」）を表明することもできないということになります. 原発と

いうAに対するさまざまなBsを観察する一方で，原発に対する価値・規範的表明を手控える態度は，——科学的中立性と言えば聞こえはよいかもしれませんが——現代社会においては無責任と映るのではないでしょうか．

　要約的に述べれば，構成主義は社会病理学に対して寄せられる疑問（特に疑問1）を回避しようとする中で，社会病理学とは異なる新たな困難性に直面してしまったと言えるかもしれません．視点相対的・価値中立的と言いつつ暗黙裡に研究者の視点・価値を持ち込んでいるとされる一方で（上記第1と第2の困難性），視点相対性と価値中立性という特徴ゆえに自由な研究展開が妨げられているのだとすれば（上記第3と第4の困難性），構成主義は「Asについての社会学」のやや中途半端なバージョンにとどまってしまう恐れがあります．

## 研究上の「価値」とどう向き合うか

　社会病理学や構成主義の困難性をめぐる議論から共通して浮かび上がるのは，「Asについての社会学」において「価値」とどう向き合うかという論点です．

　まず，本章冒頭で掲げた疑問1と2に答えられない以上，少なくとも学問上の理由から社会病理学の存立意義を正当化することは難しいと考えられます．それは社会病理学が（「病理学」という医学・自然科学由来の学問名称を借り受けてきたことからも示唆されるように）権威ある「科学」として自らを標榜し，研究者の拠って立つ価値があたかも万人を納得させ得る「客観的」「普遍的」なものであると措定してしまったことに由来します．

　翻って，ある状態Aに対する客観的想定を棚上げし，研究者の拠って立つ価値を研究に持ち込むことを禁欲しようとした構成主義は，社会病理学に代わって「Asについての社会学」の有力なアプローチとなりましたが，必ずしも視点相対性と価値中立性という自らに課した公準を徹底できていないという問題点を残しました．

　ここから言えるのは，研究者の価値を客観的・普遍的なものとして措定すること（社会病理学）も，多様な価値から距離をとって中立性や相対性を保つこと（構成主義）も，現実には不可能な立ち位置なのだということです．Asを研究する社会学者は，例えば「殺人」でも「虐待」でも「セクハラ」でもなく，他ならぬ「薬物使用」を研究対象として選んだ時点ですでに，この社会と研究対象

に対する何らかの個人的価値感情（例えば，「『薬物使用』が規制される日本社会はおかしい」や「日本でも薬物使用は犯罪ではなく病気（依存症）とみなされるべきではないか」といった思いや主張）を自身の研究内に持ち込んでいるのであり，研究上の価値を隠すことはできません．そして，そうした研究者の振舞いは研究者以外の人びとが有する個人的価値感情に基づいて行われる諸活動Bsと何ら変わりがないものなのです．

## 社会学的想像力

だとすれば，社会病理学でも構成主義でもない研究上の価値との向き合い方はどのように構想されるべきでしょうか．そこで参考になるのが社会病理学者である矢島正見の議論です[20]．矢島の議論には，疑問1・2に説得的な解答を寄せることなく「社会病理学」という名称を使用し続けている点や，構成主義的アプローチを社会病理学の一種として包摂しようとしている点など，本章の観点からは首肯しかねる主張も散見されますが，研究上の価値をめぐって興味深い指摘がなされているのも事実です．

矢島は，構成主義が“観察”する対象であるとした「『Asは社会病理だ』と定義する活動Bs」を研究者自身が行うことを推奨しています．つまり，研究者自身が必要だと感じるならば，それまで社会病理現象だとみなされてこなかった特定の現象Aを「社会病理だ」として積極的に“創出”すべきである，というのです．同様のことは逆向きにも構想されています．研究者が必要だと感じるならば，それまで社会病理現象だとみなされてきた特定の現象Aを「社会病理ではない」として積極的に“再考”することも求められるわけです[21]．

加えて矢島は，現代という時代を大きな歴史のなかに位置づけて理解しようとする「歴史的視座」と，特殊な事例を扱う研究から社会構造を読み解き問い直すような「哲学的努力」からなる「社会病理学的想像力」を持つことを「社会病理学」者に対して要請しています[22]．ちなみに，先述のように矢島は「社会病理学」を固有の学問として成立可能と考えており，この想像力の有無を社会病理学と社会学全般との違いと考えているようです（疑問2への解答）．しかし，（繰り返しになりますが）疑問1に説得的な解答を寄せることができない限り「社会病理学」の存立は困難ですし，そもそも矢島の言う「社会病理学的想像力」

は実のところ（「社会病理学」に限定されない）社会学全般にとって固有な特徴的視点のように思われます（社会病理学者であれば「社会病理学的想像力」を有するがそれ以外の社会学者はそれを有さない，とするのであればその区別はやや恣意的でしょう．後者は社会病理学者としてというより社会学者として問題がありそうです）．それゆえに本章では，「社会病理学的想像力」を（矢島自身の主張からは離れて）「Asについての社会学」者全般に要請されるものとして解釈しておきましょう．

ともあれ，ここで重要なのは，矢島自身が「大きなスケールの価値規範を学問的背景としてもつということは，ほとんど必然的なことである．社会病理学者が『歴史的視座』をもつかぎり，そしてまた『人間の精神・社会』を問題とする『哲学的努力』を続けるかぎり，必然的にもたざるをえないことである」と述べているように，「社会病理学的想像力」を有する研究者は研究上の価値をカッコに入れることはできないとされていることです．

先に触れたミルズは，社会病理学を厳しく批判すると同時に，「社会学的想像力」という言葉で矢島と類似のことを述べていました（正確には，矢島の「社会病理学的想像力」という言葉はミルズの「社会学的想像力」を「真似て名付けたもの」とされています）．私的生活の中で起こる問題を社会構造，権力文化，歴史的変動過程等の中に位置づけて理解することをミルズは強く要請します．そうすることによって，個人的問題が社会的問題でもあることに気づき，社会変革への批判的構想力を鍛え上げることが期待されたのです．

### 研究上の「価値」をめぐる一つの立場

矢島やミルズの議論から示唆されるのは，社会病理学とも構成主義とも異なる研究上の価値との一つの向き合い方です．かれらは構成主義のように研究上の価値をカッコに入れることはせず，何らかの社会現象Asを「社会病理」として判定したり，その判定に基づいて問題解決や状況改善に向けた規範的活動Bsを行うことを「Asについての社会学」者たちに対して積極的に求めます．そうしたスタンスは社会病理学に近いと感じるかもしれません．しかし，社会病理判定や規範的活動の土台となる研究上の価値はあくまで研究者個人の道徳的価値感情に裏付けられたものであり，決して研究者以外の多様な人びとや集団の価値よりも優れた"科学的真理"のようなものとは考えられていない点で，

その立場は社会病理学とも大きく異なっていると言えるでしょう.

　例えば矢島は, 研究上の価値の重要性に先述のように言及しながらも, 他方で「ひとたび, 社会学の価値中立性を否定し, 価値をもつべきであるということを自己の研究に受け入れるや否や, その結果は, ある種のイデオロギー肯定, そして時にはある種のイデオロギー奉仕のための研究と化してしまう」とも述べています. これを矢島の議論の混乱と見る向きもあるでしょうが, 次のように解釈することはできないでしょうか. つまり矢島は, 研究者個人の研究上の価値を他の諸価値との比較において普遍的で客観的な真理などと無前提に正当化することを諫めつつも, 価値中立的・視点相対的な研究は不可能である以上, 研究者個人の価値は個別的で主観的な意見として積極的に開示されなければならないと考えていたのではないか, と.

　矢島自身はマルクス主義・フェミニズムに基づく研究やマイノリティ研究を「イデオロギー奉仕のための研究」だとして批判していますが, 以上のように考えればそのように断定する必要はなくなります. 構成主義に依拠する「As についての社会学」者であろうとマルクス主義的価値観に依拠する「Asについての社会学」者であろうと, 何らかの研究上の価値に基づいてAsをまなざしている点では変わりがありません. かつて社会学者の小関三平が喝破したように, 「研究者の最初の誠実さは, 自己の存在被規定と関心および価値前提の公然たる提示にこそ求められ」るのであり, それでありながらも同時に研究者による病理判定や規範的活動の根拠を「既存の特定の関係型式の『一般性』または『普遍性』には求めることができない」ことを認めることでしょう.[25] そのことと当該研究者の拠って立つ価値がマルクス主義的／フェミニズム的／マイノリティ運動的かどうかは, さしあたって一切無関係なのです.


　本章では, 社会病理学と構成主義の考え方を概観しながら, それを通して研究上の「価値」とどう向き合うかという問題について考察を進めてきました. 「Asについての社会学」を遂行するにあたって, 特定の社会現象Aに対する誰もが納得するような普遍的価値に基づく病理判定を行うことは不可能ですが, その逆に研究上の価値を完全に消し去ることもまた困難性に直面しました. **さまざまなAsに対して個別の社会学者が有する価値は, 「望ましい社会とは何か」**

**「自分はどのような社会に暮らしていきたいのか」といった，研究者個人が胸に秘める望ましい社会像と密接に関連しています**．「Asについての社会学」者は，そうした自身の「望ましい社会像」に基づく病理判定を行ったうえで，自分とは価値を異にするその他の人びととの対話や交渉を通してAsの問題解決やAsが位置づく社会の将来構想のあり方を議論していくことができます．

　社会病理学者の佐々木嬉代三は「やや逆説的な言い方になるが，社会学的社会問題規定の背後に価値的観点が前提されていることを忘れないため，そしてまた，この価値的観点が世俗を超越した自らの客観的妥当性を主張し，科学的権威を帯びて世に君臨するという愚を犯させないため，社会病理学という価値的観点のあからさまな名称をあえて採用することも，反省的思考を促すという点では，かえって望ましいといえるのかもしれない」と述べています[26]．本章ではまさに「世俗を超越した自らの客観的妥当性を主張し，科学的権威を帯びて世に君臨するという愚を犯」す危険性を懸念して「社会病理学」という名称を採用することはしませんでしたが，佐々木が示唆する通り「社会病理学」という名称を敬遠したからといって「Asについての社会学」が「価値」から，そして現代社会において「望ましい社会」のあり方を構想する作業から逃れられるわけではありません．"表を知るために裏を知れ"——本章冒頭でとりあげたデュルケムの研究指針は現代において，裏（As）をまなざし表（社会）を構想するための「価値」へと結びつけられて理解される必要があるのです．

注

1）E. デュルケム『デュルケム法社会学論集』恒星社厚生閣，1990年，p. 8.
2）濱嶋朗ほか編『【新版増補版】社会学小辞典』有斐閣，2005年，p. 270.
3）四方壽雄「社会病理現象認識の立場」四方壽雄ほか編著『現代の社会病理学』学文社，1988年，pp. 1‐18.
4）内藤朝雄「社会病理学の終わりと，自由な社会の構想から得られた2水準モデルの臨床社会学」畠中宗一ほか編著『社会病理学と臨床社会学』学文社，2004年，p. 206.
5）四方，前掲，p. 9.
6）大橋薫「犯罪研究の社会病理学的立場」『犯罪社会学研究』1981年，pp. 63, 70.
7）大橋，前掲，p. 70.
8）米川茂信『現代社会病理学』学文社，1991年.
9）宝月誠「社会病理学の対象と研究視点」松下武志ほか編『社会病理学の基礎理論』学文社，2004年，p. 29.

10）C. W. ミルズ（I. L. ホロビッツ編，青井和夫・本間康平監訳）『権力・政治・民衆』みすず書房，1971年，pp. 422 - 431.

11）H. S. ベッカー（村上直之訳）『アウトサイダーズ』新泉社，1978年.

12）J. キツセ・M. スペクター（村上直之ほか訳）『社会問題の構築』マルジュ社，1990年.

13）前田泰樹ほか編『エスノメソドロジー』新曜社，2007年.

14）野口裕二編『ナラティヴ・アプローチ』勁草書房，2009年.

15）桜井厚・石川良子編『ライフストーリー研究に何ができるか』新曜社，2015年.

16）鮎川潤「社会構築主義アプローチ」松下武志ほか編『社会病理学の基礎理論』学文社，2004年，p. 182.

17）S. ウルガー・D. ポウラッチ「オントロジカル・ゲリマンダリング」平英美・中河伸俊編『構築主義の社会学』世界思想社，2000年，pp. 18 - 45.

18）草柳千早『曖昧な生きづらさと社会』世界思想社，2004年.

19）R. K. マートン「社会問題と社会学理論」（森東吾ほか訳）『社会理論と機能分析』青木書店，1969年，pp. 410 - 471.

20）矢島正見『社会病理学的想像力』学文社，2011年.

21）同上，pp. 80, 106.

22）同上，pp. 80 - 82.

23）同上，p. vi.

24）同上，pp. 97, 101.

25）小関三平『社会病理学と都市底辺』汐文社，1968年，pp. 326, 331.

26）佐々木嬉代三『社会病理学と社会的現実』学文社，1998年，p. 65.

## 第 6 章

# 文化社会学
—— 「最近の若い者は……」から見る社会 ——

太田健二

身近な現代文化をはじめ，あらゆる文化現象が研究対象となるのが文化社
会学の魅力．しかし，「いまここ」ばかり見つめていても文化は研究でき
ません．「いま」を考えるためにはこれまでの歴史を，「ここ」を考えるた
めには異なる世界を知る必要があり，両者の相違や変容を通して比較する
ことが重要です．本章では，若者文化を通して，戦後日本社会とそこに生
きる若者の変容を読み解いていきます．

## 1 文化の社会学

### 「文化」を研究すること

「文化社会学」という分野は，マンガやアニメ，ゲームといったイマドキの
文化現象が研究できる，そんなイメージがあるかもしれません．

井上俊によれば，「社会学の歴史のなかでは，「形式社会学」に対する「文化
社会学」，あるいは「心理学的社会学」に対する「文化社会学」など，特定の
方法論的立場を意味する[1]」こともあります．

現在では，こうした意味ではあまり用いられなくなり，「広く文化現象への
社会学的アプローチを文化社会学と呼ぶのが普通[2]」になっています．つまり，
冒頭で述べたような印象もあながち間違ってはいません．本章では，連辞符的
な現代の「文化社会学」，いわば「文化の社会学」について述べていきます．

### 「文化」とは

ところで，「文化」と聞いてどんなことをまず思い浮かべるでしょうか．絵
画や音楽といった芸術，あるいは，日本や関西といった国や地域の文化を思い

浮かべるかもしれません．しかし「文化」と一口に言っても，それが意味する範囲はとても広く，複雑です．例えば，『キーワード辞典』(1976, 1983) を著した英国の批評家R. ウィリアムズは「英語で一番ややこしい語を二つか三つ挙げるとすれば, cultureがそのひとつとして挙げられるだろう」[3]といっています．

ウィリアムズによれば，その用法は，①「知的・精神的・美学的発達の全体的過程」，②「知的，とくに芸術的な活動の実践やそこで生み出される作品」，③「ある国民，ある時代，ある集団，あるいは人間全体の，特定の生活様式」の３つにまとめられます[4]．①を学習や模倣といった発達過程とすれば，それを通して生み出された習俗や学問，芸術として②を解釈できます．それに対して③は，国や地域の文化だけでなく，日常的な生活様式までをも含む幅広い意味といっていいでしょう．

従来，日常的な生活様式としての「文化」は，取るに足らない低俗なものとして学術的にも研究する価値がないものとみなされてきました．現在で言えば，マンガやアニメといった「サブカルチャー（下位文化）」，テレビ番組や流行歌といった「ポピュラーカルチャー（大衆文化）」がそれに当たります．一方，それに対置されるのが「ハイカルチャー（高級文化）」です．展覧会で長蛇ができる著名な芸術作品や，鑑賞会が開かれるクラシック音楽など，権力をもった支配的な階級がたしなむ，学術的にも研究する価値のある文化とみなされてきました．

このように幅広い意味をもつ「文化」にも，階級的な上下関係や，中心と周縁という位置関係があることがわかります．下層の人びとがたしなむような低俗な文化や，少数派が属する周縁的な文化は，学術的にも研究する価値がないものとみなされてきたわけです．

## カルチュラル・スタディーズ

1960年代頃になって，英国バーミンガム大学に設立された現代文化研究所を中心に，カルチュラル・スタディーズという学問の潮流が起こり，ようやくハイカルチャーではない文化も研究対象とみなされるようになります．カルチュラル・スタディーズは，労働者階級や若者の文化を積極的に取り上げ，支配的な文化に対する抵抗という意味を見出しました．

　例えば，パンクという若者のサブカルチャーは，一見するととても暴力的かつ破壊的で，無意味のように見えます．抽象絵画のようなメークにどぎつい色に染められた攻撃的なヘアスタイル．水洗便所のチェーンをネックレスに，安全ピンをピアスに流用したり，果てはSM（サディズムやマゾヒズム）やナチスのハーケンクロイツのようなタブーをあえて流用したりするなど．そうしたパンクのスタイルは，D. ヘブディジの『サブカルチャー』(1979) によれば，ありあわせのものをうまく組み合わせて，別のレベルで意味を再構成していく「ブリコラージュ」によって生み出され，親文化に対する抵抗性をあらわしていると解釈できます[5]．

　このようにして，取るに足らないくだらないものとされてきた文化にも研究の光が当てられるようになりました．この視点を使って，次節から戦後日本の若者文化を見ていきましょう．

## 2　「理想／夢」の時代（1945 - 70年代半ば）

### 戦後日本社会の変容

　高校までに第二次世界大戦後の歴史を詳しく学んだという人は少ないでしょうが，イマドキの文化現象を社会学的に扱うためにも知る必要があります．ここでは，前節で紹介したカルチュラル・スタディーズの視点を流用して，若者文化を通して戦後日本社会の変容を見ていきます．

　変容をとらえる枠組みとして，見田宗介による時代区分を取り上げます．見田によれば，当時を生きた人びとにとって想起される「現実」の対義語によって，戦後を大きく3つの時代に区分できるといいます．第1に，第二次世界大戦が終わった1945 - 1960年代までの「理想」の時代．第2に，おおむね高度経済成長期と重なる1960 - 70年代半ばの「夢」の時代．第3に，1970年代半ば - 90年代の「虚構」の時代[6]．これら3つですが，本章では便宜的に「理想」と「夢」の時代を一緒にして扱い，「理想／夢」の時代と「虚構」の時代の2つに区分して見ていきたいと思います．

## 「太陽族」

　第二次世界大戦が終わった1945年からしばらくは，日本はGHQによる占領下にあり，食糧や物資も不足した混乱期でした．戦後の日本社会は，民主主義の平和国家へと大きく転換しつつ，経済的な復興を目標としていました．折しも1950年に勃発した朝鮮戦争による特需景気を機に急速に復興を果たし，いろいろな指標が戦前の水準まで回復しました[7]．1951年にサンフランシスコ平和条約を結び，翌年主権を回復し，1956年の『経済白書』で「もはや戦後ではない」と書かれ，流行語となりました．そのような中で，若者文化は台頭していきます．

　当時，若者文化や，それに属するような若者たちのことを，「○○族」と総称しました．1955年に発表され，翌年第34回芥川賞を受賞した石原慎太郎（元東京都知事）による小説『太陽の季節』に影響を受けた「太陽族」が話題になります．小説の登場人物の若者たちは，中産階級（ブルジョワ）の裕福な家庭で育ちながら，無軌道に喧嘩や放埒な性に明け暮れます．衝撃的な内容でありながら，この作品は翌年映画化（図6-1）され，さらに続編まで制作されるほど話題になりました．

　無軌道なスタイルに共鳴した「太陽族」は，カルチュラル・スタディーズの視点からすれば，支配的な親文化への抵抗をあらわしていたと考えられます．その多くが戦地に動員され，実際に戦争を体験した親世代と，戦地に動員されることがほとんどなかった「太陽族」の間には大きな溝がありました．また，敵国であったアメリカとの関係に対しても，受容態度に大きな違いがあったのです．

**図6-1　『太陽の季節』**
古川卓巳監督，1956年，日活

　そもそも戦前には，義務教育（6-8年間）を修了すれば一人前の働き手として扱われ，子どもでも大人でもない「若者」という時期はほとんど認められていませんでした．一部，高等教育機関に進学したエリートは「青年」と呼ばれ，「清く，正しく，たくましく」といったイメージが付与されていました．例えば，川端康成『伊豆の踊子』の主人公の書生や，司馬遼太郎の小説の『坂の上の雲』における秋山真之の学生時代に見られるイ

メージです．戦前を知る「太陽族」の親世代から見れば，大人とみなされるほどの若い男性が無軌道に喧嘩や放埒な性に明け暮れるなどもってのほかだったわけです．

　また，『太陽の季節』は湘南が舞台ということもあり，アロハシャツにサングラス，髪型も著者に似せた「慎太郎刈り」（後ろは刈り上げ，前髪は長く伸ばした髪型）といったものが「太陽族」のスタイルとなりました．戦時中は徴兵されることが多かった若い男性にとって，髪型は丸刈り（短髪）が典型でしたから，「太陽族」の「慎太郎刈り」も逸脱したものでした．

　このように，支配的な親世代にとっての当たり前から逸脱するような若者文化のスタイルには，戦争を挟んだ世代間の軋轢や対立があらわされていたと考えられるのです．

### 「みゆき族」，「フーテン族」，学生運動

　若者文化と親文化の対立は，1960年代頃にピークを迎えます．

　1964年頃，銀座のみゆき通りにおしゃれをして集まり，いわゆるナンパをする若者たちがあらわれます．通りの名前にちなんで「みゆき族」と呼ばれた若者文化は，親文化にとって当たり前の「男らしさ」「女らしさ」，つまり当時の「ジェンダー」（社会的・文化的な性のあり様）から逸脱したものでした．そもそもナンパとは漢字で「軟派」と書き，当時の若い男性が求められていた男らしい「硬派」な態度から逸脱していました．また，ナンパに応じる女性も（「尻軽」という蔑称があったように），当時求められていた貞淑で身持ちがかたい「女らしさ」から逸脱していました．

　1960年代後半には，新宿駅周辺で何をするわけでもなくたむろしたり，路上生活したりする「フーテン族」があらわれます．実質経済成長率が年平均10％を超えた高度経済成長期（1955‐73）の日本では，一生懸命働けば豊かな生活ができるといった「理想／夢」を抱くことができました．そ

**図6‐2　『ALWAYS 三丁目の夕日 '64』**

山崎貴監督，2012年，東宝

の象徴が，1950年代後半では「三種の神器」と呼ばれた白黒テレビ・洗濯機・冷蔵庫といった家電，1960年代半ばには「新・三種の神器（3C）」と呼ばれたカラーテレビ・クーラー・カー（自家用車）といった耐久消費財でした．映画『ALWAYS 三丁目の夕日』シリーズ（2005, 2007, 2012（図6-2））は，実現できると信じられていた「理想／夢」があった時代をノスタルジックに描いています．「フーテン族」とは，そうした当たり前から，あえて働かないことで逸脱していたわけです．

　同じ時期に盛んになっていった学生運動も，戦後日本社会のイデオロギー（政治・社会的な主義主張）をめぐる「理想／夢」の衝突をあらわしていました．例えば，自由な経済活動はできるが競争によって貧富の格差が広がってしまう資本主義社会のままでいいのか，競争よりも平等を優先して社会主義・共産主義に変革すべきなのか．あるいは，戦争をしていた米国との関係をどのようにすべきなのか．世代間だけではなく同世代においても，「いまここ」という「現実」に対する，これから先の将来をめぐるさまざまな「理想／夢」の衝突をあらわしていたのが学生運動だったのでしょう．

　このように「理想／夢」の時代の若者にとって，自分自身が何者なのかを示すアイデンティティとは，リアルな親文化や社会といった「現実」と対峙する必要があったのだと考えられます．

## 3　「虚構」の時代（1970年代半ば‐1990年代半ば）

### 「理想／夢」の時代から「虚構」の時代へ

　1970年代に入ると，「理想／夢」の時代の終わりを告げるような象徴的な出来事が続きます．

　一つは連合赤軍事件（1971‐72）です．戦後日本社会をより良く変革する「理想／夢」を，実現可能なものと信じて追い求めた学生運動も，過激化や内ゲバ（内部抗争）によって下火になっていました．そのなかで，武装闘争も厭わない過激なグループの連合赤軍が，同じ「理想／夢」を抱いたはずの同志12名を「総括」と称したリンチによって死に至らしめます．そして，残存メンバーが立てこもったあさま山荘事件（1972）はテレビで生中継され，同事件を報道した

NHKニュースは視聴率50.8％（ビデオリサーチ）を
記録するほど世間が注目しました．これら一連の
事件が連合赤軍事件であり，衆目の前でその「理
想／夢」が崩れる様子が晒されたのでした．若松
孝二監督の映画『実録・連合赤軍 あさま山荘へ
の道程』（2008）（図6-3）や，山本直樹によるマ
ンガ『レッド』（および続編『レッド 最後の60日 そし
てあさま山荘へ』）（2006-）からも，その様子を垣間
見ることができます．

**図6-3　『実録・連合赤
軍 あさま山荘への道程』**
若松孝二監督，2008年，若松プロ
ダクション＝スコーレ

　もう一つは第1次オイルショック（1973）です．
第4次中東戦争を背景に原油価格が大幅に引き上
げられ，日本でも物価が高騰します．物資不足が
うわさされ，大阪千里ニュータウンのスーパーマーケットでは「紙がなくな
る！」と宣伝したため，トイレットペーパー騒動を引き起こしました．この結
果，いつまでも続くかに思われた高度経済成長に終止符が打たれるとともに，
一生懸命働けば豊かな生活ができるという「理想／夢」も揺らいでしまうこと
になりました．
　こうして「理想／夢」の時代は幕を閉じます．それと呼応するように若者も
抵抗性を失い，「しらけ」世代と呼ばれるようになります．「理想／夢」と「現
実」とは，対義語である以上に実現する可能性のある密接な関係の概念でした．
しかし，そのつながりが揺らぐ中で，「理想／夢」への熱が失われてしまった
のかもしれません．続く1970年代半ば頃からは，「虚構」の時代と呼ばれます．
それ以前の「理想／夢」の時代から大きく変容したことを挙げるなら，次の2
つでしょう．
　一つは，高度経済成長期が終わったとはいえ，日本社会は戦後より確実に豊
かになり，商品があふれた大量消費社会へと変わったことです．言い換えれば，
衣食住に困らない生活ができるようになり，働いて稼いだお金を，生活必需品
ではなく，記号的な商品を消費することに関心が移っていったといえます．
　もう一つは，人びとの関心がマクロな社会から，身近でミクロな自己へと移
り変わったことです．前述のように物は豊かになり，1979年の『国民生活白書』

では国民の中流意識が定着したと評価され，「一億総中流社会」と呼ばれる状況になります．皆が同じように豊かな暮らし向きが可能になる中で，個人のアイデンティティに関心が移っていったのです．消費社会において，（たいした違いはないのに）どの商品をいかに消費するかによって，アイデンティティをあらわそうと「差異化」を図るようになります．

## 「おたく族」

「虚構」の時代を代表する若者文化が「おたく族」です．現在では，カタカナ表記や「ヲタク」と表記することも多いですが，当時はひらがな表記で「族」という接尾語をつけて呼ばれました．相手を指す二人称代名詞として「おたく」という言葉を使っていたことに由来し，若者同士でややかしこまった代名詞を使うというコミュニケーションに逸脱的な特徴があったことがわかります．

「おたく族」がのめり込む対象は，「虚構」の時代以前にさかのぼることができます．例えば，1959年から刊行された雑誌『S－Fマガジン』，国産初TVアニメの『鉄腕アトム』(1963 - 66) や特撮TV番組『ウルトラマン』(1966 - 67)．アイドルも，オーディション番組『スター誕生』(1971 - 83) から山口百恵が1973年にデビューしています．しかし，「おたく族」という言葉が広まったのは，1983年に中森明夫が『漫画ブリッコ』で連載した「『おたく』の研究」の中で，次のように定義づけたことがきっかけといわれています．

> アニメ映画の公開前日に並んで待つ奴，ブルートレインを御自慢のカメラに収めようと線路で轢き殺されそうになる奴，本棚にビシーッとSFマガジンのバックナンバーと早川の金背銀背のSFシリーズが並んでる奴とか，マイコンショップでたむろってる牛乳ビン底メガネの理系少年，アイドルタレントのサイン会に朝早くから行って場所を確保してる奴（中略）．それでこういった人達を，まあ普通，マニアだとか熱狂的ファンだとか，せーぜーネクラ族だとかなんとか呼んでるわけだけど，どうもしっくりこない．なにかこういった人々を，あるいはこういった現象総体を統合する適確な呼び名がいまだ確立してないのではないかなんて思うのだけれど，（中略）彼らを「おたく」と命名し，以後そう呼び伝えることにしたのだ．[8]

　このように，アニメや鉄道，SF，コンピューターにアイドルなど，実に幅広いジャンルにわたる趣味や嗜好の若者文化が「おたく族」と呼ばれていました．それぞれまったく異なるように見えますが，それらに共通するのはくだらない（子ども向けの）ものとみなされてきた趣味や嗜好だったことです（カルチュラル・スタディーズの歴史にも同様のことがありましたね）．大量消費社会の中で，くだらないものとみなされてきた趣味や嗜好に，あえてのめり込むことを通して「おたく族」は「差異化」を図ったのだと考えられます．結果として，その没頭を共有できる相手以外とはコミュニケーションが成立しにくい特徴があり，その逸脱的な特徴が「おたく族」という名前として広まる要因だったわけです．
　いまでは（いまなお）「おたく／オタク／ヲタク」というと，コミュニケーション能力が低く内向きというイメージがあるかもしれません[9]．しかし，1980年代にはインターネットも普及しておらず，そうした状況のなかでも「おたく族」は，雑誌やテレビなどのメディアを通して能動的に情報を入手することはもちろん，それぞれの趣味や嗜好を取り扱うショップやイベントに積極的に足を運び，同好の士と交流するといったことを盛んに行っていました．いまでこそ大規模なイベントになった「コミックマーケット（コミケ）」も1975年からスタートし，現在に至ります．そう考えるなら，「おたく族」はコミュニケーション能力が低いのではなく，趣味や嗜好を共有できる相手かどうか選択的コミュニケーションを行っていたと考えられます．

### 「現実」と「虚構」

　「虚構」の時代を象徴する「おたく族」ですが，「現実」から「虚構」への逃避というイメージが強くあります．しかし，当時の「現実」の感覚（リアリティ）は，大きく変わりつつありました．例えば，1986年頃から90年代初頭にかけてバブル景気でした．現在に比べ，非常に景気がよかったというイメージは1960年代を中心とした高度経済成長期と混同させるのかもしれませんが，「現実」との関係において大きな違いがあります．
　「理想／夢」の時代における高度経済成長期では，年功序列賃金システムや終身雇用制が裏付けとなって，勤労による豊かな生活の実現という「理想／夢」も手が届くものと信じられていました．言い換えれば，「理想／夢」は「現実」

と直結していた感覚だったのです.

　一方,「虚構」の時代のバブル景気はどうだったのでしょう. 一生懸命働いた対価としての給料が上昇したというよりも, 土地や株といった資産価値がわけのわからないままに実体からかけ離れて高騰したものでした. それはまるで宝くじにでも当たったような感覚であり, 誰もがその恩恵にあずかったわけではなく, 貧富の格差を生みつつ, それすらも「差異化」として機能していました. したがって, バブル景気にリアリティはなく,「現実」と「虚構」との境目があいまいになっていた時代とも言えるでしょう.

　そのような状況を迎えたのが, ちょうど20世紀末という時期だったことは, 無関係ではありません.「1999年 7 の月に恐怖の大王が来る」という「ノストラダムスの大予言」のような終末思想は, 日本でも1970年代頃より広く受容されてきました. その影響は「おたく族」など若者の消費対象であったマンガやアニメ, ゲームにも見られます. 例えば, 大友克洋の『AKIRA』(1982‒90, 1988年にアニメ映画化) も, 武論尊原作・原哲夫作画による『北斗の拳』(1983‒88) も, 同様に核戦争後の荒廃した世界が舞台でした.

　世紀末が近づくにつれ, そういった「虚構」を想起させるような出来事が,「現実」に起きます. バブル景気は, 1991年に株価が大暴落し, 崩壊がはじまります. 実体のない泡沫のような状況はいつまでも続かないという予感が現実化していくなか, さらに終末のイメージと結びつくような出来事が1995年に重なります. 一つは 1 月17日に起こった阪神淡路大震災であり, 戦後, 東日本大震災 (2011) に次ぐ規模の被害を与えました. もう一つが 3 月20日に起きたオウム真理教による地下鉄サリン事件であり, 大都市で化学兵器が使用された初のテロ事件でした. まさに世界の終わりのようなあり様が現前化したのでした.

　奇しくも同じ1995年にマイクロソフトからWindows95が発売され, インターネットが急速に普及していきました.「現実」と「虚構」とが混沌とするなかで,「虚構」の時代は限界を迎えます.

## 4 「虚構」の時代の後（1990年代半ば‐）

### 「いま現在」を重視するような変容

「理想／夢」の時代から「虚構」の時代へ移り変わり，さらに進んだ現代はどういった状況なのでしょうか．宮台真司は次のようにいっています.

　　子供が原っぱで遊び，家電製品もロクに揃っていないような近代過渡期の社会では，「頑張れば自分も家族も社会ももっと豊かになる」という具合に，人々が社会の未来に「輝く希望」を託すのが当たり前．でも社会が成熟してくると，人間も社会もこれから大して変わりはしないというイメージになっていく．自分を取り巻くサエない日常が，ひっくり返るなんてことはこれからもありえない．そのことを自分に納得させながら，人々は生きるようになる．[10]

　未来に希望を託すことができた「理想／夢」の時代とは違い，「虚構」の時代以降，代わり映えのない日常というういま現在を重視するようになったというわけです．この傾向は，NHK放送文化研究所の「日本人の意識」調査 (2018)[11] からも垣間見えます．同調査で「生活目標」を尋ねた質問項目に対する回答を，現在志向と未来志向に分類して年次推移をあらわした**図 6 - 5**[12] からも，未来や将来を重視する割合は減少し，いま現在を重視するようになっていることがわかります.

　また，内閣府の「我が国と諸外国の若者の意識に関する調査」(2018)[13] によれば，60.4％の若者が「今が楽しければよい」思っており，その割合が 5 年前と比べ増加していることが見て取れます（**図6 - 6**）．いま現在を重視する傾向は若者にも強くあてはまっているのです.

　こうした傾向の背景には，バブルが崩壊した1990年代以降「失われた20年」と呼ばれる経済低迷期やリーマン・ショック (2008) による不況，前述した終末を想起させる地震（阪神淡路 (1995) や東日本大震災 (2011)）やテロ（オウム真理教事件 (1995) やアメリカ同時多発テロ事件 (2001)），「リアル」の対局的なイメージであるインターネットの普及などがあります．「就職氷河期」の若者世代は「ロ

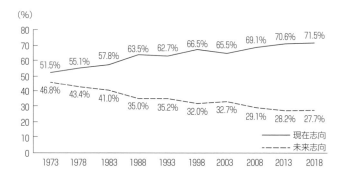

図6-5　生活目標（第10回「日本人の意識」調査より）

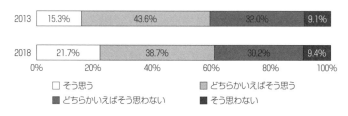

□ そう思う　　　　　　　　　■ どちらかいえばそう思う
■ どちらかいえばそう思わない　■ そう思わない

図6-6　今が楽しければよいと思う
（「平成30年度 我が国と諸外国の若者の意識に関する調査」より）

スト・ジェネレーション（失われた世代）」と呼ばれ，「虚構」の時代と違った様相を浮き彫りにさせていきます．

### 「現実」の感覚（リアリティ）の変容

　「現実」とのかかわりという点から，もう少し詳しく考えてみましょう．

　現代の若者の間で用いられている「リア充」という流行語がありますが，それはリアルな生活が充実している人物を揶揄的に表現した言葉です．この場合のリアルとは，友達付き合いや恋愛といった直接的で対面的な関係に基づいたものといえます．言い換えれば，「リア充」という言葉において対置されるのは，インターネットを媒介したオンライン上の関係であり，それに基づく「虚構」なのです．近年，オンライン上だけの付き合いでも友達とみなす若者は増えてはいますが，いまだ多くは認めていません．[14] ここに時代の変化があらわれてい

るのではないでしょうか.

　「現実」と「理想／夢」の関係は，前述の現在と未来という時間的な関係であり，一方,「現実（リアル）」と「虚構」の関係は空間的な関係と考えられます. 最近では「理想／夢」とは叶うものではなく絵空事として「現実」と切り離され, ２次元の「虚構」に対して３次元の「現実（リアル）」と捉えられる傾向も強まっています. いま現在を重視するような前節の変容は，未来で「理想／夢」をかなえるために，いま現在を耐えて努力するという「理想／夢」の時代とは違い,「虚構」の時代以降, たとえ実現しない「虚構」でも楽しければいいという感覚に変容したと言い換えてもいいかもしれません.

　そして, 1995年からインターネットが普及し, 2000年頃より携帯電話が, 2005年頃よりソーシャルメディアが普及していくことによって, こうした時間・空間の感覚は急速に変化しました. いつでもどこでもコミュニケーション可能になり, 遠く離れていても, いま現在を共有することができるようになったのです. 例えば, Twitter（日本では2008〜）で「〜なう」とつぶやくことや, Instagram（日本語版は2014〜）で,「自撮り（selfie）」画像を送信したりすることで, いま現在の自分（そして, 自分がおかれている状況）に対する承認や共感を得ようとする若者が増えています.

　それでも,「ここ」という空間的な感覚の共有は難しいですが, だからこそ, 現場に足を運んで楽しむライブエンターテインメントが盛り上がりを見せているといえます. それも拡張現実（AR：Augmented Reality）や仮想現実（VR：Virtual Reality）の進化と普及によって, 異なる場所や次元から体験可能になるかもしれません. 例えば, ARスマホゲームやVRアトラクション,「2.5次元」的なライブエンターテインメントといった「現実」（「３次元」）と「虚構」（「２次元」）の交錯を利用した試みも人気を集めつつあります.

　このように「現実」と「虚構」, 言い換えれば, 時間と空間との感覚が揺らいでいく「虚構」の時代の後, いわばポスト「虚構」の時代は, どのように捉えられるのでしょうか. その特徴を, 大澤真幸は「アイロニカルな没入」と述べています.

　　オウム信者のハルマゲドン幻想に対する態度や, さらにオタクのアニメ

92

　等の虚構に対する態度は，まさにアイロニカルな没入として記述すること
　ができる．彼らは，それが幻想＝虚構に過ぎないことをよく知っているの
　だが，それでも，不動の「現実」であるかのように振る舞うのである．オ
　タクたちは，虚構と現実を取り違えていると言う，評論家的な批判が見逃
　しているのは，意識と行動の間のこうした捩れである[15]．

　「現実」ではない「虚構」とわかった上で，それでもあえて対象にのめり込
むような皮肉な態度が「アイロニカルな没入」といえるでしょう．前述の「2.5
次元」的なエンターテインメントやAR／VR技術を利用したゲームの普及は，
その典型的な事例といえるとともに，その「アイロニカル」な部分すら消し去
る予兆なのかもしれません．

### 文化を通して社会の変容を把握する

　これまで若者文化を通して戦後日本社会をたどってきましたが，75年にわた
る時間の中で大きく変容したことがわかったと思います（表6-1）．戦後，生
活していくだけで精一杯の「現実」に対して，将来には実現できる「理想／夢」
を思い描くことができたのが「理想／夢」の時代．それも1970年代に終わり，
物は豊かになる中，いま現在が楽しければ「虚構」でもいいといった感覚が支
配的になった「虚構」の時代．それは「現実」と「虚構」との境界があいまい
になっていく時代でした．そして，メディア環境の変化も相まって，「虚構」
とわかった上で「アイロニカル」に没入していく時代に進んでいるようです．
同時に，災害やテロがもたらした「非日常」から再確認される大切な「日常」
のように，「現実」と「虚構」の関係は劇的に変容しています．

　このように，若者文化を通して社会の変容が浮き彫りになることがおわかり

### 表6-1　戦後日本社会の時代区分

| 「理想／夢」の時代 | 「虚構」の時代 | ポスト「虚構」の時代 |
|---|---|---|
| 1945年-70年代半ば | 1970年代半ば-90年代半ば | 1990年代半ば- |
| 「現実」に対して「理想／夢」を思い描くことが可能で，それが実現可能だと信じられていた段階 | 実現可能な「理想／夢」を思い描けなくなり，「虚構」に逃避したり，「現実」そのものが虚構化してしまった段階 | 「現実」と「虚構」の境界があいまいになり，アイロニカルな没入にまで進んだ段階 |

いただけたでしょうか．興味関心のあるイマドキの文化現象を研究できることは文化社会学の魅力です．しかし，冒頭でも述べたように，「いま」を考えるためにはこれまでの歴史を，「ここ」を考えるためには異なる世界を知る必要があります．こうした相違や変容を通して考察することが文化社会学では重要なのです．

注

1）井上俊編『［全改訂版］現代文化を学ぶ人のために』世界思想社，2014年，p. 247.

2）同上，p. 247.

3）R. ウィリアムズ（椎名美智・武田ちあき・越智博美・松井優子訳）『完訳 キーワード辞典』平凡社，2002年，p. 83.

4）同上，p. 87.

5）D. ヘブディジ（山口淑子訳）『サブカルチャー』未來社，1986年．

6）見田宗介『現代日本の感覚と思想』講談社，1995年，pp. 10 - 11.

7）大来洋一『戦後日本経済──成長経済から成熟経済への転換』東洋経済新報社，2010年，p. 61.「具体的には，戦前・戦中の最高水準を超えたのは工業生産で1955年，実質GNPで1954年，1人当たり実質GNPで1957年になっている」といいます．

8）中森明夫「『おたく』の研究」『漫画ブリッコ』1983年6月号，白夜書房．

9）「おたく／オタク／ヲタク」は「引きこもり」や「ニート」とは違います．「引きこもり」とは，厚生労働省のガイドライン（2010）によれば「様々な要因の結果として社会的参加（義務教育を含む就学，非常勤職を含む就労，家庭外での交遊など）を回避し，原則的には6カ月以上にわたって概ね家庭にとどまり続けている状態（他者と交わらない形での外出をしていてもよい）を指す現象概念」であり，「ニート」とは，「Not in Education, Employment or Training」（就学，就労，職業訓練のいずれも行っていない若者）の略称です．

10）宮台真司『世紀末の作法──終ワリナキ日常ヲ生キル知恵』角川書店，2000年，p. 54.

11）第10回「日本人の意識」調査（2018）は全国の16歳以上（n＝5,400人）を対象に調査したもの．

12）「人によって生活の目標もいろいろですが，リストのように分けると，あなたの生活目標にいちばん近いのはどれですか」という設問に対して，「1．その日その日を，自由に楽しく過ごす」「2．しっかりと計画をたてて，豊かな生活を築く」「3．身近な人たちと，和やかな毎日を送る」「4．みんなと力を合わせて，世の中をよくする」という4つの選択肢から回答してもらっており，本章では選択肢1と3は「現在志向」，2と4は「未来志向」と分類しています．

13）内閣府の「我が国と諸外国の若者の意識に関する調査」（2018）は，日本，韓国，アメリカ，イギリス，ドイツ，フランス，スウェーデンの計7カ国の満13歳から満29歳，各国1000サンプルを対象に調査したもの．

14）朝日新聞世論調査「20代はいま」（2013）によれば，「一度も会ったことがなくても，ネッ

ト上で頻繁にやりとりをする相手は友達だと思いますか．そうは思いませんか．」とい
う質問項目に対し，「友達だ」と回答した20代が26％で，過半数は否定するのですが，
30代以上の回答（7％）に比べると，肯定する割合が大きいことがわかります．

15）大澤真幸『不可能性の時代』岩波書店，2008年，p.105.

**参考文献**

東浩紀『動物化するポストモダン──オタクから見た日本社会』講談社，2001年．

井上俊・伊藤公雄編『ポピュラー文化（社会学ベーシックス 7 ）』世界思想社，2009年．

難波功士『族の系譜学──ユース・サブカルチャーズの戦後史』青弓社，2007年．

宮沢章夫編著『NHKニッポン戦後サブカルチャー史』NHK出版，2014年．

吉見俊哉『ポスト戦後社会──シリーズ日本近現代史〈9〉』岩波書店，2009年．

# 第 **7** 章

## マス・メディア論
――「メディアを読み解く力」とは――

笠原一哉

例えば朝のテレビで新聞記事を解説する番組を見て，電車でスマホの
ニュースアプリの話題をチェックし，帰宅後にテレビ番組を見ながら家族
と会話する……．私たちはマス・メディアを通して多くの情報を受け取り，
世の中を認識しています．ではマス・メディアそのものについて，私たち
はどれだけ知っているでしょうか．本章では，社会に対する私たちの認識
の根拠をマス・メディアがどのように作っているかを学び，「メディアの
情報を読み解く力」とは何かを考えてみましょう．

-------------------------------------------------◆

## 1　メディア・リテラシーとは何か

### メディアは「現実」を構成する

　2015年9月，iPhoneの当時の最新機種が発売された日に，次のような記事が
インターネット上のニュースサイトに掲載されました．なお，通信会社は記事
中では具体名でしたが，ここではX，Y，Zに置き換えています．

　　新型iPhoneがX社，Y社，Z社から発売された．当然ながらデザインや
　性能は同じなので，各社の通信品質が重要だ．そこで次のような速度調査
　を行った．場所：東京メトロ・銀座線全駅ホーム中央付近．日時：9月
　25日10時〜13時．方法：各駅で3台同時に通信速度測定アプリを用いて
　3回計測し平均値を算出．その結果，最速の平均速度を勝ち取った駅の
　数は，Y社が13，X社が5，Z社が1だった．平均通信速度はY社が
　47.28Mbps，X社が36.20Mbps，Z社が29.02Mbpsで，地下鉄で強い
　と言われているY社が新型iPhoneでも安定した速さを見せた．通信会社
　選びの参考にしてほしい．

学生に読んでもらったところ，「自分はY社なので良かった」「Y社に乗り換えようと思った」などの感想がありました．調査内容が具体的で測定された数値も記されていたため，多くの学生にとって説得的な内容だったようです．ところが，この約1カ月後に発売された雑誌によると，これはY社がお金を出して記者に書いてもらったものだったのです．そのうえでこの記事（広告？）を読むと，さまざまな疑問が浮かんできます．10路線以上ある東京都内の地下鉄の中で銀座線を選んで調査した理由は何か，Y社が最も力を入れて通信環境を整備している路線だからではないのか，「地下鉄で強いと言われている」とは誰が言っているのか……．

メディア（media）という言葉は，「中間」や「媒介」を意味するラテン語のmediumに由来します．現在ではテレビや新聞といった「マス・メディア」とほとんど同じ意味で使われていますが，その存在が，世の中のさまざまな出来事と私たちの間に位置して情報を媒介している，ということを理解することはとても大切です．なぜなら，メディアがもたらす情報は現実そのものではなく，特定の基準に基づいて選ばれ，編集されたものだからです．そうした情報を基に，私たちは社会に対するイメージを自分たちの中に構築しています．例えば上記の記事の読者の多くは，通信会社3社の中でY社が最も優れた会社だと思うでしょう．しかしそれは，Y社からお金をもらったライターによる記事がつくったイメージなのです．日本ではマス・メディアが「マスコミ」とも呼ばれますが，そもそも「マス・コミュニケーション」という言葉自体が，人びとを戦争に効果的に動員するために第二次世界大戦中のアメリカで始まった研究から生まれたものでした[1]．マス・メディアを理解するにはさまざまなアプローチがありますが，本章ではメディアの伝える情報を読み解き，活用する「メディア・リテラシー」に焦点を当てます．文字を読んだり書いたりする能力を「リテラシー」と言いますが，メディアのリテラシーは，メディアに囲まれて生きる私たちにとって非常に重要な能力だと言えます．

## どう学ぶのか

メディア・リテラシーを学ぶには，メディアの内容を客観的に分析する「メディア分析」が必要となります．そしてその際には，相互に関連するさまざま

な要素や社会的な背景を考慮しながらその「意味」を読み解くことが求められ
ます．日本でメディア・リテラシー教育の普及に先駆的に取り組んだ鈴木みど
りらは，考慮すべき要素や背景を次の3つの領域に分けて理解する分析モデル
を提案しました[2]．

① メディア・テクスト：テレビの番組や新聞記事などメディアがつくる作
　品やその一部のこと．各メディアに固有の表現方法を知ることが必要に
　なる．
② テクストの生産・制作：メディア作品の制作現場の仕組み，制作する際
　の基準や法律，それらが作品にどう反映されているのか等について学ぶ．
③ オーディアンス：テレビの場合は「視聴者」，新聞や雑誌などでは「読者」
　のこと．オーディアンスが持つ社会的背景や性格などさまざまな制約が，
　どのような読み方に結びついていくかを考察する．

　以下ではこのモデルに基づいて，代表的なマス・メディアである新聞とテレ
ビにおける具体的な事例を分析した後，最後にメディア・リテラシーについて
改めて考えてみます．

## 2　新聞：誰のための事件報道か

　「松本サリン事件」は，1994年6月27日深夜に長野県松本市でオウム真理教
の信者が大量に散布した猛毒のサリンにより，7人が死亡し約600人が重軽傷
者を負った事件です．しかし発生から約1年間，メディアから犯人と疑われ続
けたのは，第一通報者の河野義行さんでした．本節では朝日新聞（以下，朝日），
毎日新聞（以下，毎日），読売新聞（以下，読売）の3紙による検証記事などを基に，
新聞の事件報道を分析します．

### メディア・テクスト
　事件の最初の新聞報道は28日の夕刊でした．「ナゾの有毒ガス　7人死亡」（朝
日）「有毒ガス　住民7人死ぬ」（毎日）「有毒ガス　7人死ぬ」（読売）と衝撃を
伝えていますが，この時点では「有毒ガス」と河野さんを結びつけた記事はあ

りませんでした. 事態が急展開したのは, 28日午後10時すぎから行われた記者会見です. 長野県警は「第一通報者の会社員宅を被疑者不詳の殺人容疑で家宅捜索した. 会社員宅からは薬品類複数を押収, 現場の状況から, ガスの発生源は同会社員宅周辺とみられる」と発表しました. 長野県内に配られる朝刊の締め切り時間が迫っており, 新聞各社はほぼ完成していた朝刊の記事を急いで差し替えることにしました. この会見では, 誰がどのようにガスを発生させたのかについて, 捜査当局の公式見解が示されたわけではありません. ところが, 翌日朝刊では「河野さんが薬品の調合を誤ってガスを発生させた」という記事を3紙とも載せたのです (**表7-1**参照).

　記者会見で発表される公式情報をまとめるだけでは, 独自の記事にはなりません. そこで記者は知り合いの捜査員を自宅周辺で待ち伏せし, 捜査状況を聞き出して特ダネにつなげようとします. 出勤前の取材は「朝駆け」, 帰宅後の取材は「夜回り」などと呼ばれています. 現場周辺の家をしらみつぶしに聞きこむ「地取り」も特ダネにつながることがあります. 「調合ミス」の話は, 東京本社社会部の記者が夜回りで得た非公式情報でした.

　この情報が新聞紙面でどのように展開したのか, もう少し詳しく見てみま

### 表7-1　1994年6月29日の朝刊紙面と記事作成の経緯

| | | |
|---|---|---|
| 朝日 | 見出し | 「農薬調合に失敗か」「ナゾ急転　隣人が関係」 |
| | 記事 | 「これまでの捜査では, 男性は薬品の扱いに多少知識があり, 数種類の薬品から農薬を作ろうとしているうちに, 調合を間違え, 毒性のガスが大量に発生したと見ている. 農薬は庭の除草のために使おうとしていたという」 |
| | 経緯 | 記事には当初, 「調合を間違え, 毒性のガスが発生したらしい」という表現はなかった. 社会部の独自取材でつかんだ捜査当局の見方, ということだった. |
| 毎日 | 見出し | 「調合『間違えた』救急隊に話す」「『オレはもうダメだ』座り込む会社員」 |
| | 記事 | 「この会社員は……事故発生の第一報となる119番通報. 事故直後に駆け付けた救急隊員に, 薬剤の調合を『間違えた』という内容の話をしたという」 |
| | 経緯 | 東京の社会部記者による関係当局への夜回りの結果, 「河野さんが『調合を間違えた』と話した」という情報が松本支局に届いた. 長野県警での情報の裏付けが取れなかったが, 締め切りが迫り, 「極めて確度の高い情報」との声に押された. |
| 読売 | 見出し | 「除草剤調合ミスか」「住宅街の庭で薬物実験!?」 |
| | 記事 | 「捜査本部では, 会社員宅で除草剤をつくるため薬品を間違えて混合したため, 有毒ガスが会社員宅の敷地内から発生したとの見方を強めている」 |
| | 経緯 | 「除草剤の調合ミスの可能性もある」との捜査当局の見方が中央情報として東京本社にももたらされた. 薬品押収という事実も"下支え"した. |

出所：1995年7月8日付朝日朝刊「戦後50年　メディアの検証：22」, 同年6月6日付毎日朝刊「検証『松本サリン』報道の1年」, 同年7月7日付読売朝刊「検証『松本サリン』報道」などをもとに作成.

しょう．新聞紙面には，読者に
記事を分かりやすく伝えるため
のさまざまな工夫がされていま
す．見出しもその一つで，記事
の内容を短い字数で端的に表し
ているほか，その大きさで記事
の価値を表現しています．見出
しが大きいほど重要なニュース
だということが一目でわかるた
め，新聞の持つ大きな特性と言
えます．毎日新聞社会面の記事
（図7-1参照）では，主見出し
「『オレはもうダメだ』」が横トッ

図7-1　1994年6月29日付毎日新聞朝刊
社会面

パン（黒地に白抜き文字）で打ってあり，ニュース価値が非常に高い事を伝えて
います．この見出しは，記事中の次の部分から取ったと思われます．「家宅捜
索を受けた家の男性は，事件直後に救急隊員がかけつけた際，自宅の母屋玄関
前に座り込んで『オレはもうだめだ．ああ，もうオレはだめだ』と話していた
という．以前から薬品に興味を持っていたといわれており，自宅内に何種類か
の薬品を置いていたのが，救急隊員によって確認されていた」．薬品の調合に
失敗して有毒ガスを発生させたことに絶望した河野さんの言葉として「オレは
もうダメだ」を切り取り，極めて重要なニュースとして伝えている，と読めま
す．

　ところが河野さんの著書は，全く異なる事実を伝えています．事件の起きた
28日，河野さんは午後8時少し前に帰宅して夕食を食べた後，居間で読書など
をしており，農薬に触ってもいませんでした．当然，「農薬の調合に失敗した」
と話したこともありませんでした．そして「わたしが犯人であるとして，最大
の疑いを生んだ農薬の調合に失敗した，という発言には，その後も心の底から
悩まされました．わたしが，誤解されかねない，なにか似たような発言をした
というならいざ知らず，そういう心当たりがまったくないのです」としたうえ
で，「関係がありそうな発言」として次のように書いています．「わたしは，（病

院の）処置室にいるときに，誰かが，白い煙のようなものが見えた，と話しているのを聞きました」「この話を，わたしは，見舞客の一人に伝聞情報として話しました．処置室にいた誰かからわたしの耳へ，わたしから見舞客の一人へ，さらに見舞客の一人から警察関係者，もしくは，マスコミ関係者へと情報は流れました」（カッコ内筆者）．こうして一種の伝言ゲームのように東京の社会部記者まで伝わった伝聞情報が，その後の報道の方向に大きな影響を与えたのではないか，と河野さんは推測しています．また，「オレはもうダメだ」という見出しの記事で描かれた場面についても，サリンによる視覚異常と激しい吐き気で意識が朦朧とし，死を覚悟した河野さんが長男に「ダメかもしれない，後のことは頼んだぞ」と語っただけのことでした．

　この後も，河野さんが犯人であるという予断に基づいた記事が続きました．捜査員への夜回りと住民への地取りで得られた「河野さんは庭の松の木につくマツケムシに悩んでいたらしい」という情報は「有毒ガスが発生する原因となった薬物は，松の木につくマツケムシを駆除する目的で作られようとした可能性もあることが周辺住民の話などから浮かんだ」（7月1日付朝日朝刊）という記事になり，河野さんが病院に収容された際に長男に「原因を調べなければならないから警察が来ると思う」などと話した内容は「同（捜査）本部の調べに対しこの関係者（長男のこと）は，会社員が病院に運ばれる直前，薬剤を使っていたことをほのめかし，『警察の調べがあるかもしれない』などと漏らしていたことを証言している」（7月15日付読売夕刊，カッコ内筆者）という記事になりました．朝日の検証記事は当時の状況について，「この時点で，マスコミ各社は激しい取材競争，特ダネ合戦を演じていた．朝日新聞社内でも『何でもいいから事件の新しい話を』という空気が流れていた」と述べています[3]．

### テクストの生産・制作

　新聞社の経営収入は大きく分けて販売収入と広告収入からなります．日本の新聞の特徴は，自紙だけを専属の新聞販売店（専売店）に扱わせる「専売制度」と，販売店が読者の自宅まで配達する「戸別配達」にあります．1950年代に成立したこれらの制度は，過大な景品提供等による部数拡張競争など負の側面ももたらしましたが，新聞の世帯普及率を高め，販売収入を安定させました．テレビ

における視聴率のような指標もないため，広告収入や販売収入への影響を考慮しながら記事を書いている新聞記者はほとんどいないでしょう．では，記者はなぜ特ダネ競争に駆り立てられるのでしょうか．それは，特ダネの数が記者の評価に大きく影響するからです．全国紙（朝日，毎日，読売など全国に配達される新聞のこと）でも，新人記者の生活は地方支局から始まります．そこで5年ほどを過ごし，警察担当→市役所担当→県庁担当，と段階を踏みながら仕事を一通り経験します．そしてこの間，どんな記事を書いたかが，本社に戻った後で希望する部署に配属されるかどうかに直結するのです．次の文章は朝日の記者が自社について書いたものですが，毎日や読売にも当てはまります．「若手記者が最初に直面する転機が，本社への人事異動だが，記者たちの人気は政治部と経済部，社会部，俗に『政経社』と呼ばれる三部門に集中する．頻繁に一面を飾る花形部署であるばかりではない．出世街道も政経社だけに敷かれているからだ．……逆に，若手記者が最も忌避するのが，記事の割りつけを決め，見出しを付ける内勤職場・整理部への異動である．……わずか三十歳前後の時点で，取材記者として飛びまわり原稿を書くというキャリアに終止符が打たれてしまうのだ」[4]．大きな事件・事故が発生すれば，被害者や加害者の顔写真の入手に始まり，現場周辺の地取り情報や，誰を事情聴取していつ逮捕するのかといった捜査状況を，他社よりいかに速く報道できるかという激しい競争が始まり，取材の優劣は日々の紙面ですぐに比較されます．そして特ダネ競争は，本社に異動した後も記者である限り続くため，警察担当に限らず，情報源と深い関係を築いて他社よりも速い報道につなげることが，新聞記者の基本的なスタンスなのです．

　新聞報道はまた，法律によっても一定の制約を受けます．日本では憲法21条が「表現の自由」一般を保障しており，また「報道の自由」についても最高裁判所の判決が「報道機関の報道は，民主主義社会において，国民が国政に関与するにつき，重要な判断の資料を提供し，国民の『知る権利』に奉仕するものである．したがって，思想の表明の自由とならんで，事実の報道の自由は，表現の自由を規定した憲法21条の保障のもとにあることはいうまでもない」（博多駅事件最高裁決定）と明言しています．しかし，報道が無制限に認められるわけではありません．刑法には「公然と事実を摘示し，人の名誉を毀損した者」

に対する名誉棄損罪（230条1項）があり，民法でも，名誉毀損的行為に対して損害賠償（709条）や名誉回復処分（723条）が可能となります．そこで，表現の自由と保護されるべき名誉が衝突した場合の"調整ルール"として参照されるのが，刑法230条の2の規定です．そこでは，名誉を毀損する表現であっても正当性が認められる「免責要件」として，① 公共の利害に関することで（公共性），② 公益を図る目的でなされたと認められる場合には（公益性），③ その内容が真実であると証明されれば（真実性），処罰対象にならないとしています．しかし③のままでは，例えば取材の段階では真実だと思って書いたことが後で虚偽だと判明することもあり，免責の余地が非常に限られます．そこで最高裁は，真実であることの証明がない場合でも④ 行為者がその事実を真実だと信じたことについての相当の理由（真実相当性）があるときには，名誉棄損罪は成立しないとしました．また，逮捕や起訴される前の容疑者の行為に関することは，公共の利害に関することと認める，ともしています．

　松本サリン事件の河野さんは，事件から約8カ月が経った3月20日，地元紙の信濃毎日新聞に対して謝罪広告の掲載と損害賠償を求める訴訟を起こしました．また，朝日や毎日を提訴する準備も進めていました．どのマス・メディアも河野さんに対する謝罪や記事の訂正を一切行っていなかったからでした．そしてちょうどその日の午後，地下鉄サリン事件が発生してオウム真理教に対する一連の容疑が強まると，各社は4月から6月にかけて一斉に河野さんへの謝罪を行い，また自社の報道の検証記事を作成しました．そこでは「なぜその事実を真実と信じてしまったのか」という点にもっぱら焦点が当たり，再発防止策として「裏付けを複数から取る」など，これまでも主張されてきた点が改めて提示されただけでした．しかしその後も，事件報道における新聞の誤報によって無関係の人の人権が侵害される事件は繰り返されています．こうした現状に対し，「事件報道にどのような社会的意味があるのか」という，公共性に関する議論が深まっていないことに原因があるとする指摘があります．

## オーディアンス

　読者にとって事件報道はどのような意味を持つのでしょうか．主要な新聞社が加盟する「日本新聞協会」は，次のように主張しています．「事件報道には，

犯罪の背景を掘り下げ，社会の不安を解消したり危険情報を社会ですみやかに共有して再発防止策を探ったりすることと併せ，捜査当局や裁判手続きをチェックするという使命がある．被疑事実に関する認否，供述等によって明らかになる事件の経緯や動機，被疑者のプロフィル，識者の分析などは，こうした事件報道の目的を果たすうえで重要な要素を成している」（「裁判員制度開始にあたっての取材・報道指針」）．ここで重要なのは，「被疑者」はあくまで「警察が犯人と疑っている人物」でしかなく，その人が本当に罪を犯したかどうかを判断するのは裁判所であるという点です．しかし現在の日本では，事件報道は「犯人視報道」（被疑者を逮捕あるいは逮捕前から「犯人」であると断定し，あるいはそれを前提として行われる報道）とほぼ同じ意味となっているのが実態ではないでしょうか．こうした報道は，「罪が確定していない人に対して不必要な権利の制限や侵害を行ってはならない」という「無罪推定の原則」に反するものです．また，松本サリン事件では警察が「犯人はおまえだ」「正直に言え」など，刑事訴訟法で禁じられている「自白の強要」としか思えない事情聴取を行ったことを河野さんは証言しています．「捜査当局や裁判手続きをチェックするという使命」に照らせば，まさにこうした捜査こそ批判すべきですが，例えば読売の警察担当記者と捜査当局との関係は次のようなものでした．「記者『河野さんが容疑者とみているのか』県警幹部『それしか考えられないでしょう．今は（入院中で）他の患者より多少突っ込んで聞いている程度だろうけど，そのうち（警察も）態度を変えなければならないだろうね』……『会社員の線で大筋やっている』『一気に落とさなきゃ』」[5]．

　そして犯人視報道の背景としてしばしば指摘されるのが，「報道によって犯罪者に制裁を与える」という「プレス・トライアル」（報道裁判）の思想です．共同通信社で社会部記者や編集局長を務めた原寿雄は，次のように指摘しています．「現状では，ジャーナリズムが治安維持の主役を自認しているかのような振舞いが目立つ．とくに日本の場合は，昔からの勧善懲悪の思想が根強いため，"警察につかまるような悪人"に対しては，新聞・放送が先頭に立って『一罰百戒』の社会的制裁を加える」[6]．以上を背景に，自宅を強制捜査された河野さんは犯人であるという前提で人物像を描き，また特ダネ競争の中で捜査状況を得るために捜査当局に食い込み，河野さんを事実上の被疑者とする警察の見

方に沿った報道を続けた，というのが，少なくとも松本サリン事件報道の実態でした．ここに公共性は見出せません．

　前述の原は事件報道の改革として，① 犯罪報道の絶対量が多いので徐々に縮小すること，② 捜査当局の見方に頼る一方的な懲罰的報道をやめ，捜査段階での犯罪報道を控えめにし，被告人の言い分も聞くことのできる裁判報道に比重を移すべきこと，などを提案しています[7]．一方，現状の事件報道は，読者が持つ次のような欲求・感情との相互作用の産物であるという指摘も重要です．「① 凶悪な犯罪が発生し，犯人が誰であるかも含めてその詳細が不明であるという状況の中で不安・緊張を強いられた人々は，いったん被疑者逮捕という事態に至ると，その反動から安易な犯人視や短絡的な犯行理由の推測にひきつけられがちになること，② 多くの人のもつ犯罪を憎む心（正義感）や被害者への同情心が，しばしば被疑者個人に対する憎悪・復讐心にすりかえられてしまうこと[8]」．こうした読者の"ニーズ"に向けて事件報道が再生産されている面も否定できません．河野さんの自宅には，嫌がらせ電話や無言電話が多い時で1日に30件以上あったといいます．安易な犯人視報道や制裁的報道，特ダネ競争に流されるのではなく，「その事件報道は誰のためにあるのか」と声をあげ，問い続けることが私たち読者に求められているのではないでしょうか．

## 3　テレビ：送り手と受け手の「共犯関係」

　フジテレビ系列の情報バラエティー番組『発掘！あるある大事典Ⅱ』（関西テレビ制作．以下「あるあるⅡ」と略）は，納豆にダイエット効果があると紹介した回（2007年1月7日放送）での捏造が発覚して打ち切られました．やせたことを示す数値が測定すらされていなかった，などの驚くべき内容で，テレビ番組全体に対する大きな不信感を生みました．しかし本節では納豆の回ではなく，「たったこれだけ！　足裏刺激でヤセる」（2006年10月8日放送）に注目します．捏造は特殊な事例ですが，この回の演出手法は，社外の調査委員会が「あるあるⅡ」全体に共通してみられる象徴的な例と指摘しているからです．

### メディア・テクスト

　調査委員会の報告書によると，この回は次のような構成となっていました．

| 導入 | 「青竹踏みだけで7kg減量した女性」「足裏マッサージで3kg減量し，ウェストがブカブカになった女性」「足裏を刺激することで中性脂肪値やコレステロール値が減少するとコメントする有識者」を映像で紹介する． |
|---|---|
| 実験 | 「8人の被験者が1日わずか10分の足裏ストレッチを10日間行ってやせるか」を実施．結果について，まずへそ周りの数値について8人全員の数値が減少したと紹介し，特に3.7センチ，4.5センチと大幅に減少した2人を強調する．次に太ももの数値について8人中6人の数値が減少したことを紹介し，特に3.9センチ，2.4センチと大幅に減少した2人を強調する．さらに，6人の中性脂肪値が減少したことも紹介する． |
| まとめ | 足裏ストレッチの具体的な方法などを映像で紹介し，「足裏刺激であなたも簡単にヤセられる!」とのテロップを流して効果を強調する． |

　視聴者は，足裏ストレッチを1日10分やり続ければ，体重，へそ周り，太もも周り，中性脂肪値いずれの数値も減少する，という強い期待を抱くでしょう．ところが，調査委員会が入手した実験データでは，被験者全員の体重増減の平均値はマイナス約0.39kgでほとんど減少していませんでした．一番大きく減少した被験者でも1kgの減少で，2人はプラス0.5kg，プラス0.3kgとむしろわずかに増加していました．また，総コレステロール値は5人が増加し，全員の平均値でも増加傾向にありました．さらに太もも周りは3人が増加し，中性脂肪値も2人が増加していました．つまり，事実の捏造やデータの改ざんは確認されなかったものの，番組の主張に沿う都合の良い事実のみを強調することで，視聴者の心理に与える影響を操作していたと言えるでしょう．体重の実験結果を紹介しなかった理由について，番組スタッフは「あまり多くの項目を出すと視聴者にわかりにくくなるから」などと答えていました．調査委員会は，こうした印象操作が「あるあるⅡ」の他の調査事例にも多くみられるとしたうえで，「果たしてこのような演出手法は，編集・演出の自由の範囲内か，それとも，それらの自由を逸脱している表現方法か」と疑問を投げかけています．

　テレビは常に映像で表現することが求められ，そこが新聞記事などの文字表現と異なる点です．そして「どこまでが演出の範囲なのか」という問題は，テレビ制作に携わる多くの人が悩む問題です．ドラマやバラエティー番組に限らず，「事実」を伝えるニュース番組であっても演出は行われます．例えばある事故のニュース映像を制作する場合，制作者はその事故を伝えるのに重要だと思う映像以外はカットし，事故と無関係だと判断した音声も雑音として処理するでしょう．このように，番組の制作者が制作意図を視聴者にわかりやすく伝

えるために行うさまざまな工夫が「演出」であり，あらゆる番組は何らかの演出を施されていると言えます．NHKの『放送ガイドライン』は「事実の再現の枠をはみ出して，事実のねつ造につながるいわゆる『やらせ』などは行わない」としています．「演出＝事実の再現」，「やらせ／捏造＝再現を超えるもの」と整理できそうですが，「事実の再現」の範囲にもさまざまな意見があります．「あるあるⅡ」以後も，例えば制作スタッフが用意した風鈴を持ち込んで「頭が良くなる風鈴を使っている学習塾」として紹介するケースや，「飼い主の危機」に対する犬の反応を見る実験で，別人が飼い主を演じていたというケースがありましたが，テレビ局は「過剰な表現」ではあるがやらせや捏造ではないとしました（2007年2月25日付朝日朝刊）．あるベテランテレビディレクターは「いつの間にかテレビ制作の現場で重視されるのが『正確さ』から『面白さ』『わかりやすさ』になってしまった」[9]ことが，「過剰な演出」と「不適切な演出＝やらせ／捏造」との線引きをさらに難しくさせていると述べ，その背景に「視聴率至上主義」など放送業界の構造的な問題があると指摘しています．

## テクストの生産・制作

　日本のテレビ放送は大きく公共放送であるNHKと民間放送（民放）に分かれますが，いずれも番組の制作費は視聴者が支払っています．NHKは放送受信料，民放はCM枠を販売して得られる広告収入がそれぞれ収益の柱です．企業がCM枠を購入する際にかかる広告宣伝費は経費として商品の原価に上乗せされているので，視聴者は商品を購入することで，民放テレビ番組の制作費を間接的に支出していることになります．CMには2種類あり，このうち特定の番組を提供するスポンサーに販売されるのがタイムCM枠（30秒）で，番組ごとに設定される目標視聴率によってスポンサー企業が支払う料金が決まり，これが番組制作の予算となります．もう一つのスポットCM枠（15秒）は主に番組と番組の間に挟まれるCMで，この場合にも契約ごとに目標視聴率があり，高視聴率を取り続けて目標を達成すれば空いた枠で別のCMを流すことができるため，その分広告収入が増えます．したがって視聴率は，民放の番組予算や収入に大きな影響を与えています．

　テレビ番組の制作業務の多くを担当しているのは，テレビ局の社員ではなく，

制作会社と呼ばれる外部の下請け会社です．テレビ放送が1953年に始まった当時，放送時間は1日6時間程度で，番組制作はほとんどテレビ局社員が担っていました．しかし放送時間の拡大に伴い番組数が増え続けると，番組制作費や人件費も膨張したため，テレビ局は番組制作を外注することなどで経費を削減しました．こうして生まれたのが制作会社です．総務省の『平成30年　情報通信業基本調査』によると，従業員数100人未満の中小企業が全体の約9割を占め，経営上の課題として約6割が「受注量の安定」「受注単価が低い」「経験者・熟練者等の人材確保」を挙げています．予算削減による制作日程の短縮や長時間労働もさまざまなところで指摘されています．優越的立場にあるテレビ局が視聴率を取れる番組を制作会社に求め，そして制作会社は仕事の安定的な受注につなげようと，人手不足と厳しいスケジュールに悩みながら要求に応えざるを得ない．そんな構図が浮かんでくるのです．

　「あるあるⅡ」の納豆の回で捏造を行った制作会社の担当ディレクターは，「とにかく面白くしたい，視聴率を取りたいとの思いから捏造に手を染めた」と話していました．制作体制をみると，関西テレビから委託された「1次下請け」の制作会社がタレントを集めたスタジオ収録を担当し，取材や実験などの実質的な番組制作はさらに9つの制作会社（2次下請け）に再委託されていました．捏造を行ったのはこの2次下請けの一つで，9社は視聴率を競い合う関係にありました．番組1回分のスポンサー料は約1億円で，そのうち約5000万円は「電波料」（テレビ局に割り当てられた電波を利用するためにスポンサーが払う代金）として関西テレビと系列局に支払われたと推定されます．ここから広告代理店の電通や関西テレビの営業利益などが引かれた3162万円が1次下請けに支払われて，さらにそこからスタジオ費用やタレント出演費が引かれ，2次下請けに渡った金額は880万円とスポンサー料の10分の1にも満たない額になっていました．番組制作を監督する立場だった関西テレビのプロデューサーと1次，2次下請けが集まった会議は3回開かれましたが，そこでは番組内容が「わかりやすさ」「面白さ」を満たしているかのみに焦点が当てられ，事実の正確さやデータの扱いは全くチェックされませんでした．

　テレビ放送はまた，法律によっても規制されています．制作会社はなぜ，テレビ局に頼らずに自分たちで番組を放送できないのでしょうか．それは，放送

事業を行うには国からの免許が必要だからです．電波は，周波数によって音声
や映像などを伝えることができる便利な媒体ですが，使用できる周波数帯には
限りがあるため，予め割り当てておくことが電波法によって定められています．
また，テレビ放送やラジオ放送は多くの人に情報を伝え大きな影響を与えるた
め，これらの事業を行う者に対する一定の条件が放送法によって規定されてい
ます．番組の内容については，放送法第4条で，「公安及び善良な風俗を害し
ないこと」「政治的に公平であること」「報道は事実をまげないですること」「意
見が対立している問題については，できるだけ多くの角度から論点を明らかに
すること」の4点が定められています．これらに違反した過去の例では，程度
に応じて軽い順に「口頭注意」「注意」「厳重注意」「警告」といった行政指導
が行われてきました．そしてさらに重大な違反があった場合には，電波を一定
期間停止する「停波命令」や「免許取消し」といった行政処分も行えると政府
は説明しています．免許が取り消されれば放送局の経営に大きな影響を与える
ため，行政指導の段階でも大きな圧力になるとの批判があります．「あるあるⅡ」
問題では，総務省が行政指導として最も重い「警告」を関西テレビに与えまし
た．さらに「警告」と「停波命令」の中間となる新たな行政処分を設ける条項
を盛り込んだ放送法の改正案まで出しましたが，最終的にこの条項は法案から
削除されました．放送局への政府の規制に対して批判や反発が起こるのは，表
現の自由に対する圧力となることが懸念されるからです．しかし，テレビが視
聴者の信頼を失い続ければ，政府の規制に対する反発も弱まり，ひいては表現
の自由も狭められていくことになりかねないのです．

### オーディアンス

テレビ局では視聴率が非常に重視され，そこでは「面白さ」「わかりやすさ」
が追求されます．しかし，「真実」に思えるものも角度を変えれば見え方も変
わります．社会の課題の原因やその解決策にしても一つだけに絞れるほど単純
でもなく，だからこそ多様な見方を提示する事が大切であることは言うまでも
ありません．不確かな情報を単純化し，面白おかしく誇張することは，社会に
対する視聴者の安易な捉え方を助長するものと言えます．ただ，「テレビが加
害者で視聴者は被害者」と捉えることもまた一面的な見方です．これまで「紅

茶きのこ」「酢大豆」「ココア」「白インゲン豆」など，多くの食べ物が「これ
さえ食べれば万病解決」「食べてもやせる」などと紹介され，流行しました．
しかし，例えば食塩の致死量が体重1kgあたり0.5〜5g（体重50kgだと25〜250g）
であるように，どんな食べ物でも一度に大量に摂取すれば有害です．万能薬と
して機能する食品も有毒物として作用する食品もなく，バランスの良い食事と
適度な運動が健康を維持する上で最も大切であることは，常識的に考えればわ
かることでしょう．論理的に考えることを嫌い，過度に単純化された情報を疑
わずに受け入れて視聴率アップに貢献する視聴者と，それを圧力と感じて安易
な番組を再生産する制作者は「共犯関係」にあるとも言えるのです．

　視聴者に理解されるよう伝え方を工夫すること自体は当然尊重されるべき
で，そこに制作者の創造性が発揮される余地があります．視聴者は，価値のあ
る情報を優れた映像表現で届ける番組の視聴率を上げることで，良心的な番組
制作者を育て，そして番組の制作者は，視聴者の厳しい目と期待に応えるため
に番組の質を高めていく．そうした関係が求められているのではないでしょう
か．数多くのテレビ番組を制作してきた今野勉は，メディア全般に関する教育
を子供の頃から行うことで，作り手と見る側が映像を鑑賞したり使いこなすこ
とに関する基本的な理解を共有し，緊張関係を保ちながら映像表現を高めてい
く「共作の関係」を提案しています[11]．

## 4　メディアの「受け手」から「読み手」へ

### 8つの基本概念

　第1節で紹介した鈴木らは，私たちがメディアと接する際の基本となる考え
方を，「8つの基本概念（Key Concept＝KC）」として次のように提示しています[12]．

①メディアはすべて構成されている：メディアは現実をそのまま反映して
　いるのではなく，多くの意識的あるいは無意識な選択の後につくられ，
　構成されたものである．

②メディアは「現実」を構成する：メディアはさまざまな出来事の中で重
　要性の順位を決定し，その解釈に基づいて「現実」を私たちに提示する．

③オーディアンスがメディアを解釈し，意味をつくりだす：オーディアンスはメディアが送り出すメッセージをそのまま受け取るのではなく，メディアを解釈し，意味を作り出している.

④メディアは商業的意味をもつ：メディアの多くはビジネスとして行われているので利益を生む必要があり，このことはテクストに大きな影響を及ぼす.

⑤メディアはものの考え方（イデオロギー）や価値観を伝えている：メディアが伝えるイデオロギーや価値観は，私たちの日常生活にさまざまな形で影響を与えているし，社会の構造を支える理念とも深く関わっている.

⑥メディアは社会的・政治的意味をもつ：メディアは，政治や社会的変化の動向に影響を及ぼすことで私たちの生活に影響を与えることもある.

⑦メディアは独自の様式，芸術性，技法，きまり/約束事をもつ：メディアのもっているそれぞれの様式や技法を理解することで，私たちはメ

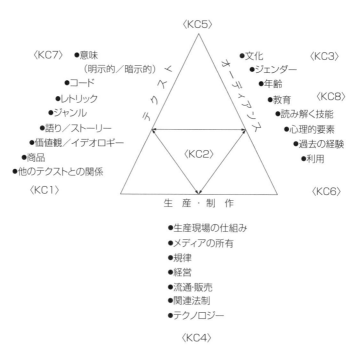

図7-2　メディア研究モデル／8つの基本概念

ディア作品をより楽しみ，深く味わうことができる.

⑧クリティカルにメディアを読むことは，創造性を高め，多様な形態でコ
ミュニケーションをつくりだすことへとつながる：メディア・リテラシー
に取り組む者は，メディアにアクセスしたり，主流メディアにない情報
を自ら作り出したいと望むようになる.

　メディア・リテラシーを高めるには，メディア分析を重ねていくことが大切
です. マス・メディアの情報と接する際に，常にこれらの基本概念と研究モデ
ルを参照してみましょう. そうすることで，私たちは自分たちの読みを深め，
そしてより積極的にメディアにかかわることができるでしょう.

## 誰がメディアを変えるのか

　本章では，主にマス・メディアの負の面に焦点を当てて描いてきました. し
かし私たちは，マス・メディアの情報を通じて，見知らぬ人の喜びや悲しみや
怒りを共有することができます. また，社会の抱える課題を知り，その解決策
を共に考え，選択することができます. 人びとが自分の生き方，社会や政治の
あり方について考え選択するために，マス・メディアによる多様で十分な情報
提供は不可欠であると言えるでしょう.

　そしてこれまでみてきたように，マス・メディアのあり方に影響を与え，そ
の変革を促せるのは読者であり，視聴者です. マス・メディアの情報を無根拠
に信頼することも，また反対に一方的に批判することも，どちらも建設的な態
度とは言えません. マス・メディアの発信する情報をそのまま受け入れる受動
的な「受け手」ではなく，その意味や歪み，価値観について深く考え，多面的
に読み解き活用する「読み手」になることが，私たちに求められているのです.

注

1 ）佐藤卓己『現代メディア史　新版』岩波書店，2018年，p. 5.
2 ）鈴木みどり編『最新Study Guide メディア・リテラシー［入門編］』リベルタ出版，
　　2013年.
3 ）1995年 8 月23日付朝日朝刊山梨県版「検証　松本サリン事件： 2 」.
4 ）朝日新聞記者有志『朝日新聞』文芸春秋，2015年，p. 53.

5）読売新聞社編『「人権」報道』中央公論新社，2003年，pp. 87 - 89.
6）原寿雄『ジャーナリズムの思想』岩波書店，1997年，p. 176.
7）同上，p. 175.
8）早稲田大学ジャーナリズム教育研究所編『レクチャー現代ジャーナリズム』早稲田大学出版部，2013年，p. 190.
9）中川勇樹『テレビ局の裏側』新潮社，2009年，p. 81.
10）高橋久仁子『フードファディズム』中央法規出版，2007年，pp. 26 - 31.
11）今野勉『テレビの嘘を見破る』新潮社，2004年，p. 201.
12）鈴木編，前掲，pp. 22 - 25.

## 参考文献

浅野健一『新版 犯罪報道の犯罪』新風舎，2004年.

「発掘！あるある大事典」調査委員会『調査報告書』 http://www.ktv.jp/info/grow/pdf/070323/chousahoukokusyo.pdf（2017年1月12日閲覧）.

河野義行『「疑惑」は晴れようとも』文芸春秋，1995年.

河野義行『松本サリン事件』近代文芸社，2001年.

向後英紀・古田尚輝編著『放送十五講』学文社，2011年.

鈴木秀美・山田健太編著『よくわかるメディア法』ミネルヴァ書房，2011年.

電通総研編『情報メディア白書 2016』ダイヤモンド・グラフィック社，2016年.

日本民間放送連盟編『放送ハンドブック［改訂版］』日経BP社，2007年.

長谷部恭男『テレビの憲法理論』弘文堂，1992年.

浜田純一・田島泰彦・桂敬一編『新訂 新聞学』日本評論社，2009年.

マスターマン，L.（宮崎寿子訳）『メディアを教える』世界思想社，2010年.

松井茂記『マス・メディアの表現の自由』日本評論社，2005年.

# 第8章

## 社会意識論
—— 「当たり前のこと」の根拠を問う ——

大関雅弘

私たちの日常生活は「当たり前のこと」で満ち溢れています．とはいえ，「当たり前のこと」は，本当にアタリマエのことなのでしょうか．社会意識論の視点から，「当たり前のこと」について，この章で考察します．また，社会意識とは何か，それをどのように学問的に扱うのか，について解説します．では，社会意識論という学問領域の特徴とその意義について，理解を深めていくことにしましょう．

## 1 個人の「価値」と社会意識

### 事実認識と価値判断

　友だちが"美味しい"ラーメンをご馳走してくれるというので，一緒に食べに行ってみたけれど，思ったほど美味しくなかったという経験はありませんか．友だちの味覚がおかしいのでしょうか，それとも自分の味覚がおかしいのでしょうか．

　一口にラーメンと言っても，札幌ラーメン，喜多方ラーメン，和歌山ラーメン，尾道ラーメン，博多ラーメンなど地方色豊かなラーメンがあります．"激戦区"東京ではさまざまなラーメンが考案され，ラーメンが目まぐるしく進化を遂げています．まず，素材から分類してみましょう．ベースでいえば，醤油，味噌，塩，豚骨など．その出汁は，鳥，豚，魚介，野菜などからとったもの．麺の太さでは，極太，太，中太，中，細など．その麺の硬さも重要です．さらにチャーシュー，メンマ，煮卵などのトッピング．ラーメン店は，それらを多様に組み合わせて店独自の味を競っています．

　ところで，あるラーメンを食べたところとても美味しかったとして，その"美

味しさ” の理由は次のどちらなのでしょうか．（1）ラーメン自体の中に “美味しさ” があり，それを口にしたから．（2）ラーメンのその味を食べた人が “美味しい” と感じたから．もし（1）のようにラーメン自体の中に “美味しさ” が詰まっているとしたら，誰が食べても “美味しい” ということになります．しかしどうでしょうか．中太麺の味噌ラーメンが好きな人が硬い細麺の豚骨ラーメンを食べたとしても，それほど “美味しい” とは感じないでしょう．逆の場合も然りです．残念ながら，この世に「美味しいラーメン」は存在しません．美味しいと “感じる” ラーメンがあるだけなのです．

　ラーメンの「味」についてもう少しみてみましょう．ラーメンの「味」はとても複雑な要素から成り立っていますが，ここではスープの成分と麺の形状について考えることにします．スープについて「少し薄い」とか「ちょっと濃い」とか，あるいはコクがあるかないかなど，人によって感じ方はまちまちです．麺も「ちょっと太い」とか「少し細すぎる」とか人によって違います．しかし，スープの成分や麺の形状についての個々人の感じ方の違いは，ある意味で無視することができます．ある意味でというのは，スープの成分や麺の形状は，ラーメン自体がもつ性質だからです．ですから，成分も形状もかなりのレベルまで数値で表現することができます．したがって，ここでの重要なポイントは，ラーメンがもつ性質自体が “美味しさ” を決定するのではないということです．そうした性質を持った「味」を個々人が “美味しい” と感じるかどうかによるということです．

　こうしたことを踏まえると，次の2つを区別する必要があることがわかります．すなわち，さまざまな要素の複合からなる「味」というラーメン自体がもつ性質（「事実（認識）」）と，その「味」を「美味しい／美味しくない」と食べた本人が感じること（「価値（判断）」）との区別です．“美味しい” という「価値」は，食べた人の主観性なしにはあり得ません．「価値」が基本的に個人的な主観性に依拠したものであることをひとまずここで確認しておきましょう．

### 社会意識とは何か
　札幌育ちの人が「味噌味の札幌ラーメンが何と言っても一番」とか，博多育ちの人が「やっぱり豚骨味の博多ラーメンでなくては」とか言うとき，こうい

うラーメンが"美味しい"のだという観念(思い)が前もって存在しており,そのため,あるラーメンを実際に食べた時"美味しい"と感じた(判断した)のではないかと考えることができます.この前もって存在している観念を「社会意識」といいます.これは,日常意識(〜であるのは当たり前のこと)と言い換えてもよいです.

社会学では「ある社会集団の成員に共有されている意識」[1]のことを「社会意識」と呼んでいます.家族意識は家族についての,歴史意識は歴史についての,法意識は法についての意識ですが,社会意識は社会についての意識のことではないことに注意しましょう.社会意識とは,ある社会集団の成員のあいだで「〜であるのは当たり前のこと」という形で共有されている観念のことなのです.

### 妥当性と通用性

この「〜であるのは当たり前のこと」という観念は,その根拠から2種類に分けられます.一つは「妥当性」によるものです.「水を飲まないと人は死ぬ」,「柿の木から実が落ちる」,「57×35は1995である」など,基本的にどの時代のどの社会でも成り立つものや,「信号機の赤は止まれ,青は進め」のような法規範などがこの例です.もう一つは「通用性」によるものです.「異性に魅かれるのは自然なこと」,「男は仕事ができてこそ一人前」,「猿の肉は食べられない」,「桜の花は美しい」など,これらはある時代のある社会でしか成り立ちません.

したがって,個々人が抱いている「通用性」による「〜であるのは当たり前のこと」は,誰にとっても「当たり前のこと」とはいえないのです.そこには「妥当性」によるものとは違い,個人の主観性に基づく「価値」が表現されているからです.しかも,この「価値」は,その個人が属する社会のなかで身につけたものです.ですから,ある時代のある社会においては,「当たり前のこと」の「価値」があたかも絶対であるかのように思えてしまいます.しかし,「価値」は,歴史(時代)と文化(社会)が異なると変わりますので,相対的なものです.先ほど,「価値」は本人の主観性による判断で決まるから個人的なものであると述べましたが,実はこの主観性による判断が社会的に形成された「社会意識」によるものであることが多いのです.

さて，赤信号の横断歩道の前で，いま５人の学生が待っているとします．車は全然通りません．すると，４人の学生は横断歩道を渡っていきました．彼らは渡り終わって，反対側に残された一人の学生を待っています．残された一人の学生は，「赤信号だから青になるまで待つのは当たり前のことだ」と考えています．他方，４人の学生は，「車が来ないのなら，赤信号でも渡るのは当たり前のことだ」と考えています．法律に基づく「妥当性」から言えば，残された一人の学生の方が当然正しいのです．しかしながら，「通用性」という観点から，４人の学生は自分たちが「正しい」と思っています．それどころか，彼らは，渡らない学生に対して“変なヤツ”とレッテルを張るかもしれません．

ほとんどの学問は「妥当性」を問題にしますが，社会学では「通用性」も問題にします．そうすることで，自分自身が抱いている「価値」，あるいは自らの社会・集団が「当たり前のこと」としている「価値」を対象化し，相対化することができるからです．例えば「異性に魅かれるのは自然なこと」という社会意識がもつある種の“健全さ”と“危うさ”とを認識する必要があるのです．

それだけではありません．なぜ４人の学生は赤信号なのに渡ったのか，その「通用性」の根拠を論理的に追究するのが社会学です．社会学では，例えば，売買春，児童虐待，いじめ，ハラスメントなどの社会問題を研究テーマとして取りあげますが，これらの問題は「妥当性」の観点からすると「正しくない」ことです．しかし，「正しくない」ということをいくら訴えても，これらの問題はなくなりません．なぜその「正しくない」ことが実際に通用しているのかを社会学的に探ることにより，その対策を講じるための手がかりを見つけ出さなくてはなりません．ここにも「社会意識」を研究する意義があります．

## 2　社会意識論の基礎と展開

### 社会意識論の理論的基礎

社会意識を研究する学問分野が社会意識論ですが，その研究史をひも解くと，そこには厖大な研究の蓄積があることがわかります．社会意識論の理論的基礎をなす「集合意識」，「エートス」，「イデオロギー」について，まず簡単にみていきましょう．

　E. デュルケーム (1858 - 1917) は，『社会分業論』で「同じ社会の成員たちの平均的に共通な諸信念と諸感情の総体[2)]」として「集合意識」を定義しています．ですから，ある社会集団を構成している成員たちがほぼみな抱いているような諸信念や諸感情の総体が「集合意識」なのです．その社会意識としての特徴は，「集合意識」が個々の成員に対して権威的・規範的に働くことにより，成員たちの認識，判断，行動を一定方向に規制する点です．「集合意識」は，個々人に対して外在的で拘束力をもっています．

　これに対して，M. ヴェーバー (1864 - 1920) が主張する「エートス」とは，倫理的価値の実践に向けて個々人の行為を内面からつき動かす心理的起動力のことです．その結果として人びとの間に特徴的な生活態度が形成されることになります．彼は，「プロテスタンティズムの倫理と資本主義の『精神』」のなかで次のように言っています．研究を行うのに際して，「重要な教会規律から出発せずに，むしろ禁欲的宗教意識の個々人による主観的獲得が生活態度のうえに特徴的におよぼした作用から出発した[3)]」．つまり，宗教の教義に基づく教会規律に説かれているように信徒が実際に行為するとは限らないので，個々の信徒自身がその教義によってどのように禁欲的宗教意識を主観的 ( = 主体的) に獲得し，それが実際の生活態度になって現われたのかを問題にするというのです．「集合意識」が個々人を「外から」拘束するものとして捉えられているのに対して，「エートス」という社会意識の特徴は，それとは逆に，「内から」個々人をつき動かす心理的起動力として捉えられている点にあります．

　「イデオロギー」に移りましょう．「イデオロギー」とは，その担い手が所属する集団の社会的なあり方によって特徴づけられた社会意識のことです．ですから，「イデオロギー」は，ある特定の立場から現実を論理整合的に捉えようとする理念や思想であるといえます．しかしながら，それは，必ずしも現実を的確にとらえているとは限りません．こうしたことから，イデオロギー論では，その「イデオロギー」の内容が，担い手となる集団の社会的なあり方とどのように関係しているのかを問います．これは，K. マルクス (1818 - 1883) が「経済学批判序言」などで述べている「人間の社会的存在がその意識を規定する[4)]」という指摘によって知られていますが，このテーマは，マルクスおよびマルクス主義の思想潮流だけに限られません．K. マンハイム (1893 - 1947) が「知識の

存在被拘束性」を問題にし，その後，この流れは知識社会学として今日に至ります．

### 日本の社会意識研究

　次に，日本における社会意識研究についてみていきましょう．社会意識の研究が人びとの意識と人びとを取り巻く社会のあり方との密接な関係に焦点をあてている点に注意を払ってください．

　戦後まもなく，戦前のファシズム体制を可能にした社会構造を解明するという問題意識のもとで，日本社会の民主化，近代化の視点から，前近代的・封建的な「旧意識」の検討がなされます．農村社会学では，「イエ」や「ムラ」といった村落や家に残る「旧意識」の実証的研究が精力的に行われました．この「旧意識」は，1955年から始まる高度経済成長によって伝統的な家族生活や地域社会が急速に変容を遂げることにより，弱まっていきます．とくに都市住民の核家族を中心に「私生活化（privatization）」が進行することにより，身のまわりの狭い社会生活に人びとの関心が集中するようになったことが大きな影響をもたらしました．天下国家を論じる風潮が失われていく一方で，私生活を重視する人びとの意識は，公害や都市問題といった身近な問題に対して向けられ，さまざまな反対運動や住民運動が活発に繰り広げられました．この動向に対して，より広い社会的・政治的な視野へとつながりうるのか，さらには，「私生活化」が「市民意識」を形成しうるのかをめぐって議論がなされました．<sup>5)</sup>

　1973年のオイルショックにより高度経済成長は終わりを告げましたが，その後も安定的な成長が20年近く続きます．これを背景にして，日本は，「高度消費社会」に突入し，「豊かな」消費生活が爛熟していきます．「高度消費社会」においては，必要性があるから商品を購入するというだけでなく，商品に対する購入者の「意味づけ」に重点が置かれるような消費のあり方も現れてきます．

　その「意味づけ」の代表的なものが，自らのアイデンティティのために，しかるべき商品を購入するというものです．つまり，数多くの商品のなかから特定の商品を選択するということに，その人なりの「個性」や「感性」が結びつけられて考えられるようになり，商品がその人の「個性」や「感性」を表現するための重要な手段の一つとなったのです．それは逆に言うと，商品の選択に

おいて，周囲の眼を意識せざるを得ないことから，商品の選択を通して "私"
とは何かを意識することになります．こうして，自己意識的な "私" が誕生す
ることになりました．この自己意識的な "私" は，消費の主体にとどまらず，
自らが人生の主人公であるという意識をもたらしました．こうした背景のもと
で，1980年代以降，マス・メディアによる大量宣伝やマーケティングが急速に
発展を遂げるとともに，各種の意識調査が盛んに実施されるようになります．

　ところで，ここで重要な点は，こうして形成された "私" が従来の「世間」
の論理とは異なる論理を持っているということです．従来は，世間的に「善／
悪」とされている規範が前もって存在していて，それに照らして，この行為は
「善い」あるいは「悪い」と判断してきました．ところがここに，自分自身が行っ
た判断を正当な根拠を持つものとして，"私" を介在させる事態が生まれてき
たのです（これは，「～らしく」に表現された規範の弛緩＝ケジメの喪失を意味します）．
家族を例にとると，父（夫）は父（夫）らしく，母（妻）は母（妻）らしく，娘（子）
は娘（子）らしく，という「世間」の規範に従うことを通して，しかるべき夫
婦関係と親子関係により家族関係が維持されてきました．しかしながら，母（妻）
である前に一人の人間であるという意識が芽生えてきました．「○○ちゃんの
お母さん」であることに満足することはできないのです．妻は夫を支えるだけ
の存在ではなく，夫婦は同じ人間としてともに歩む存在でありたいのです．し
かし，これらは，「世間」の論理からすると，「わがまま」にしか見えないので
す．

　ここに，自己の意思に基づいて行動しうる近代的な主体の "萌芽" を見てと
ることができます．しかし，これは，たんに行動の基準において "私" を優先
することに過ぎませんから，そのままでは，「自分勝手」，「わがまま」でしか
ありません．自己と他者とが相互行為によって，社会的な (social) 関係を形成
することにより，"私" という "閉じた" 殻を脱して社会性を持った個人へと成
熟することが必要です．そうした意味での市民社会的な関係が一般化すること
により，「市民意識」に支えられた社会が可能になります．では，現在の状況
はどうなっているのでしょうか．

### 新自由主義時代の社会意識

1990年代初めのバブル崩壊以降，経済のグローバル化による国際競争の激化のなかで，企業の"生き残り"，そこでの「個人」の"生き残り"が優先されるのが当たり前であるかのような社会が出現しました．この状況に照応して，国家による新自由主義政策が実施され，社会全体に浸透していきました．この新自由主義政策を支える社会意識が「自己決定＝自己責任」というエートスです．

現代社会は，一つの全体としての「社会システム」として捉えることができます．この社会システムを構成しているのは，「自己決定＝自己責任」の担い手である個人です．精密機械のように合理的かつ効率的にシステム化された全体社会は，それを構成する"純良"な部品としての個人を必要とします．個々人の行動が"適切"なものになればなるだけ，社会システムも精緻で高度なものになっていきます．この意味で，社会システムと個人とは相補的な関係にあるため，人びとにとって社会的適応こそが人生の目標にならざるをえないのです．

こうした現代社会のシステム化は，1990年代に入ると西欧の先進諸国に新たに「個人化 (individualization)」という現象をもたらしました．これを「第2の個人化」と呼ぶことがあります．西欧では18世紀から19世紀に「個人主義」が確立したので，その「個人主義」に続く「個人化」という意味です．新自由主義政策による社会のシステム化は，人間関係の個別化（バラバラ化）を引き起こします．この「第2の個人化」は，そうした人間関係の個別化（バラバラ化）が進展するなかで，個人が情緒的な結びつきに基づいた「親密」な人間関係を確保しようとする傾向として捉えることができます．したがって，「社会的な (social)」人間関係というよりは，「私的な (private)」人間関係を強めようとする点に特徴があります．

日本の場合には，個人主義の確立が弱く，「世間」の論理がまだ残るなかで，1990年代以降の「個人化」の時代に突入しました．「自己意識的な"私"」は，社会システムを構成する担い手として，「自己決定＝自己責任」の主体として，形式的に「個人」を担っているに過ぎません．したがって，新自由主義政策による社会のシステム化によって「個別化」（バラバラ化）されながら，「私的な」人間関係で結びつくことになります．それは例えば，インターネットの普及に

よって，社会生活における“私”の個別化（バラバラ）が進行しますが，他方で
SNS（Social Networking Service）による「私的な」人間関係が形成されることに
もなります．“私”は，まだ「個人」として成熟を遂げていませんので，SNS
の「社会的な」側面が意識されずに，「私的な」側面が前面に押し出されるこ
とでさまざまな問題を引き起こすことにもなります．さらに言うと，SNSに限
らず，この「自己意識的な“私”」は，「私的な」人間関係の形成にすら向かわ
ずに，自らの「私的な」領域を守るために，“煩わしい”人間関係から極力逃
れるという孤立化に向かう場合もみられます．新自由主義政策による社会のシ
ステム化に適応するために，「自己決定＝自己責任」というエートスが，ここ
まで人びとを追い詰めているのです．このようにみてくると，“私”が個人へ
と成熟することは，現状ではかなり厳しいと言わざるを得ません．

# 3　社会意識と社会構造

## 社会的性格

この節では，大衆社会における「自由」の問題を扱ったE. フロム（1900‐1980）
の『自由からの逃走』[8] を通して，社会意識と社会構造との関係について考えて
いきましょう．フロムは，「ひとつの社会集団の大部分の成員が共通に持って
いる性格」を「社会的性格」と呼んでいます．ですから，「社会的性格」は，
社会意識の一つの形態だといえます．フロムによると，この「社会的性格」は，
その集団に共通な基本的経験と生活様式の結果，発達したものです．ドイツの
下層中産階級（小自営主である商店主や職人，ホワイトカラー下層など）の人たちの基
本的経験と生活様式によって形成された「社会的性格」として「権威主義的パー
ソナリティ」を捉えたうえで，彼らの社会意識が当時のドイツの社会構造（す
なわちナチスがドイツで政権を奪い，全体主義が支配的になったこと）を支えたことを，
フロムは論じるのです．以下では，彼の論理をかいつまんで紹介していきます．

## 権威主義的パーソナリティの形成

人類の歴史が原初的な人間関係からの解放の過程であったように，個人の生
涯においてもまた，母親と一体化していた子どもが自立していく過程をたどり

ます．個人が完全に解放される以前に存在するこのような絆をフロムは，「第一次的絆」と呼びます．この絆においては個性が欠けていますが，安定感と方向づけが与えられています．しかし，子どもが成長し，「個性化」が完全な段階に達すると，子どもはこの「第一次的絆」から自由になり，新しい課題に直面することになります．すなわち，個人は，「第一次的絆」とは別な方法で，安定感と方向づけを見つけ出さなくてはならないのです．

ところで，個性化の過程には2つの側面があります．一つは，自我の力の成長です．ここでいう自我とは，子どもが肉体的に，感情的に，精神的に強さを増していく際に，その各々の領域が統合されることにより形成されるパーソナリティのことです．ただし，個性化と自我がどこまで成長できるかは，社会的条件によって決まるとフロムはいいます．もう一つの側面は，孤独が増大していくことです．すなわち，個人は，自分自身がすべての他者から引き離された存在であることを自覚するようになります．この外界との分離は，個人に無力と不安の感情を生み出します．ここに個性を投げ捨てて外界に完全に没入し，孤独と無力の感情を克服しようとする衝動が生まれますが，それは服従の性格を帯びることになります．もちろん，服従だけが孤独と無力の感情を克服する方法ではありません．愛情や生産的な仕事といった人間や自然に対する自発的な関係を形成する方法もありますが，そのためには，自我がかなり成長していなくてはなりません．

しかし，自我がどこまで成長できるかは，個人的・社会的条件によって決まります．そのため，個性化の進展と自我の成長との間にズレがあるときには，耐え難い孤独感と無力感が生じ，これらが逃避のメカニズムを生み出すことになります．つまり，個人は自分に欠けている力を獲得するために，自我の独立を捨てて，外にある何者かに自分を一体化しようとします．ここに「権威主義的パーソナリティ」が生まれることになるというのです．そうした個人は，権威をたたえ，それに服従しようとする．だが同時に，彼は自らが権威であることを願い，他人を服従させたいと願っている．したがって，彼は，力のある人間や制度には服従し，無力な人間や制度に対しては，軽蔑し攻撃し支配しようとするのです．

「社会的性格」は，一般的には個人の社会生活に対する心構えに方向性を与え，

個人の社会への適応を促すというポジティヴな面を持っています．しかし，新たな社会構造のもとでそれに対応した新たな社会意識が形成されずに，「権威主義的パーソナリティ」のように古い社会意識がそこに取り残されてしまった場合，社会構造に対して破壊的な作用を引き起こしてしまうとフロムはいうのです．

## 4 社会意識論の視点とその意義

### 社会意識論による考察の視点

　ここでもう一度ラーメンの話題に戻りましょう．「日本で一番美味しいラーメン」を決定するイベントやTV番組があります．誰が食べても美味しいという意味での「美味しいラーメン」が存在しないことはすでに述べましたが，「日本で一番」はありそうです．問題は，どのような審査方法によって「日本で一番」を決めるかです．

　第2節で述べたように，1980年代以降，"私"が人生の主人公という時代を反映して，さまざまな意識調査が盛んに行われるようになりました．しかしながら，こうした意識調査がすべて，社会意識論的な視点に立つものではありません．社会意識論では，個人A，B，C，D，E……に共通している意識の部分Xを「社会意識」とするのではなく，社会的に形作られた「社会意識」であるXが個人A，B，C，D，E……に共有されているとみます．前者の場合には，Xは偶然の結果です．例えば，大阪市内のイベントで「日本で一番」のラーメンを決めることになったとします．最終的にエントリーしているラーメンは，「札幌ラーメン」，「和歌山ラーメン」，「博多ラーメン」の3種類．来場者300人が一番美味しいラーメンに投票したところ，「札幌」45人，「和歌山」120人，「博多」135人という結果になりました．こうして，「博多ラーメン」が「日本で一番」に決定されたというわけです．これに対して，後者の場合には，前もって存在している「意識」の共有に焦点があります．多少無理はありますがあえて言えば，大阪の会場ではなぜ「博多ラーメン」が一番人気であったのか，その理由を「社会意識」から問うことになります．次にこの点について，もう少し現実に即した題材を使って説明してみましょう．

### 結婚に関する意識の研究

NHK放送文化研究所が1973年から5年おきに実施している意識調査の成果をまとめた『現代日本人の意識構造』（第8版）を使って、結婚に関する意識についてみていくことにします。このなかに、次のような質問があります。（1）「人は結婚するのが当たり前だ」《するのが当然》、（2）「必ずしも結婚する必要はない」《しなくてもよい》。その結果をみると、《するのが当然》が1993年から2013年の間に45％から33％に減少し、《しなくてもよい》は、同じ期間に51％から63％に増加しました。これは全体の数値ですが、男女別に生年（5年間隔）の《しなくてもよい》について示したのが、**図8-1**です。

この図をみて非常に興味深いのは、この本でも指摘しているように、男女ともに生年（世代）によって結婚についての意識がほぼ決まっているということです。5年ごとに5回行われた調査において、各グラフはきれいな曲線を描いており、それらがほぼ一致していることから、それがわかります。青年期に身につけた意識が基本的にはそのまま続くと考えてよいでしょう。そうすると、前の世代が去り新しい世代が加わっていきますから、先ほどみた全体の数値は、今後ますます《しなくてもよい》が増加すると予想されます。もちろん、すべての意識がそうだというのではありません。その時々の社会状況によって変化する項目もあるでしょう。

さて、うえでみたように《するのが当然》と考える人が減ってきましたし、実際に婚姻件数も婚姻率も今世紀に入ってから緩やかな減少傾向にあります。そうすると、問題は、なぜ人びとが結婚するのは「当然のこと」だと考えなくなってきたのかということです。ただ、男女ともに結婚したくないと考えているわけではないことが、国立社会保障・人口問題研究所の「出生動向基本調査」などからわかります。2010年のこの調査によれば、18歳から34歳の未婚男性の86％、未婚女性の89％が「いずれ結婚するつもり」と回答しています。

ではなぜ結婚しないのでしょうか。この調査では、「結婚しない理由」と「結婚できない理由」に分けて分析しています。詳細は省きますが、男女ともに30％以上の項目に注目すると、18歳から24歳では、「結婚しない理由」は、「まだ若すぎる」（男47.3, 女41.6）、「まだ必要性を感じない」（男38.5, 女40.7）、「仕事（学業）に打ち込みたい」（男35.4, 女39.4）であり、「結婚できない理由」では

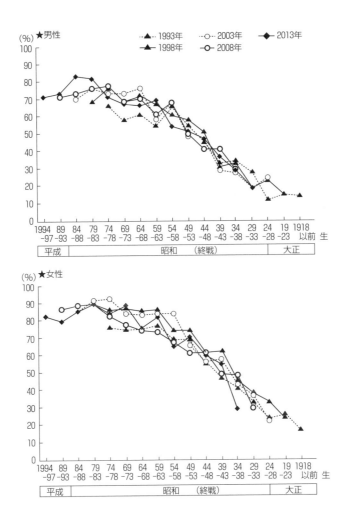

図 8-1　**結婚観**（結婚すること）：**男女別**

出所：NHK放送文化研究所『現代日本人の意識構造』（第 8 版）NHKブックス，2015年，p. 24.

「適当な相手にめぐり合わない」（男31.0, 女35.1）です．これが25歳から34歳に
なると，「結婚しない理由」では「まだ必要性を感じない」（男31.2, 女30.4）が
残り，「結婚できない理由」では「適当な相手にめぐり合わない」（男46.2, 女
51.3）が圧倒的に増加します．この年齢層になると「結婚しない理由」から「結
婚できない理由」へのシフトがみられます[11]．

　では，「適当な相手にめぐり合わない」の内容は，具体的にどういうことなのでしょうか．男女ともに相手に求める条件として「人柄」がトップですが，「家事の能力」や「仕事への理解」も高いです．特徴的なのは，女性が男性の「経済力」や「職業」を求める傾向が強まっていることです．2010年の「重視する」と「配慮する」を合わせると，「経済力」が93.9％，「職業」が85.8％です．女性の求める条件に応えることができるかを考えて，男性が結婚に二の足を踏むことになります．この調査で同様に，１年以内に結婚するとしたら何が障害になるか尋ねていますが，男女ともに「結婚資金」が圧倒的に多い結果（男43.5，女41.5）[12]となりました．よく指摘されているように，勤労者の年収の伸び悩み，不安定雇用の増加という経済的社会的な状況が結婚に関する意識に色濃く反映されていることは明らかです．

### 社会意識論的視角の特徴

　しかしながら，それだけで結婚《するのが当然》と考える人が70年以上にわたって少しずつ減少してきたことが説明できるのでしょうか．「いずれ結婚するつもり」と考えている人であっても，「人は結婚するのが当たり前だ」と言われたときに，「はいそうです」と答えるでしょうか．むしろ，「当たり前のこと」と言われることに対して反発するのではないでしょうか．この反発の根底には，第２節でみたように，従来の「世間」の規範に対して自己意識的な"私"が現われてきたことがあると考えられます．つまり，「旧意識」を引きずった「世間」の「当たり前のこと」に対する"私"の反発とみることができます．

　このように，「世間」の規範に対応した古い社会意識が少しずつ薄れてきましたが，事柄によってその程度や速度が異なります．先の『現代日本人の意識構造』の質問項目でいうと，「人は結婚するのが当たり前だ」以外にも，「結婚したら子どもをもつのが当然だ」，「結婚式がすむまでは，性的まじわりをすべきではない」，「当然，妻が名字を改めて，夫のほうの名字を名のるべきだ」などの質問項目がありますが，それぞれの項目ごとにその"反発"の度合いが異なります．

　そうすると，「世間」による古い社会意識が最終的に消えて，個々人の自由な意思が尊重される時代がやってくるのでしょうか．なかなかそうはいきませ

ん，すでにみたように，"私" が個人へと成熟する契機が後退していることから，バラバラな "私" が「世間」の規範と結びついた社会システムの構成要素となっており，このシステムに "私" が適応することが求められているからです．こうしたことから，「自己決定＝自己責任」を「当たり前のこと」とする社会意識は，「世間」への「同調圧力」という形をとって，社会システムへの適応を促す結果をもたらしています．

　この新たな社会意識は，どのように把握することができるのでしょうか．「集合意識」の視点に立てば，人びとの意識をどのように権威的・規範的に「外から」拘束しているのかが問われるでしょう．「エートス」の視点からは，人びとを「自己決定＝自己責任」という考え方に駆り立てる心理的起動力をもたらしているものに焦点があてられることになります．「イデオロギー」の視点からすると，そうした新しい社会意識が新自由主義による経済的・政治的な社会の構造とどのように関連しているのかを究明することになるでしょう．このように，社会意識論による研究の意義は，「当たり前のこと」という人びとに共有されている社会意識に着目して，人びとの意識をその社会のあり方と関連させて，その意識の根拠を問うことにあります．また，人びとの意識を踏まえて，社会のあり方を検討するのが社会意識論の課題となるのです．

**注**
1）「社会意識」森岡清美・塩原勉・本間康平編『新社会学辞典』有斐閣，1993年．
2）E. デュルケーム（田原音和訳）『社会分業論』（現代社会学体系第2巻）青木書店，1971年，p. 80.
3）M. ヴェーバー（大塚久雄訳）『プロテスタンティズムの倫理と資本主義の精神』岩波文庫，1987年，p. 208.
4）K. マルクス（武田隆夫ほか訳）『経済学批判』岩波文庫，1956年，p. 286.
5）宮島喬『現代社会意識論』日本評論社，1983年，pp. 149 - 180.
6）1980年代後半に「ムカツク」という語が現われます．この語は，しかるべき状況における自分の利害にかかわる他者の行為に対して「悪」の判断を下す点に特徴があります．従来は，世間的に「善/悪」とされている規範がまずあって，それに照らし合わせて，ある行為について「善/悪」の判断を行ったのであり，自分自身が行った判断を正当な根拠を持つものとして表出することはなかったのです．この延長線上に，今日の「モンスター○○」を位置づけることもできます．
7）U. ベック（東廉・伊藤美登里訳）『危険社会——新しい近代の道』法政大学出版局，1998年．

8）E. フロム（日高六郎訳）『自由からの逃走』東京創元社，1965年.
9）NHK放送文化研究所『現代日本人の意識構造』（第8版）NHKブックス，2015年，pp. 20 - 26.
10）国立社会保障・人口問題研究所「第14回出生動向基本調査——結婚と出産に関する全国調査：独身者調査の結果概要——」, p. 2.
11）同上，p. 7.
12）同上，p. 6.

**参考文献**

亀山純生『人間と価値』青木書店，1989年.
小林一穂『社会をとらえる』創風社，2013年.
見田宗介『現代社会の社会意識』弘文堂，1979年.

第 **9** 章

# 教育社会学
——コミュニティ・スクールの展開——

曽野　洋

> 教育社会学とは，どのような性格をもつ学問なのでしょうか．本章ではま
> ず，教育社会学の特徴について若干の整理を試みます．次に，その特徴を
> 意識したうえで，学校改革突破口の一つとして発足したコミュニティ・ス
> クールの展開について簡潔に紹介します．読者の皆さんと一緒に，現代社
> 会における教育改革の重要論点を共有するための一助にしたいからです．

--------------------------------------------------------◆

## 1　教育社会学の特徴

### カバーする多種多様なテーマ

　本章末の〈参考文献〉欄に掲載した『教育の社会学——〈常識〉の問い方，
見直し方——』（2000年）・『よくわかる教育社会学』（2012年）・『教育の社会学』（2015
年）といったテキストを読んでも分かるように，教育社会学がカバーするテー
マは実に多種多様です．この点が，教育社会学の一つ目の特徴だと言えます．

　例えば，上記『教育の社会学』（2015年）は，「まえがき」において「本書は，
現代の教育制度を対象に教育社会学の基本的な見方や考え方を示したものであ
る」と明記したうえで，次のような多様性に富むテーマを独立した15の章とし
て採用しています．

　　　第1章　教育と社会の問い
　　　第2章　学校化社会
　　　第3章　ライフコース
　　　第4章　少子社会の家族と子ども

130

## 「当たり前」あるいは「常識」を疑うこと

　教育社会学の2つ目の特徴を考えるにあたり，前掲した『教育の社会学——〈常識〉の問い方，見直し方——』（2000年）の「はしがき」において，「著者を代表して」苅谷剛彦氏が語る以下の内容は示唆に富みます．

　　〈教育の社会学〉では，「どうすればよりよい教育ができるのか」を最初からめざすものではない．いじめの問題にしろ幼児教育の早期化の問題にしろ，学校における男女差別や受験競争の問題にしろ，それらをはじめから「問題あり」と見なして，どうすれば問題解決ができるのかを考えるものでもない．あえていえば，「問題あり」とする見方からも少し距離をおいて，そこに含まれる「当たり前」をまずは疑ってかかることから出発しようというのが，〈教育の社会学〉のアプローチである．このテキストを作るにあたって私たちは，このような視点から教育の問題を見直すと，問題がどのように違って見えてくるのかを，できるだけわかりやすく具体的に示そうとした．

　また，近藤博之氏が前掲『教育の社会学』（2015年）の第1章「教育と社会の問い」において，「常識を疑うこと」という項目を用意し，次のように論じていることも見逃せません．

　誰もが学校教育の経験があることから，われわれは教育についてはよく知っているという感覚をもっている．だが，そこには誤解や錯覚が含まれているので注意が必要である．新聞やテレビで報道される事実も，自分の認識に一致するからといって鵜呑みにしてはならない．デュルケームが強調したように，教育を改めて「社会的事実」として見直すことが肝要である．そのためには，対象との間に適切な距離を取り，事象を相対化しなければならない．（中略）例えば，学級規模が小さいほうが生徒の学習効率はよいと考えていたが，実際には学級規模の大きいほうが学力テストの平均点が高いというような場合である．実は，常識的な予想が確認されるよりも，それが裏切られることのほうが研究上の価値は高い．なぜなら，そこから真実に迫るための新たな思考が始まるからだ．（中略）現実の過程を観察した結果にはさまざまな影響が混じっている．学級規模が異なる2つの集団で，教師や生徒の特徴が違っているかもしれないし，小規模学級が過疎地に集中し，大規模学級は教育熱心な都市部に多いということがあるかもしれない．あるいは，前年度の生徒の成績を考慮して，学習進度の遅れた生徒たちを小規模学級にまとめて対応するといった慣行が学校現場にはあるのかもしれない．調査で得られた結果には，こうした疑問が常につきまとうのである．

　ここで紹介した苅谷氏と近藤氏の内容を考え合わせると，教育社会学の2つ目の特徴が浮かびあがります．すなわち，教育をめぐるいわゆる「当たり前」あるいは「常識」を疑うことから出発し，教育を「社会的事実」として相対化したうえで多角的に検討する，というアプローチを重視する点が2つ目の特徴だと思われます．

### 現実への関与

　さらに，教育社会学の3つ目の特徴について，現実への関与という観点から整理しておきましょう．前掲『よくわかる教育社会学』（2012年）の最終章「教育社会学の社会的使命」において，中村高康氏が「教育社会学に期待されると考えられる社会貢献の形」について，次の5パターンに分類し解説を加えてい

ます．それらについて，以下で略述します．

① 教職のための教育社会学：教育社会学は教員養成において，あるいは現場の教師たちにとって有効な視座を提供しうるとする考え方があります．その考え方は，教員免許法上において教育社会学が教職科目として認められているという制度的事実に反映されています．

② 政策科学としての教育社会学：教育社会学には「教職のための社会学」には還元できない学問的志向性が古くからあります．それは教育政策への志向です．今でも多くの教育社会学者が政策的関心をベースに据えた実証研究を行っており，実際に政府や自治体の各種審議会等の委員として政策形成に関わっています．

③ 教育臨床の社会学：臨床という言葉はさまざまな意味が付与されており定義するのがやっかいな用語です．そのうえで，ここで指摘したいのは先ほどの政策科学というあり方からさらに一歩踏み込んで，教育現場のミクロレベルの実践的課題への対応を強く意識した研究を重視する側面が，教育社会学の中に存在するということです．

④ ソフト・アカデミズムの教育社会学：上記①～③は，教員養成・教育政策・教育現場という具体的対象に対して教育社会学が果たし得る役割であった．しかし，教育社会学の現実に対する関わり方として具体的な誰かや何かにすぐに貢献するという形でないが，広く社会一般に対して研究成果を分かりやすく広めていくという側面（「知の伝承」のような役割）もあります．

⑤ ハード・アカデミズムの教育社会学：多くの基礎科学分野がそうであるように，教育社会学も，政府や現場のシンクタンクではなく独立した学問分野である以上，世の中の役に立つかどうかは現時点では分からないけれども知のフロンティアを押し拡げることを重視する側面（「知の創造」のような役割）を持ちます．

以上のように，本節では先行研究者の言説に学びながら，教育社会学の3つの特徴について若干の整理を試みました．こうした特徴を意識したうえで，次節以降において，研究者たちの政策提言が具現化したと評されるコミュニティ・スクール（学校運営協議会制度，2004年法制化）の展開について簡潔に紹介します．

## 2　コミュニティ・スクール構想の背景

### 無責任状態に陥らないために

　現代の教育界が直面している問題は，多種多様かつ難解です．小渕恵三内閣総理大臣のもと，2000年3月に発足した教育改革国民会議が提出した中間報告（同年9月22日）は，現代社会の特徴や教育問題について，こう語っています．

　　いじめ，不登校，校内暴力，学級崩壊等，教育の現状は深刻である．日本人は，長期の平和と物質的豊かさを享受することができるようになった一方で，自分自身で考え創造する力，自分から率先する自発性と勇気，苦しみに耐える力，他人への思いやり，必要に応じて自制心を発揮する意思を失っている．（中略）21世紀は，ITや生命科学等，科学技術がかつてない速度で進化し，世界中で直接つながり，情報が瞬時に共有され，経済のグローバル化が進展する時代である．良くも悪くも世界規模で社会の構成と様相が大きく変化しようとしており，既存の組織や秩序体制では対応できない複雑さが出現している．人間の持つ可能性が増大するとともに弱点もまた増幅されようとしている．従来の教育システムは，このような時代の流れにとり残されつつある．いうまでもなく，教育は社会の営みと無関係に行われる活動でなく，今日の教育荒廃の原因は究極的には日本の社会全体にあるといえる．しかし，社会全体が悪い，国民の意識を変えろ，というだけでは，責任の所在が曖昧になり，結局，誰も何もしないという無責任状態になってしまう．

　この中間報告に記された「結局，誰も何もしないという無責任状態」に陥らないために，最近，教育界においていろいろな教育的挑戦が始まった．変わる社会あるいは時代の流れに対応するために，動き始めたのです，教育も．例えば，〈信頼される学校づくり〉をめざした政策一手（仕組み作り）も，挑戦の一つと言えます．

　文部科学省公式ホームページ（以下，文科省HP）を見ると，〈信頼される学校づくり〉をめざした政策一手として，次の5件が掲載されています（2016年9

月現在），それらについて文科省HPを参照しながら，ごく簡単に紹介してみましょう．

① 学校評議員：2000年1月の学校教育法施行規則の改正により，地域住民の学校運営への参画の仕組みを制度的に位置づけるものとして学校評議員制度が導入され，同年4月から実施された．地域住民の声や地域の個性等を学校改革に生かすための仕組みです．

② コミュニティ・スクール（学校運営協議会制度，2004年法制化）：地域の公立学校の運営に保護者あるいは地域住民の声を一層生かすための仕組みです．この制度は鈴木寛氏（参議院議員や文部科学副大臣等を歴任）が慶応義塾大学助教授時代に，金子郁容氏（一橋大学教授や慶応義塾大学教授等を歴任）らと共に政策提言した「学校を変革するため」（『コミュニティ・スクール構想』）のプランが一部具現化したものだと評されます．研究者たちの研究成果に基づく政策提言が，法律として結実したわけです．そこで後ほど，金子郁容氏の著作に依拠しながらコミュニティ・スクール構想ができた経緯やコミュニティ・スクールの特徴等について紹介します．なぜなら，読者の皆さんと一緒に，現代社会における教育改革の重要論点を共有するための一助にしたいからです．

③ 学校評価：学校の自主性・自律性が高まるうえで，その教育活動等の成果を検証し，学校運営の改善と発展を目指すことは重要です．また，学校が説明責任を果し，家庭や地域との連携協力を進めていくことが必要です．そこで，学校教育法は2007年6月に改正され，第42条において学校評価を行い，その結果に基づき学校運営の改善を図り，教育水準の向上に努めることが規定されました．さらに第43条において，学校の情報提供に関する規定が新たに設けられています．

④ 学校運営支援：学校を取り巻く環境が変化する中，学校教育に対する期待や学校教育が抱える課題が一層複雑化・多様化しています．これに伴い，教員を取り巻く環境も大きく変化しており，個々の教職員だけでなく，学校が組織としてさまざまな課題に対処していくことが肝要になりました．例えば，校長のリーダーシップのもと，教職員の役割分担の明確化を通じて業務を効率化する等，組織的・機動的な学校運営を実践してい

くことが一層求められるのです．そんな中で文部科学省は，各教育委員
会が行っている教員の勤務負担軽減等に資するための学校運営支援に関
する取組情報を積極的に収集公開し始めました．

⑤ 学校選択制：市区町村教育委員会は，設置する小学校または中学校が2
校以上ある場合，就学予定者が就学すべき小学校または中学校を指定す
ることとされています．その際，あらかじめ各学校に通学区域を設定し，
これに基づいて就学すべき学校が指定されることが一般的です．しかし，
近年，地域の実情に応じて学校選択制を導入する市区町村も出てきまし
た．この制度は，市区町村教育委員会が就学校を指定する際に，あらか
じめ保護者の意見を聴取してから指定を行うものです．この制度導入に
より，保護者が子どもを通わせたい学校（公立の小中学校）を選択できる自
由が，ある程度認められたのです．


## コミュニティ・スクール構想の経緯

文科省HPによれば，2016年9月現在，全国で2806校がコミュニティ・スクー
ルに指定されています．その内訳は，幼稚園109校，小学校1819校，中学校835
校，義務教育学校7校，高等学校25校，特別支援学校11校です．

以下では，前記した教育改革国民会議の第二分科会の座長でもあった金子郁
容氏の著作『日本で「一番いい」学校』の巻末に収められた参考資料に基づき，
コミュニティ・スクール構想ができた経緯について素描します．

教育改革国民会議は，小渕恵三内閣総理大臣の提案で教育改革について根本
的なところから再検討することを目的とした総理の私的諮問機関です．同会議
は2000年3月の発足後，まもなく小渕総理が急逝したので，次の森喜朗内閣総
理大臣に引き継がれました．会議におけるさまざまな議論は，最終報告書の
「一七の提案」としてまとめられ，その一つとして次の文言が盛り込まれました．

　新しいタイプの学校（コミュニティ・スクール等）の設置を促進する．新し
いタイプの学校の設置を可能とし，多様な教育機会を提供する．新しい試
みを促進し，起業家精神を持った人を学校教育に引き込むことにより，日
本の教育界を活性化する必要がある．

　この提案を起点として，一方で文部科学省による，他方で内閣による，いくつかの動きが連動し，最終的に2004年6月の国会で「地教行法（地方教育行政の組織及び運営に関する法律）」が改正され，コミュニティ・スクールの設置が可能になりました．より丁寧に言うと，コミュニティ・スクール法制化は，一つは文部科学省（当時は文部省），もう一つは内閣府が設置した総合規制改革会議という2つの国の機関が，互いに牽制しあうプロセスのなかで，最終的には2つの流れが合流することで実現しました．ちなみに，当初の両者の立場はおよそ，こんな感じでした．

　文部科学省は以前から「開かれた学校」を促進するということで評議員制度を導入したり，民間校長を認めたりする等の努力をしてきました．コミュニティ・スクールの提案が出てきた時の同省は，内部に賛同者もいましたが大勢は「これまでの政策で十分だ」というスタンスから，コミュニティ・スクールには乗り気ではありませんでした．一方，内閣府の総合規制改革会議は2001年4月に就任した小泉純一郎内閣総理大臣の号令下で，あらゆる分野で地方分権と規制改革を進めようという勢いでした．したがって，規制が極めて多い教育分野は格好のターゲットになり，コミュニティ・スクールも大いに注目され始めたのです．

　ところで，ここでまず，名称について少しだけ解説しておきます．コミュニティ・スクールは通称で，法律にはその名前は出てきません．法律にあるのは「学校運営協議会を設置する」という文言です．だから，コミュニティ・スクールは正式な表現をすると，学校運営協議会による学校ということになります．法案の審議中や制度化されてからしばらくの間は，「新しいタイプの学校」（教育改革国民会議の報告書）や「地域運営学校」（中央教育審議会の報告書）等，いろいろな呼ばれ方がされていました．しかし徐々に，コミュニティ・スクールという言い方が広く認知され，文科省HPにおいてもその名が採用され，今では通称が定着したと考えられます．

　次に，コミュニティ・スクールの特徴について，同じく前掲した金子著に依拠しながら概説します．地教行法の改正では，〈コミュニティ・スクールの設置の仕方〉ならびに〈学校運営協議会に付与される権限〉という2つの事柄が付け加えられました．これら2つに注目したうえで，実際にコミュニティ・ス

クールを設置したり運用したりする時に，従前の公立学校と比べてどんな新し
さがあるのか，あるいは，どのような注意を払う必要があるのか，こうした点
を簡潔に説明しましょう．なお，以下の概説は，政令指定都市以外の公立小中
学校を対象にしたものです．政令指定都市は小中学校の人事権を独自に持って
おり，また高等学校の多くは都道府県立ですから，以下の内容はそのままの形
では当てはまりません．

## 3　コミュニティ・スクールの特徴

### 分権的で住民参加型の制度

　コミュニティ・スクールは，どのように作られるのだろうか．ポイントは，
2つあります．
　まず，コミュニティ・スクールの指定は学校設置者である市区町村教育委員
会が行うものであって，都道府県や文部科学省がするものでないということ．
つまり，コミュニティ・スクールは，より地方分権的に作れるということがポ
イントの一つ目です．次に，コミュニティ・スクールの運営に携わる学校運営
協議会は市区町村教育委員会が設置するものですが，行政組織の一部ではなく，
住民参加型の機関だということです．これが2つ目のポイントです．つまり，
分権的で住民参加型というのが，制度面でのコミュニティ・スクールの大きな
特徴です．
　ひと昔前までは，学校教育や教職は専門性の高いものであり，いわゆる素人
が学校改革議論や学校運営そのものにやたらと加わるべきでないという意見も
少なからず存在したと思われます．しかし，最近では教員免許や教員経験のな
い素人を議論に参加させることで，学校や幼稚園等の教育機関の信憑性を高め
るという考え方が主流になりつつあります．コミュニティ・スクールの学校運
営協議会に保護者や住民代表が加わることが法律で定められているのは，この
流れに沿ったものです．学校運営協議会が住民参加であるということは，後述
するように，コミュニティ・スクールの最大特徴であろう人事採用についての
新しい考え方において重要要素となっています．
　改正地教行法の下で，学校の校長・教員や地域住民が地元の公立学校をコミュ

ニティ・スクールにしたいと願った場合，その意思は実現できるのだろうか．さきほど述べたようにコミュニティ・スクールを指定できるのは市区町村教育委員会だけですから，学校や住民は当該教育委員会に働きかける必要があります．この時，働きかける相手が都道府県教育委員会や文部科学省ではなく，自分たちが生活している市区町村の教育委員会ですから，より地元に密着している分，その声が反映されやすいとも推定できます．

なお，コミュニティ・スクール法案が審議された衆議院の文部科学委員会で，当時の民主党の笠浩史議員が「学校が希望した場合には（中略）問題がなければ（コミュニティ・スクール指定することが，当該地域の教育委員会によって）認められるのか」と質問した．これに対して，河村建夫文部科学大臣（当時）は「そうあるべきものだと考えて法案を作っている」と答弁しています．また，衆議院の付帯決議では，「学校運営協議会を導入するに当たっては，学校は地域コミュニティの拠点であることを踏まえ，保護者や地域住民の主体的な意欲と要望を尊重すること」と記された．国会答弁や付帯決議に法的根拠はありませんが，法律の趣旨はこのようなものであることは承知しておきたいものです．

### 住民や保護者に与えられた権限

法律によって学校運営協議会に与えられた権限とは何か．それは，2つあります．一つ目は，〈校長が作る学校の基本方針を承認する〉という権限です．権限の2つ目は，〈校長を含む教員の採用について任命権者に意見を述べることができる〉ということです．

コミュニティ・スクールでは，まず，校長は教育や学校運営の基本方針を作成することが求められます．しかもそれは，教育委員会の指示で作る形式的なものでなく，保護者や地域住民または公募委員等から成る学校運営協議会のメンバーに分かりやすい具体的な内容でなくてはいけません．つまり，多くの学校要覧や学校案内のパンフレットに見られるような，「明るく元気な子」「文武両道」「質実剛健」等のような抽象的な教育目標ではダメということです．保護者や地域の人びとが知りたいのは，これまで問題視されてきたことを今年はどう改善するのか，算数の苦手な児童が多いがその課題に学校はいかに対応するのか，児童の日常生活に乱れが見えるがどうするか等，学校として具体的に

何をどう問題と考えており，それらをいかに改善し，どの部分に力を入れようとしているのかということが大事になるのです．こうした学校運営に関する具体的方針あるいは論点を，校長は学校運営協議会に説明し議論しながら，承認してもらう必要があるのです．

　次に，学校運営協議会に付与されているもう一つの権限，すなわち教員人事について述べましょう．これは制度面からすると，コミュニティ・スクールの最大の特徴であり，現代日本の公立学校システムにイノベーションの風穴を開ける大きな可能性を秘めています．

　法文には，こうあります．「学校運営協議会は，当該指定学校の職員の採用その他の任用に関する事項について，当該職員の任命権者に対して意見を述べることができる」と．そして，「指定学校の職員の任命権者は，当該職員の任命に当たっては，前項の規定により述べられた意見を尊重するものとする」と法律に記されています．ここで，「意見を述べる」や「意見を尊重する」とは何を意味するのでしょうか．国会における法改正の審議中に，この点に関して，いくつかの重要なやりとりがあったので以下で紹介しておきます．

　衆議院文部科学委員会における公明党の斉藤鉄夫議員への答弁で，近藤信司初等中等教育局長は，「合理的な理由がなければ，基本的にその意見に沿った人事を行う．その意見と異なる判断をした場合には，どのような理由によるものか，当然，説明責任を果すことが求められる」と語っています．同様の趣旨のことが，参議院付帯決議で「任命権者が学校運営協議会の意見と異なる判断をせざるを得ない場合には，その合理的な理由について学校運営協議会に対して説明責任を有することを周知すること」と明記されたのです．「合理的な理由」が何かについては運用に任されているという曖昧さが残っているとしても，コミュニティ・スクールの学校運営協議会，コミュニティ・スクールを指定した市区町村教育委員会，それに何より都道府県教育委員会はコミュニティ・スクールに関する法律の背後には，上述したような基本的な考え方が存在することを理解する必要があります．

　コミュニティ・スクールの人事について注目すべきは，人事に関する意見を表明するのが住民参加の機関だということです．この点が，従来の教育委員会を通じた人事プロセスとは決定的に違うところです．その違いとは何か．少し

ばかり考えてみましょう.

　実は，通常の公立学校や市区町村教育委員会が教員人事にまったく関与しないかというと，そうではありません．内申制度というものがあるからです．市区町村教育委員会は各学校の校長から教員異動について要望を聞き，そのうえで市区町村教育委員会としての人事案を作成し都道府県教育委員会へ伝えることができます．この内申制度で留意すべきことがあります．市区町村教育委員会にとって学校は，また都道府県教育委員会にとって市区町村教育委員会は，巨大な教育行政ヒエラルキ組織の下部機関だということです．教育行政ヒエラルキは上下関係が明確であるし，上位下達の性格が強い．市区町村教育委員会の要望を採用するかしないかは，原則的に言えば都道府県教育委員会の裁量の範囲内のものなので，都道府県教育委員会は人事の結果について市区町村教育委員会や各学校に説明等しないし，その責任もありません．

　それに比べてコミュニティ・スクールの学校運営協議会は，教育行政ヒエラルキの一部でない住民・保護者が参加している第三者機関です．都道府県教育委員会は，そのような協議会が法律に則って表明してきた人事に関する意見を採用しない場合，その根拠となる「合理的な理由」についての「説明責任」があります．この点が，都道府県教育委員会にとっては非常に重いものなのです．

　コミュニティ・スクールの学校運営協議会メンバーは，上述のような一定の権限が与えられたわけで，当然のこととして責任も発生することを強く意識する必要があります．協議会が学校運営の細部にいちいち口を挟んだり，人事について個人的意図をもって意見を主張したり，どう見ても無理な新規採用を推薦したりすることは厳に戒めなければいけません．

　このようにコミュニティ・スクールは，従来の公立学校制度にはない，新しい特徴をもったツールだと考えられます．

## 4　現代教育改革の重要論点

### コミュニティ・スクール構想提案の動機

　長野県教育委員を務めたこともある金子郁容氏は前掲著作の第2章で，コミュニティ・スクール構想を提案したのは，〈ねじれ現象〉によって引き起こ

される学校現場や地域に蔓延する閉塞感を取り払いたいと思ったからだ，と強調しています．金子氏の説明は，次のように明快です．

　　市区町村が設置している公立小中学校の人事権が都道府県にあるという
　状況は，日本の学校教育システムの〈ねじれ現象〉と呼ばれている．さら
　に，都道府県には教員給与の一定割合が国から支給されていることから，
　都道府県としても国の言うことを聞かざるを得ない仕組みになっている．
　この〈ねじれ現象〉は，他にもいろいろとおかしな事を引き起こしている．
　ある公開シンポジウムで，東京都のある区の教育長からこんな発言があっ
　た．「都教委に『Aランク』の教員の転入をお願いしたところ，『Dランク』
　の教員が 2 人ついてきた．そんなことがしょっちゅうある．問題教員をた
　らいまわしにするという現状をなんとかしないといけない」というのだ．
　非公開の場ではこれと同様のことがよく話題になる．私は長野県教育委員
　を数年間務めたことがあるが，小中学校についての〈ねじれ現象〉は，市
　区町村教育委員会にとって困ったことであるとともに，県教委にとっても
　頭の痛い扱いにくい問題であることがよく分かった．〈ねじれ現象〉の最
　大の問題は，そのような構造があるために，毎日子どもが通ってくる学校
　現場の責任を誰がとるのかということが曖昧にされているということだ．
　学校長は地方教育委員会（市区町村教育委員会のこと—引用者による）を見て，
　地方教育委員会は都道府県教育委員会を見て，都道府県教育委員会は国を
　見ていて，何か不備はないか．何か文句を言われないか，次にどんな指示
　があるのか心配している．誰が学校の責任者なのかよく分からない状態で
　学校が運営されている．これが，日本の学校システムの最大の構造的問題
　である．

　もし金子氏が指摘するように，「〈ねじれ現象〉の最大の問題は（中略）学校
現場の責任を誰がとるのかということが曖昧にされているということだ」とし
たら，やはりこの点は，現代教育改革の重要論点の一つだと思われます．現状
では，人事権や予算編成権といった重要な権限を持っていない学校長が，教育
現場の責任をはたしてどこまでしっかりと取れるでしょうか．では戦前の旧制
中学校のように，人事権をはじめとした強い権限を学校長に持たすことが教育

現場の責任所在の明確化につながり，教育改革を推進することに直結するのでしょうか．あるいは山口県や京都市等のように，本章で紹介したコミュニティ・スクールを地域の教育改革の戦略的ツールとして積極的に導入することは，長い目で見るといかなるインパクトがあるのでしょうか．

　現代社会は日々，大きく変わりつつあります．そして，コミュニティ・スクールの導入をはじめ公設民営学校構想など，教育界も大きく動き始めたのです．こうした変化や動向を相対化し，より多角的に検討することによって，その意味を深く考察する．教育社会学は，そんな役割も担っているのです．なお，本章ではコミュニティ・スクール構想の初期の展開を述べました．この構想は今も変質しつつありますので，最新の情報は文科省HPや各教育委員会HPなどで確認してください．

**参考文献**

金子郁容『日本で「一番いい」学校』岩波書店，2008年．
金子郁容編著『学校評価』ちくま新書，2005年．
金子郁容・鈴木寛・渋谷恭子『コミュニティ・スクール構想』岩波書店，2000年．
苅谷剛彦・濱名陽子・木村涼子・酒井朗『教育の社会学──〈常識〉の問い方，見直し方──』有斐閣アルマ，2000年．
近藤博之・岩井八郎編著『教育の社会学』放送大学教育振興会，2015年．
酒井朗・多賀太・中村高康編著『よくわかる教育社会学』ミネルヴァ書房，2012年．
曽野洋「明治前期の中学校教師像に関する一考察」『歴史のなかの教師・子ども』福村出版，2000年．
曽野洋「新史料が語る　100年前の或る中学校長の魅力」文部科学省『教育委員会月報』第673号，2005年．
曽野洋「現代社会における学校の課題Ⅱ──改革突破口としてのコミュニティ・スクール」『平成24年度　教員免許更新制　更新講習テキスト』四天王寺大学，2012年．
曽野洋「濱口梧陵と福沢諭吉の共鳴──〈公設民営〉という新しい一手──」和歌山県広川町・稲むらの火の館『やかただより』第114号，2020年．
高橋靖直・曽野洋・高田文子『学校制度と社会【第二版】』玉川大学出版部，2007年．

## 第**10**章

# 宗教社会学
──宗教を通して，現代社会を見る視点──

藤谷厚生

> 宗教はその地域の民族や国家の社会制度，文化様式，風習や儀礼，さらに
> 倫理通念や行動規範などと深く関わっています．グローバル化する現代社
> 会，他の地域の宗教を理解することは大切です．この章では，宗教現象を
> 対象とする宗教社会学について，その学問領域の特徴と意義について学び
> ます．

## 1  宗教社会学とは

　現代日本の一般社会では，宗教と言うとどうも敬遠されがちな傾向にありま
す．そもそも政治についても政教分離が日本社会の建前であり，公教育の中で
は宗教はほとんど取り扱われてはいません．一般に日本人は無宗教だと言われ
ています．学生諸君にアンケート調査を行って，
宗教の質問をすると無宗教であるという回答数
が数多く見られます．と言って，果たして実際
には，現代日本の宗教人口はどうなっているの
でしょうか．実は毎年，文化庁宗務課から日本
宗教の概要と統計を行った結果の報告書とし
て，「宗教年鑑」が公表されています．その内
容は，インターネットでも今日では容易に参照
することができます．その平成30年版「宗教年
鑑」（2017年12月末日現在）によると，日本の宗教
人口は約１億8116万人となっています．これは，

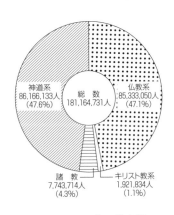

**図10-１  日本の信者数**
**(2017年12月31日現在)**

現在の日本の総人口の約1.4倍に相当します．実は，世界の中で宗教人口が，その国の総人口をはるかに上回り1.4倍の数になるような国は，日本だけなのです．

　他の国，特に欧米のような一神教の国々では，宗教人口がその国の総人口を上回るという結果は見られません．他の国に見られない日本独自の宗教現象が，ここには見られる訳ですが，こういった現象は実は日本人の宗教観や文化様式，日本社会の在り方と大きく関連しています．勿論，こういった現象を分析研究することも，宗教社会学の領域です．

　宗教社会学とは，一般的には社会諸現象の一つである宗教現象を対象として，それを社会学的に分析する学問であると言えます．しかし，その宗教現象のどういう側面をどのように捉えるかは，特定の分析方法や指標が定式化している訳ではなく，その手法はかなりファジーなものと言えます．

　宗教を人間の個人的側面から見ると，それは個人の心の救済，信仰，倫理観や人生観と関係します．また社会的な側面から考えると，それはその地域社会の文化や生活様式，習俗，共同体としての価値体系，集団や国家などの理念と大きく関係しています．これを対象とする学問も，宗教学，宗教哲学，宗教社会学，宗教心理学，宗教民族学，宗教人類学，宗教地理学，宗教史学などと多岐に渡っています．しかし，これらの学問もその研究領域が整然と区別されるものではなく，大概は重なったものとなっているのが実状で，宗教社会学も宗教心理学，宗教民族学，宗教人類学といった領域と大きく重なってくることはやむを得ません．また日本の場合，一言に「宗教社会学」と言っても，社会学者が宗教に関心を向けアプローチしていく社会学的宗教社会学の立場と，宗教学者が社会的側面に目を向けアプローチしていく宗教学的宗教社会学の立場の２つの流れが見られます．前者は社会学の理論を検証する手法で，宗教現象を捉え，一般的に仮説と検証という方法論で研究分析が進められる傾向があり，また後者は，宗教現象そのもの自体の分析解釈にウエイトが置かれ，方法論よりは宗教そのものの理解と関心がメインになる傾向があります．

　宗教が，われわれの日常生活にどのように関わるかは，それぞれの時代性（通時的視点）によって，またそれぞれの地域性（共時的視点）によっても，またその社会状況によってもかなり異なってきます．われわれの生活の回りで見受け

られる正月の初詣，寺社への祈願参拝，神社での結婚式，さらには仏教の葬式などさまざまな年中行事や通過儀礼と言うべきものは，宗教と深く関わっています．日本では，明治以前は主に仏教が主流となっていた訳ですが，明治以降は国家神道が，さらに欧米のキリスト教の伝道が見られ，第二次大戦以降は既成宗教のみならず新宗教，新新宗教といった宗教教団が多くの信者を獲得し，近年では瞑想やヨガなど，宗教的な癒しや巡礼がブームとなっています．このように時代や社会の変化により，宗教現象もさまざまに変容していく訳です．宗教が人間の生き方や倫理，社会行動にどのような影響をもたらしているのか，宗教が社会的にブームになったり，また回避されたりする背景には，どのような要因があるのか，社会に対して宗教が果たしている機能や役割とはどのようなものであるのか，こうしたさまざまな課題について，社会学的に多面的な視点から宗教現象を分析研究するのが，宗教社会学なのです．

## 2　宗教社会学の基礎理論

　ここでは，ヴェーバー，ジンメル，デュルケムの宗教社会学の基礎理論を概観してみます．彼らは，現代の社会学の基礎理論を実質的に築いた学者として有名であり，彼らの視点は社会現象の多岐に向けられたことは言うまでもありません．しかしながら，彼らは宗教という社会現象を研究の中心テーマにし，長い年月と多くの資料を用いてその分析研究を試み，宗教社会学の基礎理論やその中心概念を創始したのです．

　**マックス・ヴェーバー**（Max Weber：1864 - 1920）は，ドイツ生まれですが，マルクスと並び社会科学の分野ではその双璧とされる有名な社会学者，また経済学者でもあります．その研究業績は，法制史から経済史，さらに宗教社会学，政治社会学や法社会学までと多岐に渡っています．そんなヴェーバーの宗教社会学での最も有名な著作は，何と言っても『プロテスタンティズムの倫理と資本主義の精神』でしょう．これは，一般に『プロ倫』と略称され，今日でも社会学の古典としての不動の地位を得ています．まずヴェーバーが問題視した命題は，何故に西ヨーロッパにおいてのみ，合理的な資本主義が成立し得たのだ

のかということでした．さらにこれを説明するためヴェーバーは，① 宗教思想と世俗倫理や経済的行為の関係や影響，② 宗教思想と社会階層との関係，③ 文明社会の宗教を比較し，西ヨーロッパの特質を明確化するという観点で具体的な分析考察を行ったのです．こうして『プロ倫』は，1905年に発表されます．ヴェーバーは，資本主義の根底にある原動力を「資本主義の精神」と名づけた訳ですが，これはいわば無意識的に社会の人びとを特定の生産様式や行動様式へと追い立てる衝動力であり，一種のエートスでもありました．それまでの保守的な伝統主義を打ち破り，新たに近代資本主義が形成された訳ですが，その根底には資本主義での利潤や営利の追求を是とし，むしろ倫理的な義務とする強固な精神があると言うのです．ヴェーバーによれば，このエートスでもある資本主義精神の形成に，決定的な影響をもたらしたものは，プロテスタント，中でもカルバン派における「予定説」です．予定説とは，キリスト教でいう神の最後の審判で，天国に救済される人間とそうでない人間は，実は予め決められているという説です．しかも，神によって救済される人間は，禁欲的に神から与えられた職業（天命：Beruf）を遂行し，この世においても成功をおさめるものと考えられていました．つまり，自らが救済されるという確証を得るために，人びとは神から与えられた職業に従事し，神の意志を反映すべく禁欲的な生活態度を遵守して，仕事を成功させ富の蓄積を行います．このような世俗内で遂行されるプロテスタンティズムの禁欲的な倫理態度を「世俗内禁欲」とヴェーバーは概念づけるのですが，実はこれが起動力となり，利潤や営利追求が倫理的義務として肯定化され，それが資本主義の精神というエートスを生み出すことになったという訳です．このような世俗内禁欲は，利益や富を個人の快楽に使うことを抑制し，結果として富の蓄積を進め，さらにその蓄積が資本として投資され，そこに利益が生み出されるという富（資本）の再生産という循環システムを生み出すことになります．勿論，こうした富の再生産のシステムが，大きくは資本主義の流れへと発展するのですが，そこにはもはや特定の宗教的倫理の支えは必要ではなくなり，富の再生産のシステムが単独で進展し，資本主義が促進されたのでした．ヴェーバーは，こういった宗教的かつ倫理的要因が希薄になり，独自の合理性，正当性が優位を占めてゆく過程を「合理化」と定義したのです．このヴェーバーの合理化の概念は極めて重要であり，

西欧の近代文明の特性を他の諸文明と一線を画して「合理性」と意義づけ，その発展過程を「呪術からの解放」としての合理化のプロセスと捉えるところに，その社会学的特徴があります．

　このように『プロ倫』に見られたヴェーバーの関心は，さらに対象をヨーロッパ社会だけでなく諸文明にも向けられ，それは「世界宗教の経済倫理」の研究として広げられることとなります．具体的には，中国社会と宗教についての『儒教と道教』，またインド社会と宗教を対象とした『ヒンドゥー教と仏教』，ユダヤ宗教についての『古代ユダヤ教』などの著作がその成果としてあげられます．またヴェーバーは，世界宗教をその救済的方法論の相違から4つの類型パターンに分けて捉えています．これは，宗教における禁欲主義と神秘主義の側面，またそれらが現世内に向けられた実践なのか，あるいは現世外へと逃避する傾向での実践によって達成されるかの座標軸によって区分されます（**図10-2**参照）．図のように，現世内的禁欲主義としてプロテスタントを，現世内的神秘主義として古代ユダヤ教や原始キリスト教をあげています．ここでの禁欲主義とは，人間が神の意志を忠実に守る「神の道具」として行為をなすことで救済されることを示し，神秘主義とは，人間が神を自らの内に宿す「神の容器」になり，神と自分とが一体化することで救済されることを指しています．また，現世逃避的禁欲としてカトリックの修道士，現世逃避的瞑想としてヒンドゥー教や仏教を位置づけています．残念ながら，ヴェーバーは研究途中で早世したので，結局イスラム教などについては言及されずに終わりますが，彼の世界宗

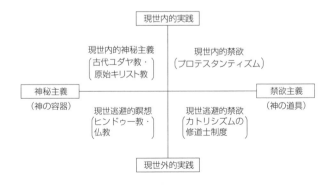

**図10-2　4つの救済類型**

教全般にわたる経済倫理との関連性，経済行為と宗教エートスとの関係を分析解明しようとする試みは，比較宗教社会学の構想へとつながるものであり，その後の宗教社会学の基礎となったのです．

　**エミール・デュルケム**（Émile Durkheim：1858‒1917）は，フランスのロレーヌ地方のエピナルに，ユダヤ教のラビ（律法教師）を父として生まれました．はじめドイツに留学し，後にパリ大学で教鞭をとることになります．彼の最初の著作である『社会分業論』（1893年）は彼の学位論文であり，『自殺論』（1897年）や『社会学年報』（1898年創刊）などの社会学者としての業績は有名です．特に1895年以降は，スコットランドのW. R. スミスやアメリカの文化人類学者の著作に影響を受け，社会現象の一つである宗教の分析解明に向けられた研究がなされました．それは『宗教生活の原初形態』（1912年）として集大成されますが，これは彼の最後の著作となりました．この著は，最も原始的で単純な宗教とされるオーストラリアの原住民に行われているトーテミズムについての分析研究がその中心となっています．デュルケムは，近代社会の宗教を対象とするのではなく，宗教という現象の本質をその原初形態に求め，そこから宗教の本質的な共通要素を解明しようとしたのでした．一般に，宗教は超自然的な存在に対する信仰形態として捉えがちですが，超自然という概念そのものは，実は自然科学の発達によって後から定義づけられた概念であり，その原初においては，そのような観念は起こりえません．そこで，デュルケムはまず宗教観念の本質に目を向け，その根底には人がこの世界を聖と俗とを区別する観念を持つことによって成り立つものと考え，宗教は本質的に「聖なる事物（もの）」と関わることであると定義づけたのです．ここで，聖なる事物とは単に神や精霊，そのもの自体の事物が本質的に聖性を具えているということを指すものではありません．人が事物に対して恐れや畏敬という観念や態度を持つことにより，単なる普通の事物も聖なる事物へと転化し，さらにタブーや禁止により，聖なる事物は日常的で俗なるものから隔離されます．そういう意味では，山，樹木，岩や人形など，あらゆる個物も聖なる事物となりえる可能性を秘めていると言えます．また，デュルケムは宗教の基本的三要素として，それを神聖なるものとして捉える「信念」，それを礼拝したり行動に表す「行事」，それらが行われる

場所としての「教会」（儀礼を行う集団組織）の３つをあげます．このように，デュルケムは宗教を本質的な視点で分析し，一つ一つの要素をもって意味づけていくのですが，『宗教生活の原初形態』で彼は宗教を「神聖，すなわち分離され禁止された事物と関連する信念と行事との連帯的な体系であり，教会と呼ばれる同じ道徳的共同社会に，これに帰依するすべての者を結合させる信念と行事である」と定義づけています．さらに，こういった定義によって宗教と呪術の区別が明確になされます．デュルケムによると，その本質的な相違は「教会」の有無によるとされ，宗教には教会がその要因とされますが，呪術には教会がないとされます．

　先に，最も原始的で単純な宗教とされるオーストラリアの原住民に行われているトーテミズムを，宗教の原初形態として捉えたと述べましたが，デュルケムの時代には従来説では，最も原始的で単純な宗教としては，一般にすべてのものには魂が宿るとし，その精霊や霊魂など霊的存在に対して信仰や畏敬の観念をもつアニミズムや，海や風，太陽や月といった自然事象に対する信仰としてのナチュリズムなどが考えられていました．これに対してデュルケムは，これらはある程度進んだ社会状況の段階で成立したものであると考え，最もプリミティブな組織社会において，しかもそれより以前にあった他宗教から一切影響を受けていないという側面に留意しながら，宗教の原初形態を未開社会であるオーストラリア原住民に伝承する「トーテミズム」に見い出したのです．未開社会では，各部族にはその部族集団を表す同一の名前があり，それはトーテムと呼ばれます．これは主に動植物から選ばれ，各集団はトーテムの名で呼びあい，それぞれトーテムとの結びつきを物語る神話や儀礼を持っています．またトーテムを象った図柄や標章は，その部族のシンボル的な役割を果たし，聖なるものとして崇められ，そのトーテムである動植物の採集や捕食などは厳格に禁止（タブー）されています．トーテミズムとは，このような社会を構成する各部族組織（血縁集団）が，トーテムとの間に特別な関係があるとする信仰や制度の総称を指します．オーストラリアのトーテミズムの部族社会においては，雨期に部族全体が集結し，集団的な儀礼（祭）が行われます．これは「コロボリー」と呼ばれますが，この儀礼によって部族集団全体が熱狂的な興奮状態に包まれることになり，ますます部族の結合とトーテミズムの観念意識は深

められます. デュルケムは,『宗教生活の原初形態』の中で,こうしたコロボリーで生じる興奮状態を「集合的沸騰」と呼び,このトーテミズムの儀礼による集合的沸騰の中から,「聖なるもの」や神などの宗教的観念が生じてきたのであると結論づけたのでした.

**ゲオルク・ジンメル**(Georg Simmel:1858‐1918)は,ドイツのベルリンにユダヤ人実業家を父として生まれました.ベルリン大学で哲学博士の学位を取得したのち,同校で哲学の講師として教鞭をとり,長年の不遇の研究生活の後,晩年1914年にシュトラスブルク大学で教授職につき生涯を終えています.彼は,当時のディルタイやベルグソンとともに生の哲学者として名高く,彼の社会学は一般に「形式社会学」として知られています.

ジンメルは,『社会学』を1908年に出版していますが,そこで「多くの諸個人が相互作用に入るとき,そこに社会が存在する」と言い,相互作用から社会が形成される過程を「社会化」と規定しています.相互作用は,経済的営利,政治的権力,宗教的救済など,いろいろな目的や動機によって引き起こされますが,これらは社会が成立するための素材であり,これを社会化の「内容」と呼びました.また一方で,相互作用には,上位と下位,闘争と競争,支配と服従,模倣と分業といった,その内容を実現させる側面的な作用があります.ジンメルは,これを社会化の「形式」と呼ぶのですが,この「内容」と「形式」はともに社会化における不可欠な要因です.また,従来よりある経済学,歴史学や宗教学などの学問は,いわば社会化の内容として展開してきたものと言えますが,例えばこの経済,歴史,宗教といった異なる内容の中にも,支配といった「形式」としての共通の現象も見られます.従来の社会学では,このような社会化としての「形式」は,特に社会的なものでありながら,その研究対象とはされなかったのです.ジンメルは,こういった反省点に立って,内容をこえて,むしろ人間社会に共通に見られる「社会化の形式」を研究することは不可欠であり,社会学はこれを対象とすることによって,さらに固有の研究対象をもつ専門科学となり得ると考えたのでした.

さて,彼の宗教に関する研究は,「宗教社会学のために」(1898年)という論文発表をはじめとして長年続けられ,1906年には『宗教』が刊行されています.

　ジンメルは，この著の中で「宗教が宗教心をつくり出すのではなく，むしろ宗教心が宗教をつくり出すのである」と主張します．ジンメルの視点と議論は，このように人間の内面的な心理側面に向けられ，そこから論理が展開されます．さらに，一般社会における人間の姿勢や態度と宗教におけるそれとを比較考察して，その形式の共通性や類似性をあげます．例えば，自分より優越した力や存在に対する「依存」の感情に目を向ければ，そこには献身と受容という一般的な態度がみられますが，これが宗教的には「犠牲」となり，また贈与と受領という態度は，宗教的には供儀となります．また，一般的な義務の概念は，宗教的には祈りや祭祀という宗教的義務になり，人間の持つ「敬虔」という感情も，対象が芸術に向けられれば芸術的なものとなり，神に向けられれば宗教的なものになると考えました．

　ジンメルは，さらに一般的な社会現象と宗教現象に類似する形式として，「信頼と信仰」と「統一」をテーマとしてあげます．人が他者を「信頼」することと，人が神を「信仰」することは，形式的には相似しており，実はこの「信頼と信仰」という形式が，社会を最も強固に結合させる要因の一つであると主張します．また，「統一」という形式で見れば，社会は人びとの相互作用の結合によって「統一体」として存立し，それぞれの運命が他者の運命と影響し合っていると言います．さらに宗教現象においては，「神はいわば社会的な統一体の名称」であり，その神を中心として集団は統一されていると考えます．このように，ジンメルは社会現象と宗教現象の形式の側面に注目し，その類似性を取り上げ，その特性を説明しようとするのですが，社会一般と異なる宗教の形式的な特徴として，「競争の欠如」という点もあげています．これは，一般社会での通常の集団や組織内では「競争」が生じ，そこに対立や排除がみられますが，宗教においては他者の排除がなく，平等的に神の救済を求めるという「競争の欠如」がみられると指摘しています．

　以上のように，ヴェーバーは社会を人間の社会的行為の側面から捉えようとし，デュルケムは社会を個々人に外在して，しかも個々人を拘束するものとして考えたのですが，ジンメルは両者を批判的に捉えて社会の成立をさらにダイナミックな視点で考えようとしたところに，その思想的特徴があると言えます．

## 3 世界や日本の歴史宗教

### 世界宗教と一神教の歴史

　ここでは，世界や日本の歴史宗教の諸相を概観してみましょう．まず，宗教の類型について考えるならば，一般にそれは世界宗教と民族宗教に分類されます．世界宗教とは，地域，民族を超えて，広範囲に広がっている宗教を指します．これらの宗教としては，キリスト教，イスラム教，仏教があげられますが，これらは特定の地域や国を超えて，世界中に広がっている宗教と言えます．一方，民俗宗教は特定の地域や民族だけに信仰されている宗教であり，インドのヒンドゥー教，ヘブライ民族のユダヤ教，中国の道教，日本の神道などがあげられます．また神の概念についての宗教的区分としては，概して一神教と多神教の相違があります．神を唯一絶対的な神とし，全知全能の神，万物の創造主（原理的）として捉えられるのが一神教であり，これらにはユダヤ教，キリスト教，イスラム教があげられます．これに対して，神は一つではなく多くの神（霊）が存在すると考えるのが多神教です．多神教の神は，いわゆる火や水，太陽や山といった自然神や氏族の祖霊神などが中心であり，それらはさまざまな機能的な力を持つとされ，これらには道教，神道，ヒンドゥー教や仏教があげられます．今日一般的には，一神教的な宗教観は西洋的と言えるものであり，多神教的な宗教観は東洋的であると言っても過言ではありません．

　ところで，ユダヤ教，キリスト教，イスラム教の3つは一般に「姉妹宗教」と呼ばれ，その信奉するところの神は同一であり，ユダヤ教の「ヤハウエ」も，キリスト教でいう「ゴッド」も，イスラム教で言う「アッラー」も同じ「神」という意味を示しています．歴史的にはユダヤ教が古く，この「ユダヤ教」から「キリスト教」が，さらにキリスト教から「イスラム教」が展開してくる訳です．ユダヤ民族の歴史は古く，BC1280年頃モーセが部族を率いてエジプトから脱出し，カナンの地（現在のイスラエル）に定着します．その後BC1020年頃にサウル王が王制をしき，ダビデ王，ソロモン王の時代に至り，独立した国がエルサレムに建てられました．しかしまもなく内部分裂が起こり，BC930年に北のイスラエルと南のユダの王国に分裂します．さらにアッシリアなどの外敵

に攻められ，先に北のイスラエルが，やがてBC586年南のユダ王国もバビロニアに滅ぼされ，ヘブライ人の大半は征服者であったバビロンに連行されてしまいます［バビロン捕囚］．その後まもなくペルシャがバビロンを制圧し，これによってヘブライ人は解放され，BC500年頃に元のパレスチナへ再び戻ることとなります．この時に新たに神殿が再建され，新たな民族としての団結を誓い，これまでの信仰が自立的な宗教として組織化され，唯一神を崇めるユダヤ教が成立したのです［律法書・旧約聖書］．さらに500年が経った紀元後間もない頃に，イスラエルに「イエス」が預言者として登場し，ユダヤ教の刷新運動を起こします．しかしイエスの教えは当時としては革新的であったため，ユダヤ教律法者の反感を招くことになり，AD30年頃にエルサレムの地で「十字架」に張りつけられ処刑されます．イエスの死後，弟子達は再結集してイエスの復活やイエスの教えを伝道するようになり，そうした伝道活動が後にギリシャ人に伝えられ現在の福音書が編纂され，ここにキリスト教が成立することになります［新約聖書］．キリスト教の「キリスト」という言葉は，ヘブライ語での「救世主」（メシア）を意味し，キリスト教はやがてユダヤ人のもとから，ギリシャ人やローマ人に伝えられ，さらに西欧に侵入してきたゲルマン民族（現在の西欧人）にも伝えられ広がります．

　さらにその後600年が経った7世紀中ごろ，アラビア半島のメッカ近くに「ムハンマド」が現れ，キリスト教の天使「ガブリエル」から啓示を受け預言者となり，新しい宗教運動を起こします．これは，当時のキリスト教化（西欧化）した宗教を，再び中東のアラブ民族の自立の宗教に戻そうとするものであり，これを「イスラーム」（イスラム教）と呼びました．イスラームとは「絶対的に神に服従する」という意味であり，ムハンマドの教えは「コーラン」に著され，イスラム教の聖典となっています．

　これら一神教に共通であるのは，もちろん全知全能なる神を信じることですが，それぞれモーセやイエス，ムハンマドといった預言者の言葉を通して作られた聖書やコーランといった聖典の教えを信奉し実践することにあります．絶対的な神が，特定の預言者に啓示を与え，神の教えが広められるところに，一神教の特徴があるのです．ここで預言者とは，未来を予知する者を言うのではなく，神の言葉を啓示によって預かる者という意味を示します．また，これら

一神教では共通に，人は死んだ後にこの世の最後に復活し，神から永遠に天国に行くか地獄に行くかの審判（最後の審判）を受けるとされています．

## 日本宗教の特性と変遷

　次に，日本の歴史宗教の展開を考えてみましょう．まず，日本の古代宗教を考える上で，重要な史実は，邪馬台国の女王の卑弥呼の存在です．『魏志倭人伝』には，卑弥呼が239年に中国に使者を送った記述が見られます．そこには卑弥呼は鬼道を用いたと記されています．鬼道とは，漢時代に流行った道教的な巫術のことであり，巫術とは鬼神の霊などからのお告げを伝える一種のシャーマニズムのことです．従って，卑弥呼とは「日巫女」の音写であり，恐らくは太陽神を崇拝し，神のお告げを伝えていた巫女（かんなぎ）であったと推察されます．このように日本の古代宗教は，道教やシャーマニズムなどがその根底にみられます．

　一般に道教は，中国の宗教とされ，不老長生をめざす神仙思想と原始的な民間宗教が融合し，そこに老荘思想が取り入れられて形成されたものと定義づけられますが，道教自身が確固たる宗教体系を確立するのは，かなり後の時代です．道教はタオイズムと言われるように，その根底にある中心思想は，陰陽五行の「気」の思想です．気には陽の気と陰の気があるとされ，陽の気は軽く天に向かい，陰の気は重く地に溜まります．われわれ個としての人間も魂（陽気）と魄（陰気）が和合して存在し生きているという訳で，死ぬと魂魄は分離し，魂は天に向かおうとし，魄（遺体）は地中深くに留まるとされます．一度死んで抜けた魂は，陰陽和合するタイミングを見計らって，魄のもとに返ってきます．それが，実は陰と陽のバランスが和合した日，つまり昼（陽）と夜（陰）の長さが同じ中和した春分と秋分の日であるとされます．われわれが，この春分，秋分，つまりお彼岸に墓参りをするのも，実はこういった陰陽五行の概念に基づいた道教思想からなのであり，古代宗教の影響下に形成された文化の様式でもある訳です．このように魂はその再生復活を願って，魄（遺体）の本に返るので，遺体は決して焼却されることなく，土葬して地中に埋められます．古代社会において，古墳文化が展開するのも実はこういった道教的死生観がその根底にある訳です．

　このように日本古代宗教には，道教の影響が強くみられますが，これらがや
がて古神道(かむながらの道)の宗教様式や習俗を形成することとなりました．『古
事記』によると，黄泉（よみ）国から逃げ帰ったイザナギノ神は，筑紫の日向
の阿波岐原で，禊（みそ）ぎをして，穢れた身を清めたとされますが，こういっ
た清水による禊ぎや祓い，清めといった日本独特の宗教観念も，このような道
教思想の影響を受けて形成されました．やがて6世紀，飛鳥時代には新たに仏
教の導入が見られました．聖徳太子によって四天王寺や法隆寺などが建立され，
これ以降は大陸の華やかな仏教文化が導入されることとなりました．

　仏教は，言うまでもなくインドの釈迦（ゴータマ：シッダルタ）によって開か
れた宗教です．すでにインドには古代からバラモン教（ヒンドゥー教）が浸透し
ており，そこには独特の死生観である輪廻転生説がありました．われわれが死
後転生するのであれば，もはや遺体に固執する必要はなく，それ故に遺体は荼
毘（火葬）にふされ，基本的に墓は作られません．こういったインドの火葬の
習俗が，仏教の伝播に相俟って，中国や朝鮮半島を経緯して日本に仏教文化と
して浸透して行くこととなります．仏教ではこの輪廻転生説が前提となってそ
の教説は展開されます．つまり，われわれの輪廻存在は，無常であり，苦しみ
以外の何物でもないと見るところに仏教思想の特徴があります．そしてこの苦
しみから根本的に解脱し，もはや輪廻しない涅槃の境地に到達することが，仏
教の究極目標にされたのです．従って，釈迦の説いた原理的な仏教思想は，本
来的に個人の解脱が目標となるものであり，社会生活を捨て執着を断つように
するために出家することが望まれます．こういった出家主義に基づく仏教は，
上座部仏教と言われ，小乗仏教として今日ではタイやミャンマーなどに見受け
られます．こういった戒律厳守，出家主義の上座部仏教にたいして，西暦前後
に新しい仏教の動きがインドに起こります．これは大乗仏教運動と呼ばれます
が，大乗仏教はすべての衆生が救われるとされる大衆救済型の仏教であり，社
会的な在家主義の仏教です．この革新的な大乗仏教の興起により，新たに大乗
仏典や仏像が作製されることとなり，これが西域，シルクロードを経て，中国，
朝鮮半島，そして日本へと普及した訳です．

　さて，初期の日本への仏教導入にあたっては，少し古神道との対立は見られ
たものの，日本での仏教は土着の古神道の思想や習俗と融合する形で進展して

行きます．8世紀以降の奈良朝期には，遣唐使の派遣により中国唐の仏教様式
が導入され，平城京を中心に倶舎，成実，律，法相，三論，華厳の所謂「南都
六宗」が形成され，思弁的な教学仏教の研究が促進されました．また一方で日
本独自の仏教を基底においた本地垂迹説などの解釈が生まれ，日本古来の神々
の大系が神仏習合という形式で神と仏の融合化が進められました．特に，この
時期には役小角によって神仏習合と山岳修行を実践とする，呪術的で民間信仰
的な修験道が開かれるなどの展開がみられます．さらに，9世紀の平安時代に
は新たに，最澄によって比叡山に天台宗が，また空海によって高野山に真言宗
が成立しますが，天台宗は大乗経典を代表する法華経を根底に置き，すべての
衆生が救済されると説く仏教であり，また真言密教は今世において救済される
とする即身成仏が説かれた教えであり，これらにより仏教は貴族から民衆へと
さらに普及することになりました．

　平安時代から鎌倉時代にかけては，いわば社会変革の時期であり，貴族政治
から武家政権へと政治支配の中心が転換する時期でもありました．そこに末法
思想という終末論的で退廃的な風潮が相俟って，宗教や信仰体系に大きな変化
をもたらすこととなります．人びとはこの世での救済ではなく，あの世での救
済に願いを求め，極楽往生を中心とする浄土教の信仰が急速に広まります．さ
らに，漢民族が支配していた中国の宋は，蛮族とされるモンゴル帝国によって
滅ぼされ，元という強大な国家が誕生し，極東アジアを席巻する動きが見られ
ました．こういった内政的な構造変革や外圧的な影響を受けて，日本の鎌倉期
には西欧の宗教改革に匹敵するような宗教変動が起こります．浄土系としては
法然により「浄土宗」，親鸞により「浄土真宗」，一遍により「時宗」が立てら
れ，宋代の禅宗の影響を受けて，栄西により「臨済宗」，道元により「曹洞宗」
が提唱されました．また，南都仏教においては，華厳宗の高弁や法相宗の貞慶
が法然の浄土宗を批判し，覚盛や叡尊によって戒律復興と釈尊回帰の仏教の風
潮が高まりを見せました．さらに，日蓮は他宗を批判し法華経の現世的な救済
論を説き，「法華宗」を起こすなど，今日の宗派仏教の基礎になる新仏教が興
ります．

　安土桃山時代には，信長，秀吉の庇護により，バテレンの布教によりキリス
ト教がもたらされ，一時は数十万に及ぶキリスト教信者が西日本に現れます．

このキリスト教勢力の拡大とその裏にあるローマ教会の植民地政策に恐れを
持った家康は，1613年にキリスト教の禁令を出し，キリスト教の弾圧に着手し
ます．追い詰められたキリスト教徒は，1637年に天草四郎を主導者として島原
に乱を起こし，幕府軍十数万がこれを鎮圧しました．この後，幕府はキリスト
教を弾圧除去するため，1640年には宗門改制（寺請制度）を推し進め，全国の
住民はどこかの寺の檀家になるよう強制させたのです．これによって，檀家制
度は徹底され，各宗派の寺院の本末関係が明確にされ，幕府による宗教統制が
進められたのです．江戸時代に宗派仏教，檀家制度が浸透普及するのは，実は
このような幕府の政治的意図によるものでした．

　江戸時代中期以降になると，新たに国学が起こり，独自の神道ブームの流れ
が生じることになります．特に19世紀には平田篤胤が復古神道を提唱した影響
により，幕末には水戸学や尊皇攘夷の思想が振興し，この影響は明治維新以降
の国家神道へと進展します．またこの神道重視の風潮の中で，幕末には黒住教，
天理教，金光教などの教派神道系の創唱宗教が現れることとなり，従来の仏教
や神道と言った既成宗教に見られない，新興宗教の流れを起こすこととなりま
した．このように，日本においても，時代と状況の変化によりさまざまな宗教
の変遷が見られ，こういったそれぞれの歴史宗教の変遷と社会の関係を対象と
して分析研究することも，宗教社会学の重要な研究課題であります．

## 4　現代宗教論

　ここでは，現代社会に見られる世界の宗教問題や状況を見てみましょう．す
でに述べましたが，宗教はその地域の民族や国家の社会制度，文化や生活様式，
風習や儀礼，さらに倫理通念や行動規範などと深く関わっています．そういう
意味では，グローバル化する現代社会にあって，他の地域の宗教を理解するこ
とは重要です．日本では，食べ物について宗教的タブーとして，食べていけな
いとされるものはほとんどありません．しかし，他の宗教にはタブーとして，
禁じられている食物があります．例えば，ユダヤ教やイスラム教では，豚は穢
れた生き物ですので，触れてもならないし食べてもいけないのです．また，ヒ
ンドゥー教では牛は神聖なる生き物なので，これも食べてはならないとされて

います．宗教的な食物のタブーを遵守している敬虔な信者に，誤ってその食物を出したとしたら，とんでもないことが起こる可能性もある訳です．こういったことも国際化が進む現代社会では，常識として知っておく必要があります．

　2014年現在，世界の人口は71億9000万人を超えたとされています（『2015ブリタニカ国際年鑑』による）．そんな中で，一体世界の宗教人口はどのようになっているのでしょうか．世界の人口の中，キリスト教が約24億160万人（33.4%），イスラム教が約15億2767万人（21.2%），ヒンドゥー教が9億7331万人（13.5%），中国伝統宗教（儒教・道教）が4億1257万人（5.7%），仏教が4億937万人（5.7%），ユダヤ教が1608万人（0.2%），その他の宗教が4億2770万人（5.9%），無宗教・無神論者が10億3600万人（14.4%）となっています．世界の3分の1がキリスト教徒であり，2割強がイスラム教徒となります．残りは伝統的な民族宗教が占め，ユダヤ教に至っては世界人口の0.2%となっています．

　世界の宗教紛争の要になっているのは，言うまでもなく中東地域です．中東と言えば，イスラム教が中心ですが，最も歴史的にも重要な場所は，イスラエル地域の問題です．特にエルサレムは，1キロ四方の旧市街に実は「歎きの壁」（ユダヤ教），「聖墳墓教会」（キリスト教），「岩のドーム」（イスラム教）などの三宗教の聖地が隣接してあります．十字軍の遠征などの目的がエルサレム奪回にあったように，歴史的にエルサレムは宗教紛争の拠点なってきました．今日では，イスラエル（ユダヤ教）とパレスチナ（イスラム教）との対立問題をはじめ，イエメン政府（イスラム教スンニー派）と武装組織フーシー（シーア派）の対立，シリアの政府軍（アラウイー派）と反政府軍（スンニー派）とイスラム国（スンニー派）の対立内戦の問題など，中東には多くの宗教対立の問題が渦巻いています．また，中国にはチベット問題，ウイグル問題など共産党政権とチベット民族（チベット仏教）やテュルク系民族（イスラム教）との対立が根強く残っており，経済発展にともないキリスト教や仏教などの信者数も急激に増加し，中国国内でもいろいろな宗教問題がクローズアップしてきています．また，パキスタンのテロ組織タリバンの活動，アフリカのナイジェリアではキリスト教とイスラム教過激派ボコハラムが対立するなど，世界各地には宗教紛争が散在している訳です．近年，テロ爆破事件がヨーロッパやアメリカなど各地で多発し深刻な問題となっていますが，これらの社会問題の根底には宗教と政治の深い対立があり，

これらの世界紛争を分析解釈するためにもイスラム教，ユダヤ教などの宗教とその対立の歴史を理解することは極めて大切になっています．

　また一方で，欧米社会を中心に先進国では，いわゆる「宗教消滅」とも言うべき現象が顕著に起こっています．これは，特にカトリック教会における信徒数の急激な減少として現れています．例えば，フランスのカトリック教会の例をあげますと，日曜日の教会ミサへの参加率の平均を見ると，1958年には信者の35％が教会ミサへ出席していたのに対して，2004年には5％，さらに2011年には0.9％の参加率と激減しているのです．これは千人の席がある大教会に，たった9人しか参加していないという閑散とした状況を示しています．またフランスでは，子供の時に洗礼を受けるのが以前は一般的であり，1950年には総人口の90％以上が洗礼を受けていましたが，2004年には60％以下となり，大きく減少傾向にあります．2010年の別統計での宗教人口比率を見ると，カトリックが41％，プロテスタントが2％，その他のキリスト教が1％と総キリスト教徒の比率が44％であり，無宗教（神存在に懐疑的）とされるものが29％，無神論（神存在を否定）とされるのもが13％と，非宗教信者が42％というデータもあります．このように急激なカトリック教会離れ，宗教離れという現象がフランスでは起こっており，同様の現象は他の欧米の先進国にも見うけられます．

　さらに，こういった宗教離れの現象は，日本社会にも顕著に見られます．例えば，「宗教年鑑」を参考に2015年から2018年の4年間の宗教人口の推移を見ますと，日本の総人口がこの間に約136万人減少したのに対して，宗教人口の総数が約901万人（内，仏教系が約157万人）も減少しています．また，宗教法人数の推移を見ますと，同4年間に709法人（内，仏教系が238法人）が解散し消滅しており，明らかに信者数や教会，寺院数の減少という宗教離れの現象が起こっていることが分かります．こういった信者の激減により，寺院の運営存続が不可能になるという現象は，今日「寺院消滅」という造語まで生み出し，檀家制度の崩壊と相俟って一つの社会問題ともなっています．ただこの問題は，今後の急激な日本人口の減少問題と大きく関連しており，特に2014年に日本創成会議（座長：増田寛也氏）で検討された「消滅可能性都市」の問題とも深く関わっています．これは，2040年に若年女性の人口（20〜39歳）が5割以下になる市町村が，全国1799市町村のうち896にものぼると想定され，大凡全国の半数

(49.8％)の市町村が消滅する可能性があるという問題提起です．これにともなって，この消滅可能性都市に該当する地域に存在する寺院も，維持存続が不能となり消滅すると推定されるのですが，具体的には現在全国に存在する約7万6千箇寺の内，2040年には約2万5千箇寺にあたる約33％の寺院が消滅する可能性があるという試算になります．勿論，こういった現象の背景には，寺院における後継者不足，若年層の檀家制度からの離脱，宗教の多様化といった問題がありますが，一方でインターネットが普及すると無宗教人口が増加するというアメリカでの調査データの分析結果もあり，現代社会における宗教離れ現象には，さまざまな要因が関連していることが考えられます．以上のように，宗教現象を社会との関連で捉え分析研究しようとする宗教社会学的な視点は，現代の日本社会やこれからの国際社会の展望を考える上でも，とても重要であると言えるでしょう．

**参考文献**

井上順孝編『宗教社会学を学ぶ人のために』世界思想社，2016.

ヴェーバー，M.（大塚久雄訳）『プロテスタンティズムの倫理と資本主義の精神』岩波文庫，1989年.

櫻井義秀・三木英編著『よくわかる宗教社会学』ミネルヴァ書房，2007年.

『宗教年鑑』平成30年版（文化庁），2018年.

ジンメル，G.（居安正訳）『宗教の社会学』世界思想社，1981年.

デュルケム，É.（古野清人訳）『宗教生活の原初形態』（上・下）岩波文庫，1975年.

『2015ブリタニカ国際年鑑』ブリタニカ，2015年.

橋爪大三郎『世界がわかる宗教社会学入門』ちくま文庫，2006年.

望月哲也『社会理論としての宗教社会学』ミネルヴァ書房，2009年.

島田裕巳『宗教消滅』SBクリエイティブ，2016年.

鵜飼秀徳『寺院消滅』日経BP社，2015年.

河合雅司『未来の年表』講談社現代新書，2017年.

# 第**11**章

# 歴史社会学
## ──社会学と歴史学の間で──

四方俊祐

1960 年代に注目されるようになった歴史社会学は，当時の社会学が理論を構築する上で歴史的な社会の変遷を軽視してきたことへの反省から現れました．長期的なタイムスパンから理論化しているウォーラーステインの『近代世界システム論』のように，実際には出現した研究を後付けのように歴史社会学と規定する傾向もあります．また，この分野は近接学問である歴史学，特に社会史の分野に影響され，また歴史学にも影響を及ぼし，相互に刺激しています．本章では，歴史学の分野にかかわる論点から，歴史社会学について説明しています．

----------------------------------------------------------◆

## 1 歴史社会学とは？

### 社会学の境界線：絡み合う学問領域

　唐突ですが読者の皆さんにいくつか質問してみたいと思います．「あなたは一体何者でしょうか．」このように問われて多くの人は戸惑うかと思います．

　では，次のように尋ねてみたいと思います．「あなたはなに人でしょうか．」このように問われると，おそらく「私は日本人です．」と答える人が多いのではないでしょうか．あるいは，「関西人」，「大阪人」と答える人もいるかもしれません．

　それでは，なぜ「あなたは日本人である」と言えるのでしょうか．これに対する答えは人によって異なるかもしれません．「日本人の両親から生まれたから．」「日本という国に住んでいるから．」「日本国籍を持っているから．」「日本語を話し，日本の文化やしきたり，伝統や歴史を理解しているから．」などなど……．

　このような質問をしたのは２つ理由があります．一つは，私たちが「日本人」というアイデンティティを当然のこととして受け入れていることを確認したかったからです．この日本人というアイデンティティ，自己同一性もしくは，帰属意識とでもいえるこの感覚はどこから生み出されたのでしょうか．

　例えば，2017年にノーベル文学賞を受賞したカズオ・イシグロという作家をご存知でしょうか．彼は長崎で日本人の両親から生まれましたが，幼少期にイギリスに渡ったため，本人自身も日本文化になじみがなく，むしろ英語圏文化に詳しいと認めています．成人してから英国籍を取得した彼は，「日本人」なのでしょうか．あるいは，両親のどちらかが外国籍の親から生まれた子供はどのように判断すればよいでしょうか．外国で生まれた人でも，日本文化に造詣が深く，日本語を話し日本国籍を取得し，日本に住む人たちもいます．彼らは「日本人」ではないのでしょうか．日本人というアイデンティティは，実は非常にあいまいでいくつかの問題をはらんでいます．

　日本政府は，日本人の両親から生まれれば，必然的にその子供は日本人と見なすという血縁主義を採用しています．しかし，血縁主義が世界全体の一般的な常識かというと，そうでもありません．アメリカ合衆国をはじめとする南北アメリカ大陸諸国の多くやイギリスやドイツ，フランスなどのヨーロッパ諸国は，出生国（生地）主義という立場を取り，その国で生まれた人は誰でも国籍を取得できる立場をとっています．

　もう一つの理由は，日本という国を参考に，地球上で構成されている政治的単位としての「国民国家 nation - state」という概念が一般的に普及していることを示したかったからです．国民国家とは，不可侵な一定領域（領土・領空・領海など）を保持し，「国民」が主権者として権力を行使し，その主権を委託された国家機関（政府や議会など）が，国民の権利や自由の保障，生活の安定を保護する義務を持つ近代的な国家のことです．このような近代的な国家システムの中で主権（不可侵の絶対的な権利）を持つ国民は，さまざまな権利を有すると同時に，納税や教育，そして兵役などの義務を負う必要があります．

　この国民国家という制度または考え方は，長い時間をかけてヨーロッパ世界で生み出され，現在世界中に広まりました．16世紀頃に主権という概念が生み出され，君主のみにそれが認められていました．しかし，君主の暴走を抑える

ために議会制度が発達し，のちには17，18世紀に勃発した市民革命によって，主権者は「国民」に移ることになりました．このような「共通の言語を話し，共通の文化や歴史を知る，共通の国民（nation 民族）による一つの国家」という概念はフランス革命の前後に生み出されました．

　しかし，この「国民 nation」というものが曲者でした．フランス革命以後,ヨーロッパ世界で始まった「国民」という概念は，その同質性を前提としていました．それでは，「国民」とはどのような集団のことを指すのでしょうか．国民という均質で固定された主体が現れたことは，雑種的で多様であるはずの言語や文化，またはそこから逸脱する少数者に対する抑圧的で排他的な状況を生み出してしまったのです．

　ヨーロッパで最も知られている事例の一つとしては，第二次世界大戦までのナチス・ドイツによるユダヤ人大量虐殺（ホロコースト）でしょう．国家機関が組織的に，ヨーロッパ地域に住む約六百万人のユダヤ系住民に対して殺戮行為を行ったこの悲劇は，さまざまな問いを人類に投げかけています．

　この「国民国家」については，さまざまな分野で議論されてきました．社会学者アンソニー・ギデンズは著書『国民国家と暴力』(1985) で，近代国家の行政監視機構を通じ，「国民」という境界付けられた共同体が出現したと論じています．ベネディクト・アンダーソンの有名な『想像の共同体』(初版1983) では，国民国家とは近代ヨーロッパ資本主義の出現に伴い支配者層が作り上げ，大衆がそれを支持した「虚構」の集団と断じています．

　このような文明論を伴う長期的な視野で文化形態について社会学的考察を行う社会学の一分野を歴史社会学と言います．歴史社会学の進展は，1960年代後半から，当時の社会学の一般理論への偏重に対する反省から生まれました．単線的な「近代化モデル」に対する懐疑や，一般化による分析対象の歴史的地域的特性を無視してきたという批判から現れてきた分野なのです．

　しかしながら，この分野は，社会学の発展とともにあったとも言えます．なぜなら，社会思想家カール・マルクスや社会学の基礎を築いたマックス・ウェーバーなどの代表的な古典研究を取り上げても，政治社会状況の長期的な変遷を分析し，理論化しているという意味では，歴史社会学と見なせるからです．

### 歴史社会学の射程

　実際のところ，歴史社会学という分野は，実質的な研究が先行し，その定義や方法論に関しては研究者の間でも合意が形成されていません．1960年代後半以降に現われましたが，その背景には，歴史学の分野である「社会史」（これについては後述）の興隆も影響を与えました．ここで歴史社会学の分野での研究を一つ紹介しましょう．

　先ほどは「国民国家」の「国民」を説明しましたが，ここでは「国家」というものに注目してみましょう．地球上には，現在約200近い国家やそれに準じる組織が存在しています．また，現代社会において，「国家」という組織の上位には権力は存在しません．それぞれの国家が対等な権利を持ち，また，そのことを相互に承認し合うのが国際社会の基本的原則となっています．しかしながら，それぞれの国家が平等な立場であるという原則が存在しながらも，現実としてはアメリカ合衆国や日本をはじめとする先進国が世界をリードする一方で，世界の約150カ国（全体の80%）が発展途上国の立場に甘んじ，経済的危機や政治的混乱に陥ることもしばしばあります．

　社会学者であるイマニュエル・ウォーラーステインは，ヨーロッパ先進諸国と同じような歴史をたどって発展するという「発展段階説」では，なぜ低開発国が現状を改善することができないのかについて考察しました．ウォーラーステインが長期的でグローバルな観点から構築した理論は，「近代世界システム論」として知られています．

　簡単に説明してみましょう．13 - 14世紀頃，中世ヨーロッパの封建制度の動揺から都市経済が勃興し，都市間交易が活発化し始めました．やがて有力商人と王権が結びつき，重商主義の時代が始まりました．この時期が15 - 16世紀に当たります．特に西ヨーロッパを中核として，その資本蓄積を可能とするべく商品経済の空間的拡大が推進され，中核・半周辺・周辺の三層からなる世界経済を作るようになりました．世界経済の外延部であった地域（植民地など）が周辺部に組み込まれると，その地域の生産は資本主義的世界経済の商品連鎖に統合されます．そして，中核諸国での賃労働者と自作農，半周辺における分益小作制，周辺における非自由労働ないし奴隷制に基づく労働によって国際分業が形作られ，不平等交換を伴ったグローバルな商品連鎖が世界規模の階層分化を

再生産してきました.

　ヨーロッパ世界で「国民国家」のシステムが進展しつつある中で,地球上は
ヨーロッパで始まった資本主義的な経済メカニズムに覆われていったといえる
でしょう.ウォーラーステインは,現在当たり前に聞く「グローバリゼーショ
ン」の広がりを理論化しました.ちなみに,グローバリゼーションとは,一言
でいえば,世界の一体化といえますが,その定義としては一般的に,ヒト,モ
ノ,カネの国境を越えた流動の活発化と考えられています.

　広い意味で,特定の事象について時系列的な変化を追い一般化,理論化する
ことは社会学の一般的分析方法であり,現在の歴史社会学的考察は「歴史社会
学」という位置づけを行うことはなくなってきています.というのも,社会学
で扱われている統計データや資料は,時間的な幅を捉えその変化を観測する時
系列を伴うため,それを「歴史」とみなすならば,ほとんどの社会学が「歴史
社会学」と呼ぶことができるためです.

　一方で,歴史学の分野でも,社会史を中心として,社会の変遷についての研
究も多くなり,近年は各分野の境界があいまいになってきている傾向がありま
す.とくに,歴史学の分野で指摘される「歴史的事実」を参考にして,社会学
の分野で理論化一般化を実践することもよくあります.逆に,社会学での理論
を基に,歴史学の分析対象を説明することもよくあります.このように,相互
に影響を与える学際的研究が進展していることも考慮する必要があります.

　社会学における詳細な分析手法や分析対象などは他の章を参照してもらうと
して,私は歴史学が専門分野ですので,歴史学の立場から,歴史社会学とはど
のような学問なのか照射してみましょう.

## 2　近接学問としての歴史学

### 歴史学の対象とその認識方法

　この節では,歴史学に関わる重要な論点を2つほど取り上げてみたいと思い
ます.

　第1の論点としては,歴史上の出来事としての事実は,いかにして事実と認
定できるのでしょうか.歴史学で取り上げる過去の事実とは,本当にその事実

そのものがあったと誰が証明できるのでしょうか.

　まずは「歴史」という言葉に含まれる2つの意味を考えてみましょう. その一つの意味は,「過去に起こったことの過程」と言えるでしょう. 例えば,「四天王寺大学の歴史」という場合には, 創立から50年以上, 短期大学部を含めると60年以上の時の流れがあり, そのことを「歴史」と称することができます.

　もう一つの意味は,「過去に起こったことを順序だてて記述 (叙述) したもの」だと言えます. 先に挙げた「四天王寺大学の歴史」を例として, 説明してみましょう. 大学のホームページ「歴史・沿革」からいくつか抜粋してみます (2020年3月時点).

> 昭和34 (1959) 年に短期大学部の基礎となる四天王寺学園女子短期大学が創設されました. 昭和42 (1967) 年には, 羽曳野市に四天王寺女子大学が開設され, 短期大学も同市に移転しました. そして, 昭和56 (1981) 年に大学部で男女共学制が始まり, 平成20 (2008) 年に現在の四天王寺大学と名称が変わりました.

　この表現は, ホームページから私が四天王寺大学の歴史に関わる「出来事」を抜き出したものです.「過去に起こったことの過程」としての「四天王寺大学の歴史」であれば, 創立したその日から現在までの60年間の一日一日全てのことを指しますが, それら全てを「順序だてて記述 (叙述) すること」は, 読者である皆さんにとって必要なく, むしろ四天王寺大学とはどのような大学かわかりづらくなります. 私が記述した「四天王寺大学の歴史」とは, 読者である皆さんにとって, 極めて簡潔に現在の四天王寺大学がどのように変わってきたのかを説明したものです.

　要するに, 2つ目の意味としての「四天王寺大学の歴史」とは, 著者である私が, 読者である皆さんに, 四天王寺大学の過去の出来事の中から意図的に抜粋した出来事を説明することです. この歴史を書くプロセスのこと「歴史叙述」と言います. そして, そのプロセスの結果として出来上がったものを「歴史」としています.

　つまり, これまで皆さんが教科書や入門書, または専門的な書物で読んでいる「歴史」とは, それを叙述する者が「なぜ」「どのように」過去の出来事が

起こったのかを取捨選択し，説明するという「解釈」が含まれているのです．歴史学とは，そのような歴史上の出来事を解釈する学問と言えます．

　歴史学という学問では，ある出来事が起こった場合，その出来事について，時間を巻き戻してもう一度確認することはできません．そのような意味では，歴史学は科学であるとは言えないかもしれません．例えば1582年に明智光秀は本能寺の変を引き起こし，織田信長を倒しました．その後明智光秀は豊臣秀吉に討たれ，三日天下となってしまいました．この出来事は多くの謎に満ちています．もちろん，織田信長や明智光秀をはじめとして本人たちの証言を取ることができればいいのですが，そのようなことは21世紀のわれわれには不可能です．検証する側は，いくつか問いを立てる必要があります．なぜその事件が起こったのか，なぜ三日天下に終わったのか，など慎重に証拠を集めなければなりません．ここでは，事件前後に光秀がどのような行動をとっていたのか，どのような人物と交流していたのか，手紙・書簡のやり取りの内容はどのようなものであったか，などの「物的証拠」を集めて，状況判断をしなければなりません．

　過去の出来事を知ることができるのは，記憶されたことが記録され，現在まで残っているからこそ，歴史的事実として認識することができます．「物的証拠」として，そのような過去の事実・事象について役立つ材料は「史料」と呼ばれます．史料とは紙に書かれた文献史料が一般的と言えます．例えば，当時の出来事を記している日記，書簡，帳簿や公文書などが挙げられます．紙媒体にはさまざまな形がありますが，さらには口頭伝承や絵画，碑文，映像（写真や動画），民俗資料，遺跡・遺物なども広い意味で史料と言えます．

　もうお分かりのように，歴史学において行われる分析手法は，事件の真犯人を追う刑事，もしくは裁判で検察官や弁護士が提示する証拠を基に判決を出す裁判官のように，冷静に判断を下すことです．この時に，「冤罪」が起こってしまってはいけません．歴史的事実を「解釈」する上で，私たちは自分の考えに都合のよい事実のみを取り上げることは，あってはなりません．歴史の事実は一つとは限らないと主張する人もいます．しかし，誰から見ても，歴史的事実についての「解釈」は，さまざまな証拠の間で矛盾がなく論理的整合性があること，すなわち最も筋の通るものでなければなりません．

　歴史的事実とは，さまざまな形で残っている史料の性質によって大きく影響されます．なぜなら，史料の一つ一つの事実認定における有効性や信用性（信憑性）が異なるためで，これを見極める作業である「史料批判」が必要になるからです．例えば，ある個人の日記は，書かれた当時の雰囲気を伝える重要な史料と言えますが，書いた本人が何に興味があったのかによって，あるいは書く時の体調次第によって，書かれる内容が大きく異なることになります．また，書いた個人の情報収集能力や認識力によって，記載された事柄に誤りが生じる，もしくは不完全な場合もあります．さらには，日記を書く当事者にとって「当たり前であること」はほとんど記されることはありません．そのため歴史家が史料を読む際には，史料の「行間を読ん」だり「斜めに読む」（木目に逆らって読む）ことが必要になります．それが「史料批判」であり，このように史料の検討を突き詰めることによって，正しい認識に至ると考える立場を「実証主義」と言います．

### 事実認識の可能性と限界

　歴史学に関わる重要な第2の論点としては，歴史上の出来事を説明する上で，好き勝手にいろいろな出来事を取り上げてもよいのか，ということです．この論点は「何のために」歴史叙述が行われるのか，という議論にもなります．

　2016年のアメリカ合衆国大統領選挙では，実業家のドナルド・トランプが大統領に当選しました．その大統領選挙では一つの言葉が大きく話題を集めました．「フェイクニュース」．トランプ大統領は，自分に都合の悪い情報などを「フェイクニュース」と断言し，アメリカの大手メディアのいくつかと対立したことは記憶に新しいでしょう．総務省の『令和元年版情報通信白書』によれば，これは，「嘘やデマ，陰謀論やプロパガンダ，誤情報や偽情報，扇情的なゴシップや，人工知能や画像編集によって合成された偽動画などがインターネット上を拡散して現実世界に負の影響をもたらす現象」を一括して指示した言葉です．実際には，嘘と真実を織り交ぜ，誰かの信頼失墜を目的としたり，悪ふざけによる社会の混乱を目的としたものもあります．

　実際には文書の改ざんだけでなく，偽の史料が作成された例が多くあります．ここでは，ヨーロッパ世界で最も悪名高い偽文書である「コンスタンティヌス

帝の寄進状」を取り上げてみましょう．古代ローマ帝国のコンスタンティヌス帝が西暦337年，臨終に際してキリスト教に改宗しローマ・カトリック教会を統括するローマ教皇シルウェステル1世に教皇領を寄進したことが記され，西ヨーロッパ地域の宗教的至上権を認めたとされる文書でした．この文書を根拠として，西方キリスト教会（カトリック教会）と教皇は，ビザンツ帝国（東ローマ帝国）からの独立性を主張し，13世紀までの西ヨーロッパ中世世界で絶大な影響力を保持していたのです．「寄進状」は，教皇が各地の王や神聖ローマ皇帝との政治的支配権をめぐり対立する時に引用されることになりました．

　しかしこの書状の信憑性に疑義を呈したのが，15世紀イタリアの人文学者ロンレンツォ・ヴァッラでした．彼は古典を研究する文献学者であり，「寄進状」に使用されているラテン語が，コンスタンティヌス帝時代に使われていない中世ラテン語を含むこと，コンスタンティヌスが知りえない後世の出来事が記されていたことを指摘したのです．彼の行ったことはまさに「史料批判」でした．

　注意しなければならないのは，史料を作成した者だけではなく，史料批判を行う者も，なにがしかの偏見を抱いていること，何らかの政治的立場にあることを忘れてはなりません．ヴァッラ自身，教皇の政敵であったアラゴンとシチリア同君連合の王に保護され，その王も，教皇からナポリの支配権を奪い取ろうと行動しており，ヴァッラはその行動からも影響を受けていたことが指摘されています．彼の暴露はすぐには世間の話題にはなりませんでしたが，それから1世紀後プロテスタント宗教改革の信奉者たちが翻訳し，当時の最新技術である活版印刷技術を通じて，教皇の腐敗について広めることになりました．「寄進状」が作成された時期は西暦700年代後半から800年だといわれていますが，その起源については論争が続いています．

　歴史の「解釈」をできる限り完全なものとしたいのであれば，できるだけ多くの事実と矛盾しないものでなければなりません．その「解釈」とは，それに適合できる事実のみに依拠することではありません．それは，起こり得る反証可能性の主張に耐えられるものでなければなりません．歴史学における「解釈」が変更される時とは，新しい証拠，新たな事実の「発見」が見つかったときでしょう．それでは，なぜ新しい事実が「発見」されるのでしょうか．時代が変わり，知識が変われば，私たちの興味関心も変化します．その時それまで見過

ごされてきた史料（とそこに記された歴史的事実）を通じて見直しが行われれば，新たな視点から「歴史は書き換え」られるのです．哲学者クローチェはこのことを指して「あらゆる歴史は現代の歴史である（各時代関心の観点から歴史像が変化する）」と主張しました．

　歴史学という学問は，社会学と同じように実証研究の伝統を持つものですが，大きな違いは一般理論化（法則化）するのではなく，ある出来事や事象についての時代性・特殊性を強調する傾向にあるところでしょう．次節では，近代歴史学がどのように歩んできたのか，また歴史社会学に与えた影響を簡単に述べてみましょう．

## 3　近代歴史学と社会学の相互作用

### 近代歴史学の誕生とその境界

　歴史を著す行為そのものは，人類の始まりから行われていたといえるでしょう．近代歴史学が誕生する以前の歴史についての詳細は，紙幅の都合もあり省略しますが，2つの点を述べておきます．中世ヨーロッパではキリスト教の影響が強く，人類の歴史は神の楽園に向かって努力を続け最終的な救済をめざす単線的で進歩的そして合目的的な歴史として描かれました．さらに17・18世紀の啓蒙の時代には，ヨーロッパの知識人たちは，旧来の習慣や矛盾（そして当時の王政支配など）に対して「理性」による合理的批判を通じて普遍性を追究するという楽観的な進歩主義者でした．これらの要素は近代歴史学の母胎となりました．

　そして，近代歴史学の確立には，フランス革命とその後の19世紀以降の展開に注目しなければなりません．フランス革命とその後のナポレオンのヨーロッパ大陸制覇は，フランスのみならず，ヨーロッパ全域に革命思想を広げることになりました．それは，中世以来確立していた王政（専制支配）を否定し，自由と平等を共通普遍の原則とする「国民国家」という概念を広げることになりました．フランス革命以来の自由主義（王制，教会からの自由）は，「フランス」人ナポレオンによるヨーロッパ支配への反発としての「ナショナリズム（民族主義）」を生み出すことになりました．革命とナポレオン戦争で苦境に陥った

ドイツ地方，特にプロイセンにおいては，「祖国愛」に訴える手段での近代的改革が断行されました．

　そして啓蒙思想に対する知的反動ともいえるロマン主義の思潮がそれを後押ししました．ロマン主義は普遍ではなく民族的個性を，進歩というよりは過去とのつながりが強調され，民族的民衆的伝承を重んじました．近代歴史学とは，自由主義，ナショナリズム，ロマン主義が交じり合った結果として発達した学問領域でした．

　近代歴史学創設の一人であるレオポルト・フォン・ランケ（1795–1886）は次のように考えていました．歴史家は「事実がどうあったかをただ示すだけ」であり，そのためには歴史家は自己の意識を消して史料にありのままの事実を語らせるべきである，と．ランケの実践にどのような新しさがあったのでしょうか．それは，ランケ以前の歴史叙述が，歴史的事実をキリスト教的道徳の教訓や政治批判に利用していたことに対して，事実を事実そのものとしてみることを主張したところにありました．

　私たちが過去を知りうるのは，史料という過去の痕跡，すなわち時代を超えて私たちのもとに伝わってくる歴史的事実の断片を通じてのみです．そのため，私たちはあるがままの事実を知ることはできません．実はランケも「歴史家の意図は，その視点に依拠している」として，自分の視点の不完全性を認めていました．しかし，彼の歴史学は，批判的実証的な学問として世界中に普及しました．

　よく言われているのは，ゼミナール（演習）形式を取り入れ，学生たちに史料の入念な比較や批判的検討を大学の授業に導入したことでした．これは欧米各国の大学に導入されるようになりました．日本では，ランケの弟子リースが1887年に帝国大学の史学科創設のために迎えられ，日本の史学会及び『史学雑誌』の創刊に関わりました．

　ランケ自身はドイツ史を越えた世界史としての歴史を目指していたともいわれていますが，彼に限らず19世紀の歴史家に共通する前提として国民国家があり，民族／国民統合こそが基本的歴史観であり，「自民族優位」自国優位の歴史としての政治史，「国民（ここでは男性主体）の命運」に焦点があてられました．そのため，学者・教師だけでなく，官僚・法律家，企業エリートになるには，

歴史学の素養が必要不可欠と考えられていました．ヨーロッパ中心史観の源泉は，ユダヤ教やキリスト教の進歩史観から発するもでしたが，啓蒙思想や市民革命，産業革命を経て，自信に満ちたヨーロッパ列強が帝国主義的自己意識の正当化の手段として利用されました．

　しかしこのような楽観論は，第一次世界大戦（1914 - 18）とその後に成立したソ連の成立によって吹き飛んでしまいました．第一次世界大戦は，それまでの自己充足的な進歩史観では説明できないほどヨーロッパ社会の荒廃を招きました．さらに社会主義革命であるロシア革命の結果として成立したソ連の存在は，マルクス主義に基づく労働者の理想社会を目指すという壮大な理論について，20世紀の若者や知識人に大きなインパクトを与えました．その影響を受けた歴史学者シュペングラーは『西洋の没落』（上1918，下1922）という悲観的予言の書を著しています．

　20世紀前半は，歴史学派経済学およびマルクス主義の影響を受けて，社会経済史が進展しました．ドイツの『社会経済史四季報』やフランスの『経済社会史年報』（アナール学派の始まり）が専門誌として有名です．経済史は政治史よりも比較研究が行いやすく，統計データを使用して中長期的なタイムスパンでの変化を捉えることができ，また一国史にとらわれない調査研究ができるため，国際共同研究も促進されました．

### 社会史と歴史社会学，その後

　第二次世界大戦とその後の世界情勢も近代歴史学に影響を及ぼしてきました．良くも悪くも，戦前から1950年代までの歴史学は，公文書や外交文書などを利用した，エリート政治の研究であり，エリートが制定した法制史などが主流であったと言えます．しかし，60年代後半から欧米や日本で顕著になったのは，戦後の大学の大衆化や，ベトナム戦争の不条理に反対する非エリートの学生運動，大衆運動でした．歴史学もその影響を受け，大衆の反権力的闘争や日常生活の研究に焦点が当てられました．それは，社会史や民衆史と呼ばれるものでした．

　社会史の代名詞ともいわれるフランスのアナール学派の歴史家たちは，第二次世界大戦前のマルクス主義的経済史の統計分析やE. デュルケームやM. モー

ス，C．レヴィ＝ストロースなどのフランス社会学，人類学の理論を取り入れながら発展してきました．マルク・ブロックやルシアン・フェーブルによって創刊された先述の雑誌『社会経済史年報』が拠点となり，「生きた歴史学」を掲げ，多様な学問的模索が行われてきました．

　アナール学派の興味深いところは，柔軟な発想により，多様な学問領域を横断しながら，長期的タイムスパンによる数量分析を行い，歴史的時系列とともに，空間的広がり（地域論）を加えたことです．また，文献史学では読み取ることの難しい人間の心性（仏mentalité, 英mentality）を，図像や遺物，伝承を利用して見出そうとしたことです．その研究対象は女性や子供，家族，商人や職人，生と死，病気や気候，衣食住全ての日常生活の具体的で多様なカテゴリーにわたっています．

　アナール学派第二世代のフェルナン・ブローデルによる大著『地中海』(1949)を取り上げてみましょう．『地中海』の原題は「フェリーペ二世時代の地中海と地中海世界」ですが，16世紀の内容だけでなく，古代から現代にかけての地中海世界の地形風土や気候，交通と都市などを分析した地理学，図表やグラフ，地図などを多用した経済学の用法が取り入れられました．そして，地中海世界の人びとの社会や経済活動にどのような影響を及ぼしたのかという多層的で壮大な全体史を示しました．この『地中海』がウォーラーステインの「近代世界システム論」に大きな影響を与えました．

　社会史だけでなく，近代歴史学の分野として新たな風を吹き込んだのは，1970年代後半から80年代に広がったジェンダー論やマイノリティー研究と言えるでしょう．とりわけアメリカ合衆国では，偉大なキングJr牧師たちによる黒人差別撤廃運動から始まった公民権運動の結果として制定された公民権法(1964)の浸透に伴い，エスニック・アイデンティティ（民族的独自性）の追求が政治的意味を持つだけでなく，信条や性による差別への歴史的関心が強まりました．

　さらに歴史学だけでなく，学問全体を震撼させる出来事としてポストモダン論争を取り上げることができます．冷戦終結時期に注目を浴びたのが，いわゆる「言語論的転回」という表現で示される学問的思潮です．その考え方によって，言語学を中心とした学問全体を揺るがす懐疑主義論争が広まり，やや遅れ

て日本でも伝わりました．懐疑主義という考え方は古代の頃から存在していま
したが，この時に注目されたのは，私たちが使用する「言葉」でした．そして
「言葉」というものは，それが指す対象そのものの意味を私たちが共有するこ
とはできるのか，という論争でした．

　歴史的事実について「唯一絶対に正しい解釈」は存在しないと歴史家たちの
間では了解されていました．しかし言語論的転回によると，歴史学の作法とし
ての史料論に基づく史料批判をしても，その史料を言葉として残した書き手の
意図と，その史料を読み取る私たちの認識が異なるために正しい解釈ができな
いのではないかという疑問がなげかけられたのです．これに対する明確な回答
をこれまでの歴史学が行えているのかといえば，まだ行えていません．しかし，
現段階でなるべく多くの人びとにとって，歴史を説明する際に理屈が通ってい
ると思える解釈を行うことは必要であると思われます．

　この言語論的転回の議論の結果として，社会学の分野でも，全体像を描く歴
史社会学の分野で勢いが失われ，より精緻で厳密な実証的社会学に傾いている
ように思われます．歴史学にもいくつかの変化が生じました．一つは文化史の
盛隆でしょう．文化史の分野は，19世紀にはすでにブルクハルトなどの美術史
家をはじめとして存在していましたが，20世紀後半になって，社会史を批判す
る立場から，歴史学の新しい方向性を示してきました．

　19世紀からのエリートを扱う政治史を批判した社会史は，庶民の経験を歴史
として叙述し，奴隷，労働者，女性などの社会的集団カテゴリーを使用して社
会階層とその構造を描き出しました．それに対して，新しい文化史は，その固
定化された集団カテゴリーそのものがどのように意味を持つようになったのか
を社会史家が無視していると批判したのです．文化史家は，文化人類学や文学
理論などの手法（「テクスト分析」などと呼ばれています）を用いて，その集団カテ
ゴリーそのものがどのように説明され，変遷してきたのかを研究の対象としま
した．

　当時に生きていた人びとの「個人的な語り」を通じて歴史像を紡ぎだす新し
い文化史の方法は，それまでの政治経済史や社会史が示してきた歴史の全体像
を修正する「下からの歴史学」としての役割を果たしました．これは歴史学の
裾野を広げましたが，最後に日本で私が気になる動向を指摘しておきたいと思

います.

　一つはジェンダー論の影響としての女性史の展開です. フェミニズムの立場からは, 歴史学は男性目線で歴史が語られてきたことに批判が集まりました.「個人 (または弱者)」としての女性の歴史から, これまで「当たり前」と見なされてきた歴史の全体像を捉えなおす試みは, 刺激的で非常に興味深いと思われます.

　もう一つは懐疑主義の立場からの批判です. それは, 歴史学は歴史的事実を示すことはできない, だから自分たちの気に入る (都合のよい) 歴史を描いてもかまわないのではないかという自由主義史観の立場です. この立場の人びとは, 戦後日本の歴史学は, 特に近代以降の日本の歴史を負の側面ばかり描くとして批判し, 太平洋戦争の状況を肯定的に捉え, 南京虐殺や慰安婦問題はなかったと主張しています. 近代歴史学からすれば, 危険な傾向にあると私は考えています.

**参考文献**

アーノルド, J. H. (新広記訳)『歴史』岩波書店, 2003年.

アンダーソン, B (白石隆・白石さや訳)『定本: 想像の共同体: ナショナリズムの起源と流行』書籍工房早山, 2007年.

ウォーラーステイン, I. (川北稔訳)『新版 史的システムとしての資本主義』岩波書店, 1997年.

ギデンズ, A (松尾精文・小幡正敏訳)『国民国家と暴力』而立書房, 1999年.

ハント, L (長谷川貴彦訳)『なぜ歴史を学ぶのか』岩波書店, 2019年.

バディ, B.・P. ビルンボーム (小山勉・中野裕二訳)『再訂訳版 国家の歴史社会学』吉田書店, 2015年.

岡崎勝世『世界史とヨーロッパ: ヘロドトスからウォーラーステインまで』講談社, 2003年.

小田中直樹『歴史学ってなんだ?』PHP新書286, 2004年.

菅豊・北條勝貴編『パブリック・ヒストリー入門: 開かれた歴史学への挑戦』勉誠出版, 2019年.

長谷川貴彦『現代歴史学への展望: 言語論的転回を超えて』岩波書店, 2016年.

浜名優美『ブローデル『地中海』入門』藤原書店, 2000年.

総務省『情報通信白書令和元年版PDF』 第1章第4節デジタル経済の中でのコミュニケーションとメディア参照 (https://www.soumu.go.jp/johotsusintokei/whitepaper/ja/r01/pdf/n1400000.pdf, 2020年3月31日閲覧).

# 第12章

## 観光社会学
──観光の原点，温泉と聖地巡礼を視点に──

梅原隆治

> 大学に「観光学部」ができたのは 1998 年の立教大学が最初．「観光」が
> 学問研究の対象になったのは比較的新しいと言えます．しかし湯治や参詣
> といった古代からの行為が，いつのころからか「観光」の主役になってき
> ています．その背景を観光の定義と重ねて考えてみましょう．また観光資
> 源は多様化し，新たなツーリズムが芽生えて来ています．観光の将来も展
> 望しましょう．

## 1 「観光」とは何か，観光行動の起源を訪ねる

### 「観光」とは

　観光の語は，中国は周の古典『易経』に「国の光を観るは以って王に賓たる
によろし」と見えることによるとされています．これは他国を視察・巡検して，
参考にすべき良い点，すなわち光を学んで，自国の発展につなげることが大切
だとの意で，移動の概念が含まれています．また観光の英訳であるツーリズム
Tourismは，ラテン語のTorunus（轆轤）が語源とされ，観光地を巡っては戻っ
てくる行為をさすとされています．いずれも異文化に触れる巡遊といったとこ
ろでしょうか．

　さて，今日の日本で公的機関が観光をどのように言っているかというと，ま
ず1979年に総理府が「自然景観や名所・旧跡を〈鑑賞・見物〉したり，神社・
仏閣に〈参詣〉すること」と述べており，まさに私たちが経験してきた修学旅
行のようなものだと言えましょう．さらに1995年の観光政策審議会で「余暇時
間の中で［時間］，日常生活を離れて行うさまざまな活動であって［空間］，触れ
合い，学び，遊ぶということを目的とするもの［目的］」と正式に定義されてい

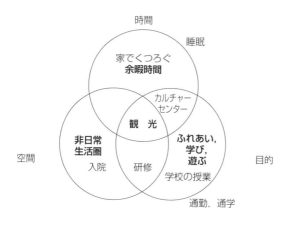

**図12-1　観光の定義**

出所：菊地俊夫編著『観光を学ぶ——楽しむことからはじまる観光学——』二宮書店，2008年，p.3. に一部加筆.

ます．**図12-1**を参考に考えてみてください．

　岡本伸之は『観光学入門』の中で，観光は「楽しむための旅行」だとし，それには①「日常的な空間」から「非日常的な空間」への移動，②「非日常的な空間」での滞在と体験，それに③知的・場的好奇心を満足させること，が必須としています[1]．

## 「観光」の前提

　前項の定義で触れたように，観光は民俗学でいうところのまさに「ハレ」の時間・空間での行為です．「ケ（日常）」の時間・空間ではないのです．おまけに病気で入院しているといったような「負」の非日常ではありません．「正」というよりも「陽」の非日常です．つまりは時間的にも経済的にも十分な余裕が必要ということで，身も心も豊かでなければなりません．

　そのためには18世紀後半の産業革命まで待たなくてはなりませんでした．ワットによる蒸気機関の考案が，人間の肉体労働にとって代わり，石炭というエネルギーをくべておけば四六時中ものを産んでくれるようになったのです．おまけに均一化された製品を大量に作り出します．余剰物が大量に生まれ，それを商って潤沢な利益が生まれてきたのです．もちろん当初は資本家が儲かるだけですが，やがて労働者階級にも時間と財布に余裕が生まれてきます．イギリスからスタートした産業革命を経験した国から，順次そのような時代を迎えていきます．日本では明治の殖産興業期以降がそれに当たります．

　産業革命は何も工業力を強めただけではありません．蒸気機関が海の上，陸の上の交通手段に備え付けられたのです．フルトンによる蒸気船，スティーブンソンによる蒸気機関車の考案がそれで，それまで風待ち，汐待で時間の読め

なかった水運が安定かつ高速化し，馬車交通が鉄道にとってかわられることで，高速化と大量輸送が可能になったのです．まさに産業革命は交通革命でもあったのです．

　交通革命は原料や燃料，それに製品の輸送に貢献しただけではなく，人間の遠距離移動，かつ時間距離の短縮に大いに役立ちました．まさに「見て歩き」の観光行動にも，大きく寄与したのです．交通の高速化や輸送の大量化，大型化，それに伴う運賃の低廉化が，社会・経済の安定や生活水準の向上と相まって，マス・ツーリズムを誕生させたのです．

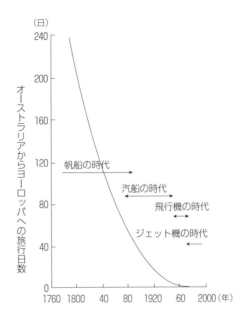

**図12-2　豪欧間の時間距離の変化**

出所：菊地俊夫編著『観光を学ぶ——楽しむことからはじまる観光学——』二宮書店，2008年，p. 8.

## 「観光」のルーツ

　多様化している昨今の観光といえども，最も日常に近いそれといえば，宮参り・参詣，と温泉旅行ではないでしょうか．年の始めに晴れ着を着て初詣に行ったり，デイトで京都や奈良の寺社へ出かけたりしませんか．関西の人なら有馬や白浜へ一度ならずと行っているでしょう．まさにこの2つは，洋の東西，地球の南北を問わず，最もポピュラーな観光行動だといえるのです．湯治からスタートした温泉旅行とはいえ，信仰心や願掛けの参拝がもともとのお参りとはいえ，現代人のわれわれにとっては元の目的や動機はかなり薄れているのではないでしょうか．それぞれが時代とともに「観光」になっていくことを，次節以降で眺めてみましょう．

## 2　観光資源としての温泉──湯治から観光──

　洋の東西を問わず，古来より人類は湯に親しんできました．傷を治し，病を癒してきたのです．いわゆる湯治の行為ですが，それを行える人が広範囲に広がるにつれて，温泉に浸ることが身をほぐし，疲れを取り除き，心を癒すことにつながり，単に傷病者の集う湯治場から多くの人びとが集う温泉観光地となっていきます．この節ではそういった事例を日本と世界からいくつか見てみます．

### 日本三古湯

　皆さんの周りにはたくさんの温泉があり，すでにいくつも体験していることでしょう．仕事で旅していても同じ泊まるなら温泉宿を好むかもしれません．ただ一部の特権階級の人しか湯に浸かれなかったころの温泉は，やはり限定されます．日本における温泉の起源を史料から眺めてみましょう．

　温泉発見の伝承としては，浅虫や酢ケ湯温泉（青森），鹿沢温泉（群馬）のシカや，鉛温泉（岩手県）のサル，下呂（岐阜）や道後温泉（愛媛）のシラサギ，それに有馬温泉（兵庫）の三羽ガラスといった動物が挙げられたり，福島の飯坂や群馬の草津温泉の発見者日本武尊（やまとたけるのみこと）（記紀に見える伝説上の人物）や有馬温泉を発見した奈良時代の僧行基，それに青森の恐山や群馬の法師，静岡の修善寺温泉を発見したとされる平安初期の僧空海（弘法大師）といった歴史上の人物がよく知られています[2]．

　ただ，発見者が動物か人物かはともかく，温泉の湯は天皇が御身体を清められる斎川水（ゆかわみず）が起源とされ，心身を清める禊ぎのためのものと考えられていました．日本書紀には631年に舒明天皇が有馬温泉で85日間湯治をされ，639年の記事には伊予温泉（のちの道後）への行幸が見えます．657年には斉明天皇が牟婁温湯（のちの白浜，和歌山）で湯治しています．それゆえ有馬・道後・白浜が「日本三古湯」とされています[3]．

**写真12 - 1　日本三古湯**

注：左：有馬温泉金泉の御所泉源　中：道後温泉本館　右：白浜温泉牟婁の湯
出所：右の「牟婁の湯」は白浜観光協会公式サイト（http://www.nanki-shirahama.com/）より転載，ほか
　　の２枚と以降の写真はすべて著者撮影.

## 温泉の普及，大衆化

　三古湯のような温泉に浸れたのはいわゆる特権階級の人びとだったでしょ
う．それがより大衆化していくにはしばしの時間がかかります．封建時代に庶
民が生地を離れることは困難だったのです．

　元禄８年（1695）の記録ですが，有馬温泉の焼失した温泉寺薬師堂の再建寄
進者名簿によれば，近畿地方が最も多い59％は当然としても，四国16％，関東・
中部・中国各６％，東北１％とほぼ全国を網羅しており，大名・武士が半数を
占めてはいるものの，庶民22％，寺院・僧侶８％とつづいています．この頃に
は特権階級に加えて一部富裕な平民階層も利用していたことがうかがえます．
さらに次節とも関係しますが，伊勢講や大山参りのように庶民の参拝行為が容
認されるようになれば，その途次に各地の温泉に宿泊する機会も増え，おのず
と大衆化していきます．18世紀後半に東西の温泉番付が作られたりしたのもそ
の現れでしょう．

　さらに近代に入ると全国で鉱山開発が活発化し，水力発電所が建設されたり
して山間部にも人の手が及び，これが新たな温泉開発につながっていきます．
鬼怒川温泉や天童温泉がこれにあたります．また旧慣に基づく「総湯」の外湯
から温泉掘削による内湯旅館が増加するのもこの頃からです．戦後の高度経済
成長期には，企業の招待旅行や会社・団体の職員旅行といった団体客で大いに
賑わいました（熱海や白浜など）．また山間部でスキー場開発が進み，積雪期に
客足が絶えていた温泉が通年営業を行えるようにもなりました（蔵王や志賀高原，
羊蹄山麓など）．客層も，男性中心の団体客から個人旅行，家族・友人との旅行

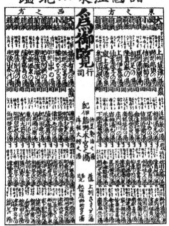

**図12-3　江戸時代の温泉番付**

注：東の大関は強酸性泉の草津温泉，関脇は
　那須温泉，西の大関は都に近い有馬温泉，
　関脇は城崎温泉
出所：山村順次『観光地理学』同文館出版，
　2010年，p.34.

へとシフトしていき，元来の湯治利用から
慰安・保養の場，秘湯探訪や手軽なレクリ
エーションとしての日帰り温泉利用と，そ
の目的も多様化してきています．いずれに
せよ，日常生活から離れ，異なる環境で疲
れを癒すという，まさに観光行動そのもの
が温泉旅行ではないでしょうか．

### 古代ローマの温泉

　世界の温泉としてどんなところを知って
いますか？　チェコのカルロビ・バリ温泉
やハンガリーのセーチェニー温泉，それに
オーストリアのイシュール温泉といったと
こでしょうか．中には世界遺産に登録され
ているところもあります．その中から，本
項ではヨーロッパの歴史の古い，かつ温泉
観光地としても名高い2か所を見てみま
す．
　ヤマザキマリさんの漫画や阿部寛さん主演の映画『テルマエ・ロマエ』で一
躍有名になったローマの温泉（公衆浴場），これは円形闘技場やローマ劇場とな
らぶローマ市民に提供された娯楽や社交の場の一つです．なにも首都のカラカ
ラ浴場やディオクレティアヌス浴場などだけではなく，広大な帝国の多くの植
民都市に建設され，市民や旅人はもちろん，軍団兵士や退役軍人の心身を癒し
ました．中でもブリタニア（現在のイギリス）のバースBathは英語の風呂・浴場
の語源としてもよく知られ，ローマ浴場跡（ローマン・バス）を含んで「バース
市街」として1987年に世界文化遺産に指定されました．ローマ撤退後は荒廃し
ますが，18世紀にアン王女がこの地を訪れて以降温泉保養地として復活し，富
裕層の社交場として栄えていきます．
　トルコ西部の有名な観光地に純白の棚田のような景観のパムッカレがありま
す（**写真12-2**）．写真や映像で見た人も多いでしょう．ここを訪れたなら絶対

に寄ってほしいところがヒエラポリス遺跡です．パムッカレの石灰華段丘の一番上にあるローマ帝国の温泉保養地として栄えたところで，両者を合わせて「ヒエラポリス‐パムッカレ」として1988年に複合遺産として世界遺産に登録されました．地震による破壊と復興を繰り返していましたが，1354年の大地震で完全に廃墟と化してしまいます．19世紀の後半からドイツやイタリアの考古学研究チームによって発掘が進み，これまでに円形大劇場やドミティアヌス帝の凱旋門，浴場跡や八角形の聖フィリップのマーティリウム，それにネクロポリス（共同墓地）などが出てきています．2～3世紀に最も栄えていたころには10万人余の人口を抱えていたのもうなずけます．その中に遺跡が沈んだ温泉プールが整備され開放されています（**写真12-3**）．ローマ皇帝も愉しんだとされる温泉に癒しを求めてみるのも一興です．

**写真12-2　トルコ，パムッカレの石灰華**

**写真12-3　ヒエラポリスの遺跡が沈んだ温泉プール**

### インカの温泉

　これまで洋の東西の温泉を見てきましたが，何も旧大陸に限ったものではありません．新大陸にも長大な新期造山帯，そして火山帯が走っており，それゆえ数多くの温泉があります．日本人がよく訪れるニュージーランド北島にはロトルア温泉がありますし，南米のペルーにはインカの王様が入ったとされる温泉が多くの観光客を集めています．

　ペルー北部のアンデス山中にカハマルカ（Cajamarca）という町があります．インカ最後の皇帝13代アタワルパ（Hatauarpa）がスペイン人のフランシスコ・ピサロに捕縛・幽閉され，身代金の金銀財宝を搾取された上に処刑（1533）された町として有名な，観光都市の一つです．この地に彼がいたことからもわか

るように，南北に広大なインカ帝国にとっての北部の要衝で，首都のクスコの
陪都的役割を持ち，温泉が出ることもあって皇帝たちの保養地ともなっていた
ところです．

　カハマルカの中心のプラサ・デ・アルマスから東へ6キロほどの町はずれに，
かつてはPulltumarca（プルトゥマルカ）と呼ばれたBaños del Inca（インカの温泉）
があります．大小の平屋棟の中に一坪大の個室浴場が連なり，日本円で百円強
で利用できます（**写真12-4**）．施設内にはインカ王が用いた石造りのGran
pozo del Inca（インカの大泉）が，4メートル四方，深さ1.7メートルの威容で，
壁面はコンクリートに代わっているものの残っています．

　ここから2ブロックさらに東の先に，屋外プールやスパ＆ウェルネスセン
ターを併設したHotel Laguna Secaがあります．広い敷地内にコテージが連な
り，快適な浴室で同じ源泉の湯に浸ることができるリゾートホテルです．カハ
マルカ近郊の集合墓跡のオトゥスコや奇岩が並ぶクンベ・マヨを訪れたのちに
利用したい現在の温泉宿です（**写真12-5**）．

写真12-4　カハマルカの　　　　写真12-5　新しい温泉ロッジとその浴槽
　　　　　インカ温泉

## 3　聖地巡礼の観光資源化

### 宗教と聖地

　人が集まり小なりとも社会ができると，そこには必ずと言っていいほど宗教
的な要素が出てきます．農耕が始まればその儀礼が，争い事には戦勝祈願が，
といったように，何かを，誰かを，どこかを崇めることによって身を処してき
たのではないでしょうか．そういった宗教的行為が大きくなっていけばやがて

は「そこ」が大きな意味を持ち，人びとが日参するようになっていきます．毎週金曜日にユダヤ教の信徒が集まって壁の破壊を嘆くエルサレムの「嘆きの壁」や，キリストが処刑されたゴルゴダの丘に建つやはりエルサレムの「聖墳墓教会」，そしてムハンマドが神の啓示を受けに馬で飛び上がった岩を覆うこれまたエルサレムの「岩のドーム」といったところがとくに有名になりました．それぞれの宗教の信者にとっては，エルサレムはまさに大切な「聖地」なのです．

　他にも五体投地でお参りするチベット仏教のカイラス山やガンジス川で沐浴するヒンドゥー教のヴァラナシ，オーストラリア先住民のアボリジニが祖先や精霊と交流する場としてのウルルといったところも，よく知られた聖地ということができます．信者の多少や布教の広狭にかかわらず，それぞれの宗教には聖地があるものなのです．

### 巡礼と観光

　それぞれが信ずる宗教の聖地を訪れるという行為は，当然，信仰的な動機に基づく参詣行為であったはずです．現在でも少なからずおられるものと思われます．ただ，聖人や聖遺物に寄り添い，魂の救済や贖罪を求める宗教的動機は時代とともに薄れていき，やがては病気の治癒とか戦勝祈願，子授かりといった現世利益的な願掛けが主流となっていきました．日本の寺社でもさまざまなお守りやお札が売られているのを知っているでしょう．時代とともに巡礼や参詣の動機も多様化し，観光的要素も重要な動機となってきたのです．全国からの伊勢講の人たちが，帰路には上方見物をし，土産物を購入し，温泉にも立ち寄っていたのです．信仰活動という宗教的側面に世俗的な余暇活動としての観光的側面が加わってきたといえるでしょう．

### キリスト教徒の三大巡礼地

　キリスト教徒にとっての最も重要な聖地は，当然イエスが処刑されたゴルゴダの丘があるエルサレムでした．イエスの磔刑の年に関しては29年，30年，33年など諸説がありますが，その後に巡礼が始まるわけではありません．306年に即位したコンスタンティヌス帝が，313年にミラノ勅令によりキリスト教を公認して以降，一般人による巡礼が展開したものと思われます．ただ7世紀以

降のイスラーム世界の拡大によってエルサレムへの巡礼は不可能となり，11世紀以降の十字軍の遠征を迎えることになります．

　イエスの死後の復活を信じる弟子たちは活発な布教活動を展開しました．使徒パウロやペテロの伝道の旅は東地中海地域にとどまらず，やがてイタリアをはじめとする西地中海地域へも及んでいきます．そんな彼らもネロ帝の下で処刑され，殉教していきます．そして彼ら殉教者の墓があるローマが，とりわけペテロの墓があるサンピエトロ大聖堂の建つバチカンが，エルサレムにかわる中世以降の聖地となっていったのです．

　使徒の一人ヤコブ（スペイン語名サンティアゴ）はイベリア半島で布教したのちエルサレムに呼び戻され，その地で斬首され殉教します．ユダヤ王はヤコブの復活を恐れ，遺骸の埋葬を許しませんでした．彼の弟子たちが遺骸を船に乗せ吹く風に任せたところ，ガリシアの海岸に流れ着いたようです．その後9世紀の初頭に星（ステーラ）の光に導かれた野原（カンポ）で羊飼いによってヤコブの墓が見つけられ，その地にアルフォンソ2世が教会を建立し，コンポステーラと名付けたとされています．当時のイベリア半島は大半がイスラーム勢力に支配されており，その地を奪還したいというレコンキスタ（国土回復戦争）運動とも連動し，巡礼路も整備され，キリスト教徒が多く訪ねる聖地となっていったのです．[4]

## サンティアゴ・デ・コンポステーラ巡礼の観光化

　サンティアゴ・デ・コンポステーラ巡礼は951年を最初に，11世紀末から13世紀にかけて全盛期を迎えます．最盛期の12世紀には年間50万人を数えたといわれます．巡礼のシンボル，ガリシア地方名産の帆立貝を道しるべに巡礼路が整備され，教会や修道院，施療院やアルベルゲと呼ばれる宿泊施設を伴ったブルゴスなどの巡礼都市も発達しました．こうした広がりの背景には，中世ヨーロッパで盛んだった聖遺物崇拝や修道会の繁栄が考えられます．[5]

　中世も後期の14～15世紀になると，レコンキスタの完了や百年戦争，教会の分裂やペストの流行などがあり，巡礼熱は沈静化していきます．さらに宗教改革を前にプロテスタント諸国が偶像崇拝を禁止したり，カトリック内部でも聖ヤコブの様な諸聖人崇拝からマリア崇拝に移行したこともあり，サンティアゴ

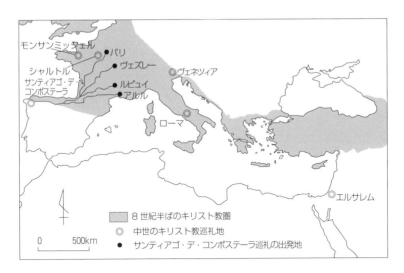

**図12-4　キリスト教の主要な巡礼地とサンティアゴへの道**

出所：菊地俊夫編著『観光を学ぶ——楽しむことからはじまる観光学——』二宮書店，2008年，p. 5.

巡礼は大きく減少し，16世紀以降の宗教改革の影響で激減していくことになるのです．

　先にも述べた巡礼の動機も，全盛期の13世紀ごろまでの魂の救済や贖罪といった宗教的動機から，近世以降は現世利益的な願掛けが増加し，多様化していくこととなります．厳しい旅の中にも好奇心や観光の要素（各地の景観や特産物，食文化といったもの）を含むようになってきます．闘牛や馬上槍試合，アルハンブラ宮殿の見学などもあったようです．ただ，イギリス海軍の侵攻を恐れた教会がヤコブの遺骸を隠匿し，その場所を失念したために，巡礼熱の沈静化は継続しました．1879年には発掘調査でヤコブの遺骸は発見されましたが，その後にスペイン内乱もあり，1980年代のフランコ体制崩壊まで待つ必要があったのです．1986年には2500人足らずでしたが，現代の観光ブームに押されて1992年には約1万人，2006年には10万人を超え，巡礼熱の復活と巡礼者の増加傾向は完全に定着したといえるでしょう．

　現代のサンティアゴ巡礼の特徴を，いくつかのグラフ（**図12-5，6**）から読み解いていきましょう．[6]

　男女別にみると2006年の男：女＝6：4（実数で男性5万9416人，女性4万961人）

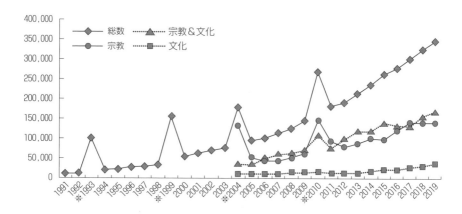

**図12-5　右肩上がりで伸びる巡礼者数と直近16年の動機別巡礼者数**

（※：1993・1999・2004・2010年は聖ヤコブの祝日（7月25日）が日曜日に当たる聖年.）

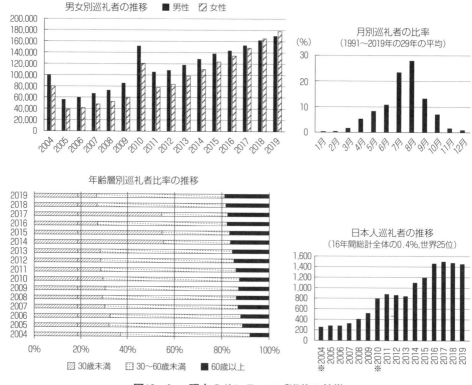

**図12-6a　現在のサンティアゴ巡礼の特徴**

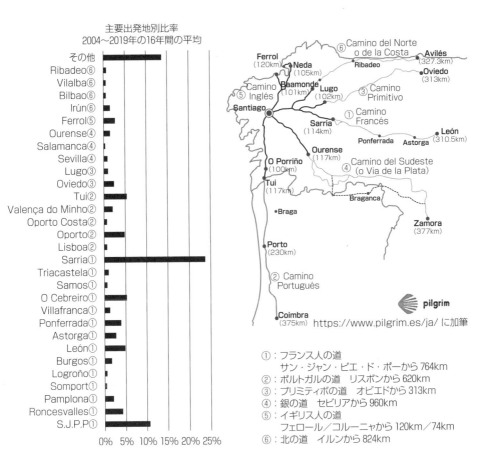

主要出発地別比率
2004〜2019年の16年間の平均

① : フランス人の道
　　サン・ジャン・ピエ・ド・ポーから764km
② : ポルトガルの道　リスボンから620km
③ : プリミティボの道　オビエドから313km
④ : 銀の道　セビリアから960km
⑤ : イギリス人の道
　　フェロール／コルーニャから120km／74km
⑥ : 北の道　イルンから824km

**図12‐6b　現在のサンティアゴ巡礼の特徴**

　以降はその差が縮まっていき，2018年にはついに逆転してしまいました．今後の傾向に注目です．年齢別にみてみると，元来35歳以下の青年・壮年層が半数近くを占めていましたが，近年では60歳以上の高齢者の割合が増える傾向にあります．もともとピレネー山脈を越えて行くという厳しい自然との闘いがあり，さらには山賊にあったりする危険，そして長期の徒歩旅からくる身体の故障や病気といったリスクを伴う旅であるが故，若い男性が主体であったことは容易にうなずけます．しかしフランコ体制の崩壊以降は治安も安定し，交通事情もよくなり，施設・設備や旅のグッズも改善され，何よりも敬虔なカトリック信

者が１割程度で，自分探しや心身を鍛える，歴史景観を楽しむ，神秘的な体験を求めるといったような巡礼者の多様化や多国籍化を受けて，女性が増え，壮・老年層も増えてきたのです．日本人も着実に増加しており，2014年に1000人を超え，宗教人口の２割強がカトリックの韓国に次いでアジアでは２番目に多く，国籍別では全体の0.4％で25位に位置付けられています．

　1985年に大聖堂を含むサンティアゴ・デ・コンポステーラ（旧市街）が世界文化遺産に登録されたのを皮切りに，1993年にはスペイン国内の巡礼路，1998年にはフランス国内の巡礼路が世界文化遺産に登録され，サンティアゴ巡礼の観光化に拍車がかかったといえるでしょう．巡礼者はサンティアゴに到着したら大聖堂で巡礼の無事達成を祈り，その足で巡礼事務所へ回り，「巡礼証明書（La Compostela）」をもらいます．徒歩なら最後の100kmを，自転車なら最後の200kmを完遂し，巡礼の動機が「宗教（religios）」か「宗教及び文化的興味（Cultura）」の場合が対象です．昨今では自転車による巡礼が増加してきています（近過去16年の平均で11.1％）．巡礼者の４分の１近くが出発点としているサリア（Sarria）は「フランス人の道」のサンティアゴまであと114kmの地点であり，同様に「ポルトガルの道」沿いのトゥイ（Tui）や「銀の道」沿いのオウレンセ（Ourense）が好んで出発地に選ばれるのも，ともにサンティアゴまであと約117kmの地点であるからでしょう．お手軽感が背景にあるのかもしれません．巡礼の条件を達成していない場合でも「距離証明書」や「歓迎証」が発行され，巡礼の観光化を後押しする要素ともなっているようです．図12－5でも分かるように，巡礼の動機が「宗教」である人は聖年のみに多く，平年では「宗教及び文化的興味」という動機の人たちに逆転されています．聖地の，巡礼路の観光化は着実に進んでいっています．同じように2004年に「紀伊山地の霊場と参詣道」の一部としてユネスコの世界遺産（文化遺産における「遺跡および文化的景観」）に登録された「熊野古道」も調べてみてはいかがですか．1998年に「サンティアゴ・デ・コンポステーラの巡礼路」との姉妹道提携を結んでいます．

### 現代における巡礼と観光

　「巡礼」は今も昔も一つの身分といえます．俗から聖へ，そして聖から俗へ再び戻るその途次において，人びとは老若男女貴賤の別なく同じ装束，いでた

ちをしています．その旅は普段の生活から非日常世界への一時的な移動でもあり，その途上での物見遊山的な行為も含め，観光行動と同質ともいえます．遊び心と宗教心が共存しているわけで，巡礼者一人一人の心の中での宗教的要素に濃淡があるということでしょう．物質的豊かさや工業化社会の価値観が揺らぎ始めた今日，内面的癒しを求めての巡礼回帰が顕著になってきました．一方で移動手段や宿泊施設の近代化により命の危険を感じることが少なくなり，気楽に，簡単に行えるようになりました．自転車はおろか，自動車やバスを用いても，また分割して行っても許される，そんな社会的認識の変化も起こってき

写真12-6　巡礼者あれこれ

写真12-7　さまざまな道標（みちしるべ）

写真12-8　ホタテ貝モチーフの土産類

ています．その中で，聖地が，そこへの巡礼路が，観光資源化していっているのです．

## 4　観光資源の多様化

　古今東西を問わず，聖地といえば前節で述べたような古刹の寺社や教会，霊山を想起します．宗教ツーリズムとして捉えられてきました．ところが「ディズニーランドがアメリカ人にとっての聖地である」と言われたり，スポーツの聖地やアニメの聖地といったような「○○の聖地」などと呼称される聖地も増えてきています．何か人を引き付ける魅力を持った場所を聖地と呼ぶのが一般化してきたためと思われます．ここでは多様化した観光の対象を紹介し，皆さんに観光の今後を展望してもらいたいと思います．

### 従来の観光資源

　観光の対象には，広い意味での観光資源と宿泊施設やレクリエーション施設といった観光施設が含まれます．ここでは観光資源に絞ってみていきますが，それにも「今後とも価値が減じない資源」と「将来の価値が保証されているとは限らない資源」とがあります．前者には表中の自然資源や太字の人文資源が，後者には主に風俗や衣食住，芸術や言語に関わる無形社会資源が含まれます．多様化した今日の観光資源は主にこの中に含まれているといえるでしょう．

表12-1　観光資源の種別

| 自然資源（10種別） | 人文資源（14種別） | |
| --- | --- | --- |
| 01　山岳 | 11　**史跡** | 21　テーマ公園・テーマ施設 |
| 02　高原・湿原・原野 | 12　**神社・寺院・教会** | 22　温泉 |
| 03　湖沼 | 13　**城跡・城郭・宮殿** | 23　食 |
| 04　河川・峡谷 | 14　集落・街 | 24　芸能・興行・イベント |
| 05　滝 | 15　郷土景観 | |
| 06　海岸・岬 | 16　**庭園・公園** | |
| 07　岩石・洞窟 | 17　建造物 | |
| 08　動物 | 18　**年中行事** | |
| 09　植物 | 19　動植物園・水族館 | |
| 10　自然現象 | 20　博物館・美術館 | |

出所：公益財団法人日本交通公社「全国観光資源台帳」による．

## 新たな観光資源

国土交通省観光庁のホームページにはニューツーリズムに関するページがあり，[7]「ニューツーリズムとは，従来の物見遊山的な観光旅行に対して，これまで観光資源としては気付かれていなかったような地域固有の資源を新たに活用し，体験型・交流型の要素を取り入れた旅行の形態です．活用する観光資源に応じて，エコツーリズム，グリーンツーリズム，ヘルスツーリズム，産業観光等が挙げられ，旅行商品化の際に地域の特性を活かしやすいことから，地域活性化につながるものと期待されています．」と述べています．エコツーリズムやグリーンツーリズムはすでに耳慣れているでしょうが，自然豊かな地域を訪れ，そこにある自然，温泉や身体に優しい料理を味わい，心身ともに癒され，健康を回復・増進・保持する新しい観光形態のヘルスツーリズム，歴史的・文化的価値のある工場等やその遺構，機械器具，最先端の技術を備えた工場等を対象とした観光で，学びや体験を伴う産業観光，スポーツを「観る」「する」ための旅行に加え，スポーツを「支える」人びととの交流や，旅行者が旅先で多様なスポーツを体験できる環境の整備も含むスポーツツーリズム，それにファッション・食・映画・アニメ・山林・花等を観光資源としたニューツーリズムが紹介され，具体例として酒蔵ツーリズム（産業観光）やロケツーリズムが挙げられています．[8]

このように多様なニューツーリズムが発信されている今，映画やテレビ，小説や漫画，アニメなどさまざまな媒体の作品の舞台を巡る旅は，コンテンツツーリズムと総称されています．[9]少し古くはなりますが，TVドラマ「冬のソナタ」の複数のロケ地や，「水木しげる記念館」の境港市などが成功事例として挙げられます．NHKの大河ドラマや朝ドラの舞台もこれに当たります．前節で扱ったものとは別の意味でのアニメの舞台となった地を目的とした「聖地巡礼」も注目される観光様式です．いずれも将来の価値が保証されているとは言えない観光資源で，今後どのように向かい合っていくべきかを考えねばなりません．

注

1）岡本伸之編『観光学入門　ポスト・マス・ツーリズムの観光学』有斐閣アルマ，2001年，pp. 2 - 5.

2）菊地俊夫編著『観光を学ぶ――楽しむことからはじまる観光学――』二宮書店，2008
年，pp. 30‐41.

3）山村順次『観光地理学』同文館出版，2010年，p. 22.

4）松井圭介「巡礼と観光――中世から続くサンティアゴの道――」（菊地編，前掲注2），
pp. 11‐19.

5）同上，pp. 13‐19.

6）各グラフは「日本カミーノ・デ・サンティアゴ友の会」のホームページ（http://
www.camino-de-santiago.jp/about-santiago/index.html）上のデータを基に筆者作成.

7）国土交通省観光庁（http://www.mlit. go.jp/kankocho/page05_000044.html）.

8）松井圭介「文化ツーリズムと聖地巡礼」，菊地俊夫・松村公明編著『文化ツーリズム学』
（よくわかる観光学3），朝倉書店，2016年，pp. 84‐97.

9）筒井隆志「コンテンツツーリズムの新たな方向性〜地域活性化の手法として〜」『経
済のプリズム』110号，2013年，pp. 10‐24.

**参考文献**

飯田芳也『観光文化学　旅から観光へ』古今書院，2012年.

高橋光幸「観光資源の定義と分類に関する考察」『富山国際大学現代社会学部紀要』第6巻，
2014年，pp. 109‐125.

森重昌之「観光資源の分類の意義と資源化プロセスのマネジメントの重要性」『阪南論集
人文・自然科学編』47‐2，2012年，pp. 113‐124.

第**13**章

# 異文化理解
―― あなたはアマゾンの "口噛み酒" を飲めますか？ ――

山本　誠

インターネットや TV の映像を介して，異国情緒あふれる外国の街並みや現地の風俗習慣にふれるのは楽しいことです．それでわかった気にもなれます．でも，そういう "わかり方" だけだと，少しものたりなく感じませんか？　その先には何があると思いますか？

## 1　異文化理解とは：文化とは何だろう

　異文化を理解する――日本語としてとくに難しい表現ではありません．でも，「異文化」とは何か，「理解する」とはどういうことを言うのか，考えてみると単純ではありません．そもそも，「文化」という言葉自体が曖昧です．たとえば「捕鯨は文化だ」とか「箸を使ってご飯とみそ汁を食べるのが日本の文化だ」とかいった表現．意識されることはあまりないかもしれませんが，それぞれ「文化」の意味がちがいます．捕鯨の方は「プラスの評価」がポイントになっていますが（「不倫は文化だ」と言った有名人もいました），「箸を使ってご飯とみそ汁を食べる」こと自体には，そういったニュアンスは感じられません．ここでは日本とか日本人を（そういうまとめ方が成り立つとして）「特徴づけること」が重要なポイントになっています．ついでに言っておくと，この「特徴づけ」は事実にもとづくものとはかぎりません．たとえば「朝食にはパンとコーヒー，これが日本の文化だ」という表現は聞いたことがないと思います．パン派の方が多数派かもしれないけど，「そういうことで自分たちを特徴づけたくない」ということでしょう．事実かどうかはともあれ，自分たちをどういう存在として特徴づけたいのか，そういう動機から選択された（自己）イメージの方が表にでて

くるわけです。「やっぱ、日本人は梅干しとお茶漬けですよね！」と（私のように何年も）「食べてなくても」納得できるのは、そういった事情があるからです。文化という言葉には、集団的なアイデンティティの問題が絡むことがある、そういう言い方も可能です。

　もうひとつ例をだせば、虹の色は日本では7色とされますが、6色とされるところもあれば5色以下のところもあり、まさに世界は色々です。そういった違いは何がもたらしているのでしょうか。その際にも「文化」という言葉がもちだされます。この場合の文化は「世界の分類」、やや大げさにいえば、私たちの生きるこの世界の成り立ちやその中での経験のありように関わっています。

　文化という言葉ひとつとっても、その意味内容は多様ですし、考えるべきことがたくさんある、そのことは理解できると思います。異文化理解の文脈ではプラスに評価されないものまで含めて文化を捉えるのがふつうですが、その「異文化」にしても、それは誰にとっての異文化なのか、誰が誰を「異文化」として語るのか、語ってきたのか、そのへんに敏感になると、気楽に「異文化理解は大切だ」とも言えなくなってきます。とはいえ、まずは具体的な異文化にふれてもらわないことには、抽象的な話を聞いてもピンとこないでしょう。じっくり考えるのはあとまわしにして、ひとまず私自身が「異文化理解」のために赴いた南米エクアドルに舞台を移したいと思います。ついでに時計の針も30年ほどもどします。というのも、最初に現地を訪れた時期の経験をとりあげてこそ、異文化の「生々しさ」とでもいうべきものがよりクリアに浮上してくるように思うからです。話の中心は、現地のお酒をめぐる私自身の葛藤です。

## 2　異文化の壁

### アスアとの出会い

　文化人類学の調査のため、アマゾンに暮らす先住民の集落にはじめてお邪魔した時のことは忘れられません。記憶が鮮明な頃に書いた文章のひとつから、少しばかり引用してみます。

　　滑走路と呼ぶにはあまりに素朴な、細長く森を切り開いただけの草原にセ

スナ機が着陸すると，すでに好奇心豊かな村人たちが十数人集まっていた．エクアドルの熱帯低地民，カネロス・キチュアの人たちである．

　彼らの所属する先住民組織からの紹介状を示し，ひとまず滑走路にほど近い家に案内されると，すぐさま「まずはこれを一杯」とばかりに，素焼きの土器になみなみとつがれたクリーム色の飲物が運ばれてきた．すすめられるままに飲んでみると，やや酸味があるくらいで，甘くも辛くもない．苦みや渋さも感じられない．ただ，かすかにすえたようなにおいがする．その意味で，これはわずかにアルコール発酵した「酒」ではないかということが推測できた．原料を尋ねてみると，焼き畑で栽培しているユカイモ（*Manihot esculenta*）だという．比較的くせのない，飲みやすいタイプの（ジュースに近い）酒という印象だ．

　これが私にとって忘れ難い，キチェア語で「アスア」，スペイン語では「チチャ」と呼ばれるお酒との出会いでした．ただしアスアが「忘れ難い酒」になったのは，味が原因というわけではありません．造り方の方です．もう少し引用を続けます．

　　その翌日のことであったか，泊めていただいた家の女性たちがアスア作りに取り組む姿をさっそく目にすることができた．焼畑からユカイモを収穫し，大鍋で茹でた後，木製のタライに移して杵でつぶしていく．ここまではいい．ところがその後，つぶしたユカの一部をひょいとつまんで口に入れ，何やら唇は閉じたまま，もぐもぐと「噛みためている」風情なのである．そして20〜30分後，こんどは唾液をたっぷりと含んだ白い液体が，つぶされたユカの上にいやというほど吐きだされたのであった．[2]

　このような「異文化」に遭遇した際，みなさんなら，どのように受け止め，そしてどんな反応を示すでしょうか．カネロス・キチュアに限らず，アマゾンの先住民社会ではこのアスアのような「口噛み酒」がいたるところで造られています．確かに，「発酵」という観点からすると，原料がユカのようなデンプン質のものなら，その酒造りに唾液を使うのは別に不思議なことではありません．果実酒や蜂蜜酒のように原料に糖分が十分含まれている場合には，放って

おいても天然酵母の力でアルコール発酵してくれます．しかしイモ類や穀類を原料にする場合には，いったんそのデンプンを糖に分解する必要があります（糖がたくさん結合した状態がデンプンです）．身近なところでいえば，ビールなら麦芽を，日本酒なら麹というカビを糖化のための分解酵素として使っています．両方ともアスアと同じくデンプン質の原料を使った酒ですが，糖化酵素のタイプの違いから，それぞれ「穀芽酒」「カビ酒」の一種という風に位置づけられます．そして米を長く噛んでいると甘くなってくることからわかるように，人間の唾液にはプチアリンという糖化酵素が含まれており，麦芽や麹と同じように唾液もまた立派に酒造りに貢献できるのです．そこで，デンプン質起源の酒分類として，穀芽酒・カビ酒に並ぶものとして「口噛み酒」というカテゴリーが設定可能になるわけです．現在では特殊な酒にみえる口噛み酒ですが，実は中南米のほか，東アジアの奄美・沖縄・台湾でもコメやアワを原料にした口噛み酒がさかんに造られていたことがわかっていますし，中国福建の閩，大隅半島，満州，北海道のアイヌについても記録が残っています[3]．暑い地域が大半ですが，実際それほど酩酊もせず水分補給が可能で（利尿作用は微弱），カロリーもとれるアスアは熱帯のアルコール飲料としては理にかなったものでしょう．

　——こういった知識は事前に少しはもっていました．しかし，そんなものは何の役にもたちません．目の前で展開されているアスア造りに対して，その受け止め方に影響を及ぼすことはないわけです．直接ではないにせよ他者の唾液，つまり唾（ツバ）を飲むのは，少なくとも日本に生まれ育った人間としては，相当に勇気のいることではないでしょうか．前日の「飲みやすい酒」という印象は吹きとんでしまいました．

## アスアの作法と試練

　もちろん，話はこれで終わりではありません．その後，別の集落に移動して長期間居候させてもらうことになるのですが，アスアから離れられるわけではないのです．しかも，この口噛み酒は特別なハレの日だけに飲まれるものではありません．生後一年くらいから，病気にでもならないかぎり口をつけない日はないでしょう．家に知り合いがやってきたときはもちろん，寝起きや食後の一杯は欠かせないし，焼畑での作業の合間やカヌーでの移動中にもこの酒は登

場します．サトウキビを原料にした粗製蒸留酒（trago）を街から持ち込む人もいるものの，それを飲むのは特別な日だけに限られ，人びとが日常的に口にしているわけではありません．もとよりカネロス・キチュアでは水を直接飲む習慣は存在しません．つまるところ，アスアが実質的に唯一の酒というばかりでなく，唯一の飲みものということにもなってしまうのです．

　初日の印象どおり，アスアの味そのものは特にクセがあるわけでもないし，においがきついわけでもありません．糖度の高い熟した料理用バナナを加えたりすれば別ですが，通常はアルコール度数はかぎりなく低く，ジュースと呼びたくなるくらいのごく軽い酒です．もともと私自身は酒が嫌いな方でもありません．けれども「唾液の使用」という点において，どうしても拭いきれない抵抗感がありました．申し訳ない，本当に申し訳ない話なのですが，正直なところアスアは「気持ち悪かった」のです．コップ一杯分くらいなら，目をつぶって飲んで飲めないことはありません．しかし，集落での生活は，いわばアスアに明け，アスアに暮れる毎日です．高温・多湿のアマゾンですから喉も渇きます．乾期なら成人男性で一日十リットル以上，女性でもその半分くらいの量を飲んでしまうのではないでしょうか．居候先にいるときならまだしも，他の家にお邪魔した場合にはなかば義務としてアスアを飲まなければなりません．これが私には苦痛でした．

写真13-1　口噛み作業中の少女．発酵のスターターとして十分になるまで，この作業は何度か繰り返される

著者撮影．

　村の人びとは焼畑や狩りからもどった後，午後の3時，4時頃からしばしば親戚，友人宅を訪問し，アスアを飲みながら談笑にふけります．居候先の方々と一緒にお邪魔させてもらうと，私にもその家の女性がアスアをもってきてくれます．接客用の建物に入り，四方に並べられた板に腰をおろして1分もたたないうちにです．ただし器を渡されるのではなく，彼女から一口ずつ飲ませてもらうスタイルです．何人かと一緒に訪問すれば，ひとりずつ順番に，時計と逆まわりにまわってくる女性からいただくことになります．ただ座っているだけで，一定の時間ごとにヒョウタンやセラミック製の器がグイと鼻先に突き出されるわけです．器の縁に口をつけると，器が傾けられ，（おそらくは彼女自身の唾液で醸された）口噛み酒が喉に流しこまれます．どのくらい飲んだらいいのか，量の加減は女性の側に決定権があります．「飲みが足らない」と判断されると，「もう十分，もうご勘弁」といくら身振りで意思表示しても無視され，器はいっそう斜めに傾きます．来客が何組も重なったりすると，その家の女性たちも総出で対応することになり，母と娘，祖母など複数の女性たちから次々にアスアをふるまわれる格好になります．[4]

　一方，男同士では"献杯"にあたる作法が存在します．最初にホスト役の家長が自分でアスアを注ぎ，客の誰かのところにもっていき「カンバ・クエンタ」と宣言します．「カンバ・クエンタ」とは「お前の義務／責任だ」の意味です．宣言と同時に器は相手に手渡され，受け取った者はひとりで器の中のアスアをすべて飲み干さなければなりません．断る権利はないも同然です．大きめの器ならラーメンの丼以上のサイズになりますから，分量は一リットルをこえることもあります．その責任を果たした客は，今度は別の適当な人に向かって同じことを宣言します．あとはその繰り返しです．人の数が多ければ複数のカンバ・クエンタが同時進行し，ヒョウタンやセラミックの器があちこちと移動をくり返すようになります．もちろん，献杯のアスアを抱えていても，器を持った女性がまわってくれば，それを拒否するわけにはいきません．女性たちからのアスアは量が少ないとはいえ際限なく繰り返されますし，さらに男同士での献杯を何度か受けていると，すぐに数リットルのアスアが腹の中に収まることになるはずです．献杯の頻度があがってくると，「おだやかな談笑」「午後のお茶の時間」というよりも，「酒宴での熱い語り」「アスア・パーティ」と表現した方

がしっくりくるような雰囲気になってきます．アスアは生活にアクセントをつける嗜好品，私たちにとってのコーヒーでありお茶であり，そして喉を潤す清涼飲料でもあるのですが，やはり最終的には酩酊をもたらす酒としての役割も果たすわけです．興が乗るとサルの皮を張った太鼓まで登場し，踊りも始まります．

　集落の人たちと同じようにアスアを飲めない私にとって，こういった状況は非常に辛いものがありました．ここでのあたりまえの義務を果たせない自分が情けなく，同時に周囲の人びとに対しても申し訳がたちません．疎外感もつのります．あさましい話ですが，アスア・パーティがもりあがると，居候先の人びとも食事のために家に帰ろうとはしなくなるので，下手をするとその日はもう何も食べることができなくなります．アスアの大量摂取で酔いと同時にそれなりのカロリーもとっていれば平気なのでしょうが，それがままならない私には空腹感をごまかす手段がないわけです．何より，アスアをろくに飲まないというのは，この酒を醸した上にふるまってもくれる女性たちに対して失礼のきわみ，マナー違反もはなはだしいことになります．鼻先に器がつきだされても，形だけは口をつけ，実質的には拒否するという風な姑息な戦略をとったりすると，「飲みっぷりが悪すぎる」と頭からアスアをめいっぱいかけられる，そういうこともありました．

写真13-2　大祭の際には，このように全身がアスアだらけになる．ビールかけを連想させる風景である

著者撮影.

　私もそれなりに努力はしました．しかし，1カ月ほどして，完全にあきらめ
てしまいました．居候先には紅茶のティーバッグとインスタント・コーヒーを
もちこむことに決め，他の家に行った時は「アスアを飲まない外人」としての
立場で通すことにしたのです．とはいえ，これはこれで具合が悪いわけです．
同じ酒を酌み交わしてこそ，そこに親近感も生まれるし，腹を割って話をしよ
うという流れにもなるでしょう．「アスアを一緒に飲もうとしないよそもの」
になど，いったい誰がホンネで話をしてくれましょう．人びととある程度実質
のある会話ができなければ，何のためにこの集落に受け入れてもらったのかわ
かりません．それにコーヒーや紅茶では水を飲んでいるのと同じことで，カロ
リー的にアスアの代用になりません．自業自得そのものですが，見ようによっ
ては「主食」ともいえそうなアスアのカロリーをひとりだけとっていないわけ
ですから，当然誰よりも私が空腹をおぼえることになります．少々（固形の）
主食にあたるユカイモや料理用バナナを多く食べたくらいではとても追いつき
ません．結局のところ，日に日にやせていくことになります．自分の身体に不
安を感じるようになると，下流にある軍の基地から軍用機に便乗させてもらっ
て街に出かけ，しばし栄養補給に努めてなんとか身体をもたせる他はありませ
んでした．そのくらい，私にとってアスアは越えることの難しい「異文化の壁」
だったのです．
　──ところが，ところがです．そういう情けない状態が続いていたのですが，
3カ月ほどたった頃，なぜか，突然，アスアが飲めるようになりました．その
変化はどういうことなのでしょう．そのプロセスについて，このままエッセイ
風に綴っていくのもひとつの方法ですが，自分では意識していないうちに，知
らず知らずのうちに起こった変化なので，自分の言葉では説明の難しいところ
もあります．そこで，異文化をどう受け入れていくのか，いけるのか，そのあ
たりに関する議論を紹介し，私の場合と重ね合わせてみたいと思います．

## 3　異文化理解のステージ

　文化人類学者の江淵一公（1933-2007）は，異文化を「知る」レベルから「内
面化」まで，異なる文化を自分のものにしていく段階を5つに整理しています．

　1）あることを「知る」段階
　2）なぜそうするのか等，意味が「分かる」段階
　3）それを「正しい」ことと信じる段階
　4）それを自分も「できる」ようになる段階
　5）そうしないと落ち着かないという「内面化」の段階[6]

　1）から5）に向かうにつれて異文化理解の段階があがる，水準が深まる，という話です．1）の「知る」というのは，自分たちとは違う世界にふれ，そこにある「違いを認識した」状態をさすようです．これまでの話にあてはめるなら，口噛み酒はどうやって造るのか，造り方を見たり，実際に味を確かめてみる段階ということになるかと思います．外側から自分たちとの違いを知るだけで，「なるほどな」と「納得」はしていない状態ともいえます．ですから「そういう酒があるのはわかった，でも，そんなもの気持ち悪いし，まっぴらゴメン」というような知り方，理解の仕方も含みます．一言でいえば，「かいま見る」レベルといえばいいでしょうか．

　2）の「意味が分かる」というのは，彼ら／彼女らにとってアスアはどういうものか，そのことが「なるほど」と自分にも腑に落ちるようになった段階です．集落の人びとに話を聞くと，「我々はアスアで生きている」「アスアは力を与えてくれる」など，アスアを称賛する言葉がたくさん返ってきます．それをふまえたうえで，たとえば私たちの身近な酒と比較したり，世界の酒文化を見渡してみたり，あるいは熱帯のアルコール飲料として合理性をもつかどうか考えてみたり，そういったことを重ねていくと「なるほど，そういうことか」となってくるでしょう．「意味が分かる」というのは，そういった段階です．最初は意味不明にもみえた事柄にある種の合理性や一貫性をみいだし，そのことに"納得"する——そういう感覚をともなう「理解」のことです．通常「異文化理解」という表現が使われる際にイメージされているのも，おそらくはこの段階の「理解」ではないかと思われます．

　しかし，私の場合，問題はここからでした．そもそも，現地に赴く前から，知識としてある程度は2）の段階に入っていたわけですから，異文化理解には「知らない世界を知る」だけでなく，他者との接触により「自分自身が——理

想的にはお互いがよき人生と感じられる方向に——変化する」契機が含まれま
す．認識（アタマ）だけでなく，実践（カラダ）がともなうわけです．では，1）
と2）をクリアしたとしても，4）の「自分もできる」段階にはどうやって到
達するのでしょうか．「なるほど」と「納得して理解」しているわけですし，
ここで「できる」というのは，たんにある液体を飲みこむだけの話ですから，
理屈でいえば，食道に問題でもないかぎり，ごく簡単なことのはずです．実際，[7)]
外国からアマゾンにやってくる研究者や旅行者の多くは，（口噛み作業を実際に目
撃しているかどうかはともあれ）見るかぎりでは最初から平気で口噛み酒を味わっ
ていたりするのです．でも，私にはそうできませんでした．ということは，何
かもうひとつ通過しないといけないプロセスがあるということになります．この図式では，2）から4）の間に，もうひとつ3）として「正しいと信じる」
が入っています．

「正しいと信じる」というと，意志の力とか個人的な信念の話のようにも聞
こえますが，少なくとも私の場合には，「アスアが飲める」ようになったこと
について，そのたぐいのものが関与していたとは思えません．「意志の力」は
ろくすっぽ飲めないうちにこそ使っていました（薄弱すぎて文字通り力尽きてしまっ
たのですが）．意識せずに放っておいた状態で，自然に起きた変化です．ですか
ら「考えたうえで下した意識的な判断」というより「無意識的なレベルで生じ
た感情的な反応」の話です．私にとって，2）から4）のあいだに必要だった
のは，そういうものだったのでしょう．思考にもとづく判断と違って，感情は
コントロールできません．好き嫌いがわかりやすいと思います．「どうしよう
もないヤツ（判断）だけど好き（感情）」とか，「立派な人だというのは認めるけ
ど，何となく嫌い」とか．感情は"向こう側"からやってくるものです．それ
を意識的な努力，意志の力では変えられません．

「熱帯のアルコール飲料として合理性をもつ」といった話は，まさに分析的
に「考えたうえで下した意識的な判断」で，2）の「意味が分かる」レベルで
す．それから「気持ち悪い」は感情の話としても，「自分には飲めない」「『ア
スアを飲まない外人』としての立場で通す」といったあきらめの方は，「分析的」
とは言わずともアタマで「考えたうえで下した意識的な判断」という部分があ
るでしょう．そういった意識の表面にのぼってくる「なるほど」とか「自分に

は無理」といったレベルではない「無意識的なレベルでの感情の動き」が必要
で，私の場合には，それが生じるのに３カ月くらいの期間が必要だった，とい
うことだと思います．

　集落の人たちと一緒に森に入って吹き矢で狩りをするのを目の当たりにした
り，焼畑でユカイモの収穫を手伝ったり，カヌーで川沿いに移動したり，そう
いう毎日を送っていると，村での生活全体に対して，それが「あたりまえ」に
みえてきます．よそものとはいえ多少は手伝いもしているわけですし，こちら
に親しみを感じてくれる人もでてこないわけではありません．２，３カ月滞在
していれば，ある程度は心理的な距離も縮まります．よそよそしく見えたもの
が身近なものになる，身体化されてくる，日常生活そのものになってきます．

　そうすると，彼ら／彼女らの生き方全体に対して「なるほど」というような
理解とは別に，無意識的なレベルで肯定的な受けとめ方をするようになってい
く，それはごく自然な変化だと思います．その中で，彼らの生き方全体のひと
つの要素であるアスアについても，その変化が浸透していく，要はアスアに対
しても肯定的な感情をもつようになっていった——そういうことなのでしょ
う．ふと気がつくと，アスアがおいしそうに見えました．おいしそうに見えて
いる自分に気がついた，といった方が正確かもしれません．いずれにせよ，ず
いぶん昔のことなので，その瞬間から１年たたないうちに日本で書いた文章を
そのまま引用させてもらいます（居候先の家長はイサ氏，その娘婿がカルロスです）．

　　例によってカルロスら気のいい連中が４・５人，世間話をしながら飲
　んでいるところに行き，私はややためらいつつ頼んでみた．
　　「オレにも飲ませてくれないか？」
　　カルロスは少し驚いた顔を見せた．どうしてマコトが？　彼はアスアを
　飲まない人間がいることをよく理解している．アンデスを越えた太平洋側
　の街に出て，２年ほど農園で働いた経験をもっているからだ．そのカル
　ロスのおかげで，私はイサ宅ではアスアに関して完全免除の身になってい
　たのである．けれども私の改心に気がついたのか，彼はすぐに自らアスア
　を小さめのヒョウタン容器に入れてくれた．
　　「ほら．飲んでみろよ．うまいぞ．栄養もある．」

206

私はヒョウタン容器を受けとり，その中を見た．アスアの表面には月の光が反射し，いつもの黄褐色がやや青みを帯びている．照れを隠すため，私はカルロスたちの視線に気がつかないふりをして，一息に飲み干した．久々に口にするアスアはひんやりと涼しげで，昼間の暑さを忘れていない私の喉には心地よい爽快感さえ残った．飲める．飲めるだけではなく，うまい，とさえ思う．「もう一杯くれないか」私はヒョウタンをカルロスに差し出し，さらにアスアを要求した．一杯だけでは私の改心に半信半疑だった連中もこれで信用してくれたようだ．とたんに座はなごみ，カルロスは満面の笑みを浮かべてくれた．あとはカンバ・クエンタの応酬である．数リットルのアスアをあっというまに腹の中に流しこんだように思う．私はどこか痛快な気分に包まれ，月明かりの下でほんのりと酔った．その夜は私にとって忘れがたいアマゾンの宴となった．[8]

　この文章のすぐ後には「……それを通して私は『自由』と呼びうるようなものをあの痛快な気分の中でひとつ知ることができたように思う」とまで書いています．読み直してみると相当に大げさで気恥ずかしい気もしますが，これが当時の実感そのものだったとも思います．このようにして，3）にあたる段階は無意識のうちに通過して4）にいたったわけです．

　その後，4）の「できる」ようになる段階をこえて5）の「内面化」の段階（口噛み酒がないと落ち着かない）まで到達したかというと，そこまで行くことはありませんでした．そもそも5）の段階に入ってしまうと，それは「異文化理解」とは別の話になってくる気もします（自文化理解？）．いずれにしても意識的なコントロールは難しいでしょうし，私の場合も，意識的に努力してということではなく，単純に4）で終わったというだけの話です．

　そういえば，アスアを飲めるようになった夜から何カ月か村で過ごした後，街に戻って冷えたビールを飲んだ際，何ともいえない違和感を覚えたことがあります．集落にいる時は火を通した温かいもの，あるいは常温のものしか口に入れることはありません．アスアは素焼きの壺におさまっているため，気化熱の関係で意外にひんやりしているのですが，冷蔵庫の力はその比ではありません．常温より20度以上低い温度の液体が喉を通っていく，その不自然な冷たさ

に"気味の悪さ"のようなものを感じたのです．もっとも，その違和感を前にしても5）の「落ち着かない」状態になったのではありません．「いつのまにか生じていた自分の変化にほくそ笑む」といえばいいでしょうか，異文化の壁をひとつ越えられた証拠のようにも思え，心のなかでにんまりしたものです（ドヤ顔？）．もちろん，良くも悪くも，よそものの立場を前提にしていればこそ，「落ち着かない」ではなくて「にんまり」したわけです．今の私からすると，その心のドヤ顔もまた赤面の対象ではありますが，同時にその初々しさがまぶしくみえないでもありません．そのときの違和感と喜びは記憶として持ち続けようと思っています．

## 4　異文化理解の意義と課題

　ここまで，長々と個人的な「異文化理解」の経験について語ってきました．それは自分で実際に現地に赴くこと，生身で異文化にふれるインパクトの大きさを強調したかったからですが，そもそも，異文化理解の意味あいはどのようなところにあるのでしょうか．ごく常識的には，そのポイントは異文化を知ることで「視野が広がる」というところでしょう．その通りではありますが，変わらない自分，安定した自分があって，そこに新たに異文化の知識が加わるというイメージではなく，異文化との接触からあらためて自分を問いなおす，それまでとは別の視点から自分の周囲をみなおす，そのプロセスの中で自分をより深く知り，その自分も変わっていく——そこまで行ってこそだという風に思います．異文化理解というのは，つまるところ「他者を介しての自己理解」，少なくともそういう部分を含まないと，その魅力は半減してしまいます．そのあたりのニュアンスをわかってもらうためには，昔のことでもあり，またずいぶんスケールの小さな話ですが，口噛み酒をめぐる葛藤を題材にするのが適当ではないかと思ったわけです．私にとって，後にも先にも，あれくらい「他者を通じて」自分を問いなおし，また変わることができた経験もありませんから．

　ただし，異文化理解は4）の段階にいたる「経験」の話で尽きるわけではありません．たとえば，この文章を私は日本語で書いています．日本において日本語を理解する人に向けて書いているわけです．現地で経験したことはたくさ

んあります．まさに異文化のただ中にいたわけですから，記述の対象としてと
りあげてもいいような候補はたくさんあったはずです．その潜在的な選択肢の
中から「口噛み酒」という題材を選択したのは，この文章が投げ込まれる日本
という環境と無関係ではありません．仮にエクアドルの人たちに向けてスペイ
ン語で「異文化理解」をテーマに書くとなると，まったく別の題材を選ぶこと
になるでしょう．そもそも，エクアドルでは口噛み酒はアマゾン先住民でなく
ても「自文化の一部」と考えることだって可能なんですから．

　「異文化理解」は「行って，見て，わかる」だけではなく，どう表現するか，
より正確には「どういう人が，どういう人たちに向けて，どういう言語で何を
伝えるのか」というあたりも重要なのです．このことは第1節でふれた「特徴
づけ」の話にもかかわってきます．1節では自文化の話でしたが，ここでは異
文化ですから「他者の特徴づけ」ということになります．この文章では，カネ
ロス・キチュアというアマゾン先住民の人たちを口噛み酒で特徴づけているわ
けです．「ユカイモを原料にした口噛み酒をひっきりなしに飲むのが彼ら／彼
女らの文化だ」というかんじでしょうか．もちろん，アスアの存在を強調して
いたのは集落の人たち自身でもありますから，この口噛み酒をとりあげて彼ら
／彼女らを特徴づけたことにさほど問題はないようには思います．

　ただ，その一方では，奥地の集落から離れて街場で生活した経験をもつ人た
ち，とくに男性の多くは冷たいビールが大好きだったりもします．先住民文化
の紹介として，こうした事実があまり語られてこなかったとすれば，「朝食は
パンとコーヒー，これが日本の文化だ」とは言わない，という話と通じるもの
があります．また街場で生活すれば，冷たいビール（への称賛）だけではなく，
口噛み酒に対する否定的な空気にふれることもあるでしょう．かつての私のよ
うな人はたくさんいますから，そのうちに「アスアなんかで特徴づけされたら
困る」という気分になってくるかもしれません．私自身はそういう人に会った
ことはありませんが，先のことはわかりません．そもそも，ここで紹介した体
験談は1990年代，20世紀の話なのですから．奥地の集落と街をつなぐ道路でも
できれば，状況はあっという間に変わるでしょう．気がついたら「サムライ，
ハラキリ，ニンジャ」で日本を語るようなことになっている可能性もあるわけ
です．しかも，話すそばから消えていく口頭での会話と違って，この文章は出

版物として一言一句そのまま，固定された形で残ってしまいます．月日がたつにつれ，現実とのズレはどうしてもでてくるでしょう．結局のところ，異文化／他者というのは，「行って，見て，わかった」つもりになっている"よそもの"によって，「その時点において」「つくりあげられたもの」という側面があるということです．

それはそうなのですが，現実は複雑です．たとえば，2020年に開催予定だったオリンピックの招致に向け，東京での晩餐会でIOC評価委員会向けに披露されたのは「ニンジャショー」でした．現代日本に生きる我々の生活にはおよそ関係のない，まさに「よそもの」によって，20世紀どころかそれ以前に「つくりあげられた」日本イメージを，我々の方が彼らの末裔にあたる"よそ様"に向けて演出し，利用しているわけです．ひょっとしたら，そのうち演出が本気になり，どこかの文化スクールで本格的な「忍法入門」の講座が始まったりするかもしれません．口噛み酒にしても，外の世界とつながることによって，彼ら／彼女らの生活から消えていくとはかぎりません．否定的な空気にふれることで，かえって自分たち先住民の権利主張の場において「抵抗のシンボル」的な存在になっていくこともありましょうし，仮にアスア造りをやめてしまっても，次の世代がよそものの手によるアスアに関する記述にふれることから自分たちを再発見し，伝統を復活させる方向に向かう展開だって考えられなくはないのです．

現代の世界はきわめて流動的です．さまざまな文化要素が入り乱れ，どういうライフスタイルを送っていれば「文化的に〜人」といえるのか，ますます曖昧になってきています．日本で朝食をパンにするのはごくあたりまえのことですし，その一方でニューヨークでは五穀米が人気だそうです．第1節の中で日本とか日本人について「そういうまとめ方が成り立つとして」と書きましたが，「菊の紋章のついた日本国のパスポートを所持する権利を有する人」といった権利義務関係以外では成り立っているといえるかどうか，相当に怪しい気もします．自己と他者，現実とイメージが交錯しあうなかから，それぞれの視線に応じて，かりそめの姿として"文化的日本人"なるものが浮かび上がる，そんなかんじでしょうか．日本ほど先鋭化はされていないとしても，アマゾン先住民も向かっていく方向性は同じだと思います．そのうち「先住民」というまと

め方も難しくなって，言葉自体も死語になる可能性もないとは言えません[12]．行って帰ってきた「後」を考えると，そのあたり，まったく一筋縄ではいきません．書いて表現することにともなう色々な問題，それに対する現地の変化とか対応，演出ぶりを知ることまで含めて「異文化理解」なのです．生真面目にすべてを背負い込んでしまうと頭も身体ももちませんが，そういう面に向き合ってこそより深い「理解」がもたらされる，それは確かなことだと思います．

＊　　　　　　＊　　　　　　＊

　少し複雑に語りすぎたかもしれません．異文化理解とは「他者を介しての自己理解」とごくシンプルに捉え，あとはその他者の世界に飛び込んでいくだけ，面倒なことを考えるのはそのあと，そんなふうに構えた方がいいような気もします．その経験がないことには，何もはじまりませんから．とりわけ「異文化の壁」——自己と他者が複雑に入り組んだ現代では，その壁は透明，もしくは鏡のように見えるかもしれません——みなさんもぜひ，その壁の前にたたずんでみてください．ものの見方にひとつ奥行きが加わることは確実です．その後どこまでいくのかはともあれ，それだけでも人生はひと味違ったものになるはずです．せっかくの人生，自分と世界をより深く味わってみませんか？

## 注

1）山本誠「飲みやすく，飲みがたかった酒——エクアドル・アマゾンのアスア」玉村豊男編『あの酒，その国，このお店——とっておきの世界のお店』TaKaRa酒生活文化研究所，1998年，pp. 135 - 136.

2）同上，p. 136.

3）山本誠「口噛み酒の杯はめぐる——エクアドル・アマゾン」山本紀夫編著『増補 酒づくりの民族学』八坂書房，2008年，pp. 37 - 38.

4）カネロス・キチュアでは，焼畑でのユカイモの栽培にはじまり，皮むきや口噛み作業などのアスア造り，来客への振る舞いまで含めて，アスア関連の仕事はすべて女性の担当ということになっています．ただし妻をなくし，娘もいないような男性は自分でアスアを造らなければなりません．五十がらみの男やもめの家にお邪魔した際，彼の唾液で醸されたアスアがでてきた時は，「意外に」というべきか「当然」というべきか，集落の人びとも苦笑していたものです（その苦笑をどう受けとったらいいのか，それほど単純ではありませんが）．

5）山本誠「アマゾン・その食と酒の世界」（『季刊民族学』No. 69, 1994年）において，すでに試みてはいます．またここまでの文章についても，テーマが重なっていますから，同論稿と表現も重なっている部分が多々あることをお断りしておきます．また酒造りの

詳細については，前掲の山本（2008）を参照していただければ幸いです．

6）江淵一公「異文化理解」綾部恒夫編『文化人類学最新術語100』弘文堂，2002年，p. 23.

7）「できる」というのは，厳密には原料のイモの栽培に始まり，口噛み作業をへてアスアを完成させ，さらに作法に従って飲むところまで含めて考えるべきかもしれません．ただ，そうすると論点が拡散してしまうので，ここでは限定的に捉えることにします．

8）山本，前掲，1994年，p. 114.

9）さらにいえば，これがお互いさまならまだしも，アマゾン先住民が日本について書くことはもちろん，公の場で語ったりすることも稀かと思います．そのあたりの相互性のなさ，一方通行ぶりについても，敏感になっておいた方がいいでしょう．呼ばれてもいないのに一方的にお邪魔するのだとすれば，それはなおさらのことです．

10）2013年3月6日のことです．「東京五輪招致を決定づけたパフォーマーたち IOC評価委員会を熱狂させた最後の晩餐」http://www.dancealive.tv/news/gorin-performance（2016年6月22日アクセス）．

11）すでに外国人観光客向けの「忍法体験ツアー」的な企画はもう珍しくありません．海外では，2年半から3年かけて"Ninjutsu Black Belt"（黒装束の忍者に黒帯？）をめざす，本格派を自称するdojo／道場もあるようです（たとえば Bujinkan Dojo http://www.ninjutsu.com/dojos-links_usa.shtml（2016年6月22日アクセス）．

12）そもそも，コロンブス以前には「先住民」なんて人たちは存在していなかったのですから！

# 第14章

# 国際社会学
──トランスナショナルな想像力を鍛えよう──

田原範子

ラグビーやテニスなどのワールドカップ，格闘技やスケートなどの世界選手権大会を楽しみにしている人も少なくないでしょう．スポーツの国際試合を観戦し，自分の国の代表チームを応援して思わず熱くなってしまった経験はありませんか．表彰式での国旗掲揚や国歌斉唱に感動する人もいるかもしれません．なぜでしょう．鍛えられた身体と研ぎ澄まされた精神による演技や競技が感動をよぶのは当然かもしれません．しかしその感動に，例えば日本とか韓国とかいう「国」のイメージが滑り込むのはどうしてなのでしょう．

本章では，私たちが属している（と信じている）国家というものについて再考します．ヨーロッパの植民地支配により国家という制度が移植されたサハラ砂漠以南のアフリカにおいて，国家はどのように成立したのでしょうか．国境によって分断されたアフリカの国家ではどのような問題が起きたのでしょうか．アフリカ社会の軌跡をとおして，国境を超えるトランスナショナルな現象への想像力を鍛えましょう．

------------------------------------------------------------◆

## 1 国際社会学の射程

　日本代表選手，日本選手団という場合，そこには「日本」という社会の単位が前提とされています．「当たり前じゃないか」と思うかもしれません．確かに現在，南極を除く地球上の土地はどこかの国家の領土になり，人間はどこかの国家に帰属することになっています．どこかの国の人であることは，「当たり前」なので，私たちはあまり疑問をいだかずに，○○人（○○には，日本とか韓国とかブラジルなどの国名が入る）であることを引き受けています．つまり，自分の他にも同じ○○人がいて，何らかの共通性がある（同じ○○語を使う，同じ○○を食べるなど）と感じています．このように国境線に区切られた一定の領域に

住んでいる人びとが，何らかの一体性（○○人という意識）を共有している場合，そこには国民国家（nation‑state）が成立していることになります[1]。

## 国民国家 (nation-state)

　意外かもしれませんが，日本が国家となり，人びとが国民化されたのは，明治以降のことです。国民国家という制度は，古くからあるわけではありません。「国家と国民の2つの要素が1789年のフランス革命を典型的なメルクマールとして融合し，近代世界の普遍的な組織化原理となった[2]」ように，18世紀末の西欧に源をもつ国民国家は，200年かけて地球規模に拡大し，現在の「国際社会」の基本単位となりました[3]。さまざまな国民国家に共通する特徴は，暴力の独占と租税の徴収です。現代社会における国家は，警察や軍隊などを通して暴力を正統に独占し，法を強制的に執行する権利，すなわち（国民に委託された）主権を行使することができます[4]。

　例えば法定速度を無視して自動車を運転したとしましょう。パトカーや白バイ，もしくは監視カメラ（オービス）によって発見され，違反切符を切られ，罰金，時には裁判を受けることがあるでしょう。内閣総理大臣所轄の国家公安委員会の下，警察庁は，国民である運転手に法律（道路交通法など）を強制的に執行する正統性をもっているのです。この時に支払う反則金は，租税の一つです。他にも消費税，所得税，固定資産税などの税金を私たちは国家に納めます。それらの税金はさまざまな公共の目的のために再配分されるというのが，国民国家の基本的な形式となっています。

　国民国家の成立と普及は，20世紀に達成された最も重要な歴史的変化だとされます。国民国家はまた，資本主義や産業化などと同様に近代以降の産物だとする考え方の系譜を，社会学者の町村敬志は3つの類型に整理しています[5]。

　第1は，国民国家は，西欧に生まれた資本主義経済が，16世紀以降，他の世界に拡張する過程において生み出されたという立場です。社会学者・歴史学者のI. ウォーラーステイン（1930‑2019）が『世界システム論』で展開したような，ヨーロッパなどの「中心」部の搾取に抵抗する「周辺」部のエリート層が民衆を政治的組織体へと動員するなかで，国民化が起きた側面を重視する立場です。

　第2は，政治学者のB. アンダーソン（1936‑2015）が「想像の共同体」とよぶ

ものです．国民とは「想像の共同体」だとされます．人びとは，自らを「同質的な時間と同一の空間を共有しながらともに進む共同体」の一人として「想像すること」によって国民として誕生し，こうした「想像の共同体」が世界に波及したということです．それを可能にしたのは，「出版資本主義」による新聞や小説などの印刷された言葉の普及だといわれます．[6]

　第3は，産業化という社会現象に適合的な政治原理としてナショナリズムが選択され，その生産活動の維持のために国民が生成され，それが一般化したという歴史学者・哲学者のE.ゲルナー(1925‐1995)に代表される主張です．「ナショナリズムとは，第一義的には，政治的な単位と民族的な単位が一致しなければならないと主張する一つの政治的原理」[7]と説明されます．産業社会の労働現場(工場など)において要請されたのは，前農耕社会・農耕社会とは異なり，流動的で均質的＝代替可能な人びとの存在でした．そのために国家は，「読み書き能力」を基盤とする教育を制度化したのです．つまり，産業社会の要請によって，人びとを均質な労働者や兵士として活用するために国民が形成されました．

　以上は，国民国家が近代化のなかで生みだされたものだという立場(構築主義)を基盤にしています．こうした考え方に対して，現実には何らかの国民の源になるものは存在しているという主張もあります．歴史学者のA.D.スミス(1933‐2016)は，エトニ(ethnie)概念を提唱しています．エトニとは，ある民族集団を形づくる特徴(名前・神話・歴史・文化・領域・連帯感)であり，歴史的に形成されたもので，それによって他の民族集団から区別されることになるものです．エトニがある特定の集団と深いかかわりがあることに疑いはありませんが，「エトニが近代的な国民の源である」という主張には，異論が唱えられています．

## シティズンシップ (citizenship)

　国民である私たちの生活は，国家との複雑な相互関係のもとで形成されています．例えば，現代日本の統治機構としては，内閣の下，内閣府，復興庁，総務省，法務省，外務省，財務省，文部科学省，厚生労働省，農林水産省，経済産業省，国土交通省，環境省，防衛省があります．課税(財務省)，社会保障・雇用対策・公衆衛生の整備(厚生労働省)，交通網の整備(国土交通省)，学校教育

（文部科学省）などの活動を通して，国家は私たちの生活に介入します．一方，私たち国民も，投票，訴訟，抗議運動や請願などを通して国家への影響力をもっています．

国家と住民とをつなぐ制度をあらわす概念が，シティズンシップです．[8] 樋口直人によれば，古代ギリシャにおけるシティズンシップは，都市住民である「市民」としての地位や権利・義務を意味しました．[9] また西欧中世において，人びとの大半は農民で封建領主の支配下にあり，都市住民は自由な特権的存在でした．フランス革命を契機に「市民」という言葉は，自由で平等な人間全般を表す言葉へと変化しました．そして「市民」の権利が国家における「法の下の平等」として実現された結果，「市民」は「国民」と同意義となりました．[10]

シティズンシップには，形式的側面（ナショナリティ，国籍）と実質的側面（権利，義務）があり，両者は常に一致するわけではありません．例えば司法に捉えられた人びとは，ナショナリティはありながらも権利のいくつかははく奪されます．そして在日外国人の場合，ナショナリティおよび権利としての選挙権・被選挙権はないにもかかわらず，納税の義務は課せられるのです．また，アメリカ合衆国では1950年代の公民権運動を経て1964年に公民権法が成立するまで，アフリカ系住民は，ナショナリティはあっても実質的側面の権利は他の住民の劣位に置かれました．

こうした状況を踏まえて，社会学者のJ. アーリ（1946 - 2016）は，シティズンシップの根底には，社会的統治性のプリズムがあり，シティズンシップの権利や義務を支えるのは，特定の社会の境界外部にあるヒトとモノであると論じます．[11] アーリによれば，シティズンシップの空間的な「境界」は，市民なるものの成り立ちに由来し，歴史的に不変のものではありません．また，現代のシティズンシップは，コンシューマリズムと重なり合いながら，従来の「公的シティズンシップ」から「消費者シティズンシップ」へと移行しつつあります．そこでは広告とブランド化は現代のシティズンシップを構成する中心的要素であり，国家の役割は活動を監視し共通の基準を定めるといった規制的なものへと変わります．人びとの権利や義務は，その団体との文化的な同一化，とくにブランド化から生じることになり，必ずしも国民国家から生じるものではなくなるのです．

　アーリの議論の背景には，1970年代以降の移民の流入そして国民的アイデン
ティティを共有しないマイノリティからの権利要求に促され，シティズンシッ
プが脱国民的シティズンシップへと拡大したヨーロッパ社会の現状がありま
す．ナショナリティやナショナルアイデンティティをもたない人びとにも，多
文化主義に根ざした教育や医療・福祉などの実質的なシティズンシップを保障
する政策が進められました．ところが，2001年の9・11同時多発テロ以降，こ
うした多文化主義政策に対する批判が高まり，移民の「統合」を求める動きが
強まったのです．実際には移民やマイノリティに対する政治的な不均衡・経済
的な搾取による社会的諸問題が現前するにもかかわらず，それらは文化的差異
の問題として自然化され，文化の枠組みで分析されるという「ポリティクスの
文化主義化」が進行することになりました[12]．

## 国民国家の相対化

　国際社会学が試みるのは，自明視されてきた社会の単位＝国民国家について
考え，それの成り立ちを根本から考えてみることです．国際的という言葉には，
国民ないし国家相互の関係を意味する言葉（インターナショナル inter‐national）と，
国民ないし国家を超えることの意味（トランスナショナル trans‐national）があり
ます．宮島喬は，「国際社会学とは，『インターナショナル』という意味の『国
際』を踏まえながらも，国家や国民の境界を超えた『トランスナショナル』な
現象を把握するための分析枠組みや方法を提供する社会学の一研究分野」だと
します[13]．

　グローバル化が進展する現代社会ではトランスナショナルな現象が起きてい
ます．例えば「海外旅行」のような国境を越える人の移動，紛争地域からの「難
民」や出稼ぎの「移民」，グローバル・メディアによる越境，「国際結婚」など
の人と人の結びつき，「グリーンピース」のような国境を越えた政治運動や社
会運動，日本の文楽やセネガルのジェンベのような文化活動の交流，「ユニクロ」
のようなグローバル企業の世界展開など．こうした国境を超える社会や社会現
象について研究する新しい学問分野が国際社会学です．

　その上で，国民国家の発祥の地であるヨーロッパにみられる地域統合の動き
は示唆的でしょう．ヨーロッパ連合は，第一次拡大（1973年）から第六次拡大（2013

年）の過程において，国境検問・固有通貨の廃止，国際結婚・国籍取得・重国
籍化の認証を行いました．領土という固有の境界を開放し，主権の絶対性を手
放すことは，国民国家の原則を揺るがせることであり，国民国家の相対化の動
きが根底にあることを物語ります．さらに国民と外国人の境界が相対化される
過程で，アイデンティティの脱国民化という現象がみられます．例えばイギリ
ス人というよりはウェールズ人，アイルランド人，スコットランド人というア
イデンティティを優先する人びとがあらわれ，アイデンティティの流動化がお
きています[14]．

## 2　ヨーロッパとアフリカ

　ヨーロッパにおける国民国家誕生の背景には，アジア・アフリカの収奪によ
る富の蓄積がありました．アフリカは，15世紀以降始まるヨーロッパからの一
方的・暴力的な接触による奴隷貿易，そして19世紀以降の植民地支配に大きく
歪められてきました．アフリカ社会の多くは，1960年代に独立を達成します．
しかし，その独立は，宗主国が導入した政治システム，教育制度，言語政策，
モノカルチャー経済などを引き継いだままで実現されました．本節では，現在
のアフリカに影響を与えた植民地支配の歴史，それが生み出した問題について
考えてみましょう．

### 国境を越える経験
　グローバル化の進展は，観光客，移民，難民，亡命者，外国人労働者など，
トランスナショナルな（国境を越える）人びとの移動を促しています．私が観光
客としてアフリカの国境を越えた経験を紹介しましょう．

　　ガーナ共和国のアクラからコートジボワール共和国のアビジャンへバス
　で旅行した1996年のことだ．私は大勢の乗客と一緒に歩いて針金で作られ
　た国境のフェンスを越えた．フランスパンに薄切りのトマトとキュウリを
　挟んだサンドイッチの屋台が並んでいた．彩りも美しい．カリッとした皮
　の薄い塩味のパン，あまりの美味しさに驚いた．ガーナのパンといえば，
　クローブの香りをつけた甘いパサパサしたものばかりだったからだ．国境

を越えること自体はわずか50メートル程度の移動に過ぎないが，そこには大きな違いがあることを知った．

　そして2014年2月，ウガンダ共和国のカンパラから隣国ルワンダ共和国のキガリへ行くバスで国境を越えた時のことだ．入国をすませたバスは，左側通行から右側通行となり，時間は一時間巻き戻された．同じ経度に位置するのに時差があるのだ．

　途中停車で物を買った人たちは一様に紙袋を持ってバスに戻ってきた．ウガンダのプラスチック袋（日本のレジ袋）に見慣れた私には物珍しく，何か特別なものを買ったのだろうと思った．「千の丘の国」と呼ばれるルワンダの丘をバスはさらに5時間ほど走り，キガリに到着したのは日も暮れた7時頃だった．ホテルへ行くためにバイク・タクシー（**写真14-1**）のタンデムシートに乗ると，ヘルメットを渡され驚いた．ウガンダではかぶったことがなかった（**写真14-2**）．

　その後，ルワンダでは環境に配慮してプラスチック袋の使用は禁じられている事，バイク・タクシーのドライバーは制服の着用が，乗客はヘルメットの着帽が義務づけられている事を教えられた[15]．

**写真14-1　ルワンダのバイク・タクシー（モト）**

**写真14-2　ウガンダのバイク・タクシー（ボダボダ）**

（両写真とも著者撮影）

　ガーナもコートジボアールも海岸地域の主食は，キャッサバ，プランテーンバナナ，メイズですが，早朝の街角では焼き立てのパンが売り歩かれるほど，パンは日常生活に根づいています．大げさかもしれませんが，そのパンにイギリスとフランスの食文化が刻印されていること，50年以上まえに「成立」した国境が両国の食のスタイルを分断・固定していることを私は実感したのです．またウガンダとルワンダの現在の交通規則も，それぞれの宗主国——ウガンダはイギリス（保護領），ルワンダはベルギー（信託統治領）——の植民地支配の歴史と地続きであることに複雑な気持ちになりました．

### 言葉——母語，共通語，公用語

　日本で生まれ育った人は，家族と日本語で話し，学校では日本語で学び，日本国内を移動して地域の言葉が少し異なっても，さして困らないという経験をしているでしょう．私たちは，育てられる時に使われる母語，その地域で流通している共通語，そして国家によって制度化された言葉である公用語，すなわち国語，それら3つがすべて同じ日本語だという環境に生きています．しかし，アフリカの多くの国はそうではありません．例えば，ウガンダの北西部に住む子どもたちは，母語としてアルル語を身につけ，家のなかではアルル語を使います．そして，家の仕事を手伝って農水産物を運んだり売ったりする時は，その地域で共通するニョロ語やガンダ語，時にはスワヒリ語を使う必要があります．ニョロ語もガンダ語も，母語のアルル語とはまったく異なる語彙と文法体系をもっています．そして学校では，英語で書かれた教科書を使って勉強します．英語はイギリス保護領下で導入された言葉です．今も国家権力の一端を担う仕事（例えば村長や組合長）の場合，「英語（公用語）の読み書きができること」という条件が加わります．こうした多言語状況で暮らすのは，アフリカでは一般的です．

　ルワンダは，アフリカでは珍しく母語も共通語もルワンダ語です．公用語は植民地期にベルギーに統治されていたためフランス語でした．1994年の大虐殺以降，政府主導による改革の一環で，公用語に英語が追加され，2009年には教育言語がフランス語から英語に変更されました．フランス語で教育を受けた教師が，英語で教えることになり，教育現場は混乱しました．

## 通貨

　日本の紙幣が，桜，富士山，藤などの自然をモチーフにしているように，アフリカの国々の紙幣もまた，自国の自然や動植物（ゴリラ，牛，バッファロー，ティラピア，コーヒー）をモチーフにしています．ルワンダの通貨はルワンダ・フラン（$1 = RF940），ウガンダの通貨はウガンダ・シリング（$1 = UGX3600）です（2020年）．通貨単位もまた旧宗主国の通貨単位と連続しています．**写真14 - 3**は，2000ルワンダ・フラン札，**写真14 - 4**は2000ウガンダ・シリング札です．紙幣発行銀行名は，ルワンダはフランス語，英語，ルワンダ語の3つの言語，ウガンダは英国表記のみです．

　ルワンダは通信アンテナ，パソコンを使う子どもたち，トタン屋根の建物などを，ウガンダは風景（ナイルの源流，独立広場の像，公園），国土の地図などをデザインしています．ルワンダは国をあげてIT化を進め，子供用のPCを年間10万台学校等へ配布し，新しい建物の屋根にはトタン屋根を用いるという方針を定めています．こうした国策がルワンダの紙幣に表現されていることに気づかされます．

**写真14 - 3　ルワンダの紙幣**

**写真14 - 4　ウガンダの紙幣**

（両写真とも著者撮影）

## アフリカ分割

　歴史をふりかえりましょう．ヨーロッパは16世紀頃より，アフリカ沿岸部で奴隷や金，象牙などの交易を行ってきました．**地図14 - 1**のとおり1880年当時，ヨーロッパ人の直接支配下に置かれていたのはアフリカの沿岸部の限られた地域でした．アフリカ大陸の約80%は，多くの帝国，王国，共同体，政治組織があり，王や女王，氏族の首長たちによって統治されていました．しかし，しだ

いにヨーロッパ諸国は，資源や市場価値を求めて内陸部へと侵攻します．**地図**
**14－1**のようにアフリカに拠点を作ってきた各国は，たがいに無用の争いを
避け，既得権を認め合うという方向で，1884－85年のベルリン西アフリカ会議

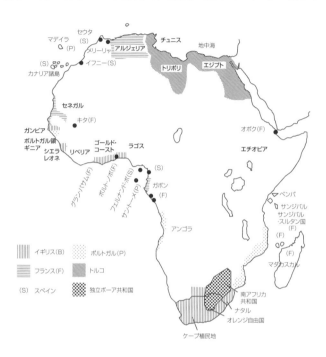

**地図14－1　1880年までの分割前のアフリカ前夜**

出所：ユネスコ『アフリカの歴史』第7巻［上］隆文社，1988年，p.3.

**図14－1　ベルリン西アフリカ会議**（1984－85年）

出所：ユネスコ『アフリカの歴史』第7巻［上］隆文社，1988年，p.45.

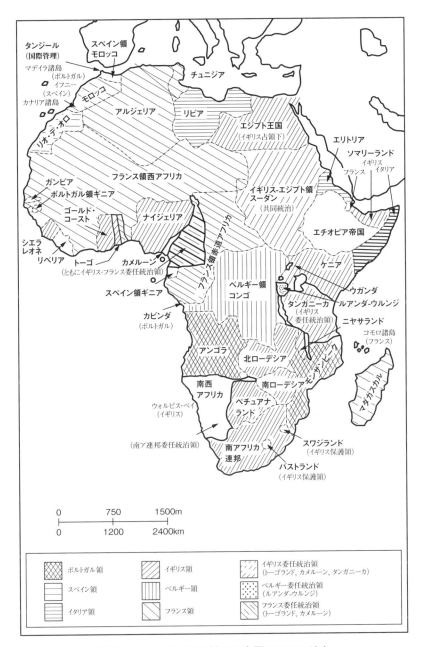

**地図14−2　1914年の植民地支配下のアフリカ**

出所：ユネスコ『アフリカの歴史』第7巻［上］隆文社, 1988年, p. 62（出典：R. Oliver and J. D. Fage, 1962）.

でアフリカ分割を決定しました（**図14-1**）. 分割のルールは, 沿岸部の占領が後背地の所有権を生みだすこと, 他国の権益にない地域は「列強」に通告して所有すること, というものでした. この会議にアフリカの人びとは参加できませんでした.

　アフリカ分割における境界は, ① 天文学的境界——北緯と東経で決定された地点を結ぶ曲線的な境界, ② 地勢的な形態——川, 海, 湖などの境界, ③ 談合ライン——各国の話し合いによる分割, ④ 民族の境界（ごく一部）がありました[16]. この分割で, アフリカの伝統的社会の歴史は無視され, 多くの民族社会が2つ以上, ときには3つ以上の植民地に分割されました. 文化人類学者の日野俊也の概算によれば, アフリカの全民族の40％近くが, 2つ以上の植民地に分割されました[17]. 植民地化は火器を背景とする暴力的なものでした. もちろん「分割」に反対するアフリカの抵抗運動は各地で展開されました. 多くの抵抗は民族単位のものでしたが, アシャンティ王国, サモリ帝国, ラビーフ帝国などは, 統一した国家のもとでヨーロッパ諸国に対して戦争を挑みました.

　**地図14-2**は, 分割された1914年のアフリカです. 1890年から1910年のあいだに, ヨーロッパ諸国はアフリカ全土の征服と占領, 植民地体制を確立しました. そして1910年以降は, 植民地体制を強化し, 搾取を継続します. 植民地統治は, 占有地域の資源・社会形態・経済条件に応じて多様な戦術がとられましたが, 基本形態として, イギリスは「間接統治」, フランスは「同化政策」, ポルトガルは「同化民政策」, ベルギーは「父権的温情主義」とされます[18]. また宗主国の関与度合いに応じて,「直轄支配」「委任統治支配」「保護国支配」に分類されました.

### 民族の創出と国家の独立

　ヨーロッパ諸国は,植民地政策を「原住民政策」とよび,「アフリカのために, 同時に世界全体のためにアフリカ社会と経済を開発すること」が自らに課せられた「二重の委任」だという論理でアフリカ侵攻を正当化しました. 同時代のフランス革命で謳われた自由で平等な人間としての「市民」のなかに, アフリカの人びとは含まれなかったのです.

　内陸部の統治に苦慮したヨーロッパ諸国が行ったのは, 行政区分を設定し,

その統治のために原住民首長を任命することでした．文化人類学者の真島一郎によれば，西アフリカのダン社会には「ある時忽然とやってきた『白い肌』たちが，アフリカ人の通訳を介して『○○村から○○村までの土地は，いったいだれとだれが治めているのか』式の質問を各地で試みていた状況が語りつがれ」[19]ています．こうした場合，実際の長にあたる長老は身を隠し，身代わりが名乗り出て首長に任命されることも珍しくなかったようです．

　また，植民地のなかで民族の境界が定められました．従来，自由な移動と集団の組み換えを特徴としてきたアフリカ社会において，民族とは，人びとが暫定的に創り上げる便宜的な社会集団でした[20]．しかし，東アフリカイギリス領では，ある領域内の人びとを同一の「部族」とし，その変更を禁止しました．ヨーロッパ諸国は，アフリカ社会では民族ではなく「部族」という名称を使いました．西アフリカフランス領では，言語調査を踏まえて人びとが「部族」に分類されました．支配を容易にするために植民地行政に「発見」された民族は，固定的な領域と成員をもった民族集団へと変質をとげます[21]．民族は，行政単位，言語などの文化単位，そして政治的組織化の単位として再生産され続け，現地の人びとにとっても意味のある集団となりました[22]．固定化され実体化された民族によって，民族紛争や民族主義運動とよばれるものが起きます．

　1994年のルワンダで起きた大虐殺は，牧畜民ツチと農耕民フツの民族対立として理解されています．虐殺は，1994年4月にハビャリマナ大統領（フツ）の乗った政府専用機が墜落したことを契機に，ツチとツチに親和的なフツの虐殺が始まりました．同年7月までの3カ月間に80～100万人が殺されたのです．しかし民族対立の実態は，植民地下における政策と独立後の国家政策によってもたらされたナショナリズムと連動した政治闘争でした．

　ルワンダは，1899年にドイツ，第一次大戦後はベルギーによって植民地支配されました．1935年，ベルギー植民地政府は，身体的特徴（身長と顔の比率）を基盤に，人びとをツチ，フツ，トゥワという3つの民族に分類し，少数のツチによって多数のフツを間接的に統治する体制を作り上げました．その体制以前のルワンダでは，10頭以上の牛をもつ人びとはツチ，10頭未満の牛をもつ人びとはフツとされていました．したがって牛の数の増減により，人びとはツチになったりフツになったりしていました[23]．そして1959年，支配層のツチに対する

被支配層フツの虐殺行為が始まり，ウガンダや周辺諸国にツチの人びとは避難しました．

1962年の独立後，フツであるカイバンダが大統領となった第一共和制においても，1973年以降のハビャリマナの第二共和制においても，ツチの虐殺は継続しました．1990年，ウガンダに避難していたツチを主体にしたルワンダ愛国戦線（RPF）がルワンダへ武力侵攻し，フツ政権と内戦状態となりました．1993年8月にアルーシャ和平合意が成立したものの，1994年4月6日にキガリ上空での航空機墜落事故によるハビャリマナの死が，前述の大虐殺を引き起こしました[24]．

緩やかな境界をもつ民族集団を内包しながらアフリカは分割された領域を基盤に，国家として独立しました．独立の背景には，植民地行政に対するアフリカ人たちのさまざまな抵抗運動がありました．占い師や呪術師を中心とする伝統的抵抗，ヨーロッパで教育を受けたエリートを中心とする近代的で組織的な抵抗です．1956年スーダン共和国，1957年ガーナ共和国，1958年ギニア共和国に続き，1960年代には多くの植民地が諸国家として独立しました．しかし，反植民地主義運動をとおして独立した国家は，ヨーロッパによって分割された線をほぼそのまま国境とすることになりました．現在，アフリカ大陸には50を超える国が存在します．それぞれの国々は，生態・環境，言語・文化，生業・政治などのあらゆる領域において多様性があり，独自の歴史をもっています．

## 民族とナショナリティの相対化

私たちは，日本語を話し，祭りや正月などの季節の似たような催しを楽しみ，同じような外見で，日本のどこかに住んでいる人たちが同じ民族だと無意識に考えています．それは日本特有のことではなく，アジア・ヨーロッパを含めた近代社会に特有な民族観でしょう．近代型の民族観が前提にしているのは言語，文化・慣習，領域，帰属意識で，現在のアフリカ社会でも基本的にあてはまりますが，その境界は私たちが思うほど固定的なものではありません[25]．私の調査地ウガンダでは，出稼ぎ先の状況に応じて民族を変更したり，国勢調査時に名前を少し変えることで民族を変更したり，柔軟な帰属意識をもっています．

国境によって生みだされるナショナリティ[26]もまた，居住地の政治組織との関

係で変更されることもあります．例えば，2014年にウガンダでは全国民に対し
てナショナルIDカードを交付しました．私が調査しているアルバート湖東岸（ウ
ガンダ共和国）の漁村の人びとの8割は，アルバート湖西岸（コンゴ民主共和国）
の出身者，つまり外国人ですが，NRM政党の支持を表明してウガンダのナショ
ナルIDカードを取得することができました．NRMはウガンダの与党で，2016
年の大統領選挙を前にして，NRM支持者を増やす必要があったのです．また
人びとは，ウガンダのナショナリティを得ることで，さまざまな規制が緩和さ
れ日常生活が容易になりました．

　前節でヨーロッパにおけるナショナルアイデンティティの流動性と民族的帰
属感の勃興について指摘しました．しかし「周縁」とされるアフリカ，そのさ
らに周縁のアルバート湖岸には，すでに近代的な民族や国籍を越えたトランスナ
ショナルな空間が成立し，民族，信仰，生業，地縁，地方政治システムに基づくネッ
トワークが再創造されています．さらに，ナイルパーチの輸出規格や綿花の国際
価格の情報を通して，人びとはグローバルな世界と緊密に関係しています．

　ナショナリズムが国民を発明すると述べたゲルナーは次のように指摘しま
す．「民族を生み出すのはナショナリズムであって，他の仕方を通じてではない．
ナショナリズムは以前から存在し歴史的に継承されてきた文化あるいは文化財
の果実を利用するが，しかしナショナリズムはそれらをきわめて選択的に利用
し，しかも多くの場合それらを根本的に変造してしまう」[27]．私たちは，国や民
族という形態もまた歴史的な存在であり，普遍のものではないという視点をも
つことが必要になっています．

## 3　記憶／想像／グローバル・ヒストリー

　ヨーロッパにおける国民国家の脱領域化やアイデンティティの脱国民化，ア
フリカにおける民族やナショナリティの柔軟性など，グローバル化する社会の
現状や歴史的背景を学んできました．最後に，国民国家の存在にかかわる「記
憶の場」について考え，トランスナショナルな世界認識を得るための方法とし
てグローバル・ヒストリーを紹介しましょう．

#### 記憶の場──無名戦士の墓と虐殺祈念館

第1節で紹介したように，ネーション（国民）とはイメージとして心に描かれた想像の政治共同体です．多様な人びとや異なる民族を一つのネーションへ包摂するための装置の一つが，さまざまなできごとを国家の記憶として共有するための場です．

アンダーソンは，「無名戦士の墓と碑ほど，近代文化としてのナショナリズムを見事に表象するものはない……これらの墓には，だれと特定しうる死骸や不死の魂こそないとはいえ，やはり鬼気せまる国民的想像力が満ちている」[28]（強調は著者）と述べます．遺体も遺骨も死者の名前さえもない空間ゆえに，そこには公共的，儀礼的敬意が払われ，ナショナリズムの想像力がかきたてられるのです．そして死にかかわるがゆえに，宗教的想像力と強い親和性をもつことになるとも論じています．

ルワンダ共和国では1994年の虐殺事件を追悼するための場には，遺体と遺骨，そして死者の顔と名前が記されています．一つは，首都キガリの中心部にあるキガリ虐殺祈念館（Kigali Genocide Memorial）です．ここの土台には，虐殺された人びとが埋められ，その埋められているさまをガラス越しに見ることができます．祈念館の中央部は，淡い暖色の照明の下，天井から床まで届くほどの大きな布が何枚も吊り下げられ，揺れているように見えます．しかしそれらは布ではなく，名刺ほどの大きさの写真を幾枚もつなぎ合わせたものです．赤ん坊から老人まで，数え切れない人たちの顔写真が，部屋の壁にも展示されています（**写真14-5**）．遺族から提供された犠牲者たちの写真です．出口手前の六角

**写真14-5　キガリ虐殺祈念館**（犠牲者の写真）
（両写真とも著者撮影）

**写真14-6　キガリ虐殺祈念館**（犠牲者の骨）

形の部屋の壁には腰の高さほどの展示ケースがあり，何百と積まれた真っ白な大腿骨，整然と並べた骸骨が展示されています（**写真14－6**）．

　ムランビ虐殺記憶センター（Murambi Genocide Memorial Centre）は，一晩で8000人が殺された虐殺現場である学校をそのままミュージアムにしたもので[29]す．各教室に鉄製の骨組みのみのベッドが幾つも置かれ，その上に防腐処理され白く粉をふいた人間の身体が何百と並べられています．髪が長いもの，髪飾りがついているもの，拷問のあとなのか手足が逆向きに曲がっているもの，生まれたての赤ん坊のような小さなものもあります．校舎の裏庭には死体を埋めた穴があり，そのうちの2つは開放されたまま展示されています．

　これら2つの記憶の場には人の姿がはっきりと見えます．死者の身体性は，見る者を圧倒する力をもっています．犠牲者たちは無名の存在ではなく，それぞれの生があったことを見る者に訴えかけます．無名の骨，無名の遺体さえもが，それぞれの死のさまがあったことを表現しています．身体という共通性は，記憶の枠組みを国民国家や民族から解放して，この事件を共通の過去として想起させる力をもっています[30]．それぞれの生と死をとおして，私たちがかきたてられるのは国民的想像力ではなく，この虐殺事件への想像力であり，その集合的記憶を共有するための想像力です．この場で創出されるのは，歴史を同時代のものとして捉える共時的視点であり，おそらく「記憶の共同体」と呼びうるものです．しかし，記憶の共同体は，歴史の共有をとおして人びとを強く結びつける一方，その歴史を共有しない人びとを排除する働きをもつことになります．

## グローバル・ヒストリー

　歴史学者の羽田正は，19世紀に成立した史料実証主義をモットーとする近代歴史学は，国と国民ごとの歴史を「創造」することによって国民国家建設という人類社会の新展開に大きな影響を及ぼしたと指摘します[31]．ある国と国民が歴史を持てば，その国と国民が現実の存在として意識されるからです．

　　自と他をはっきりと分けて二項対立的に世界を把握しようとする意識は，今も昔も大なり小なり世界のどこでも見られる．その中で，現代人にとりわけ強い影響を与えているのは，19世紀の西北ヨーロッパの知識人の

それである．彼らの二項対立的な自意識は，ナショナリズムを高揚させ，それを受け入れた人間集団に求心力を与えるためには大いに威力を発揮した．しかし，その一方で，しばしば「私たち」と「彼ら」の間での対立をも生み出した．19世紀以来現代に至るまで，世界各地で繰り広げられてきたさまざまな争いや戦いの原因の一つは「自」と「他」を区別する世界観にある[32]．

　自己と他者の区別を強調することは，現代社会における諸問題をも自己から切り離してしまいます．それらを他者のものではなく自己のものとして捉えて解決に取り組む姿勢を創造するためには，互いの違いではなく，共通性に注目する歴史理解とそれに基づく世界史の叙述が必要になります．

　また，現在の世界史は，ヨーロッパ中心史観から自由ではありません．ヨーロッパ中心史観とは，ヨーロッパだけが唯一歴史を作り動かすことが可能で，世界のその他の地域はその周辺にすぎず，ヨーロッパが接触するまで歴史はなかったという考え方のことです．それに対抗して周縁（ヨーロッパ以外の世界，女性，子どもなど）から世界を記述することで，中心史観による叙述の矛盾や誤謬を明らかにすることはできるでしょう．しかし，一方で，その周縁を中心として世界史を構想してしまう危険性があります．つまり，「周縁から見る」という意識自体は，中心史観の裏返しなのです．

　中心も周縁もない世界史の見方を作り出す上で，羽田が注目するのは環境史と海域世界史です．環境史は，人間と環境——土地利用や人口動態，開発などの関わり——を扱うため，地球上の人間をどのような集団に分けるのかに慎重になる必要があるからです．政治や民族を中心にして日本人や中国人などの国民国家の国籍でグルーピングしたり，アフリカ人，イスラーム教徒などのように，いわゆる文化圏ごとに分けたりできません．

　海域世界とは，海を中心に周囲の陸地を含む空間を意味します．海と陸を一体のものとして捉え，その空間における人，モノ，情報の移動とネットワークを知ることは，主として陸地を領域とする諸国家間の国境線が絶対の境界ではないことを明らかにします．

　アジア史学者の水島司は，こうした世界史への新しいアプローチをグローバ

ル・ヒストリーと名づけます[33]．その特徴は，①歴史を巨視的に見ること，②ヨーロッパ世界の相対化，近代以降の歴史の相対化，③異なる地域間の相互連関，相互の影響の重視すること，などです．例えば，砂糖や綿花などの世界商品に着目すれば，その生産・運搬・流通・販売・消費の各局面に世界中の人びとが関わっていることがわかります．ユーラシア，アフリカ，南北アメリカ，オセアニアを含めた世界のなかで，モノの移動を俯瞰的に捉えれば，人びとがそのネットワークで果たした役割や，モノが社会秩序に与えた影響，そしてそこに政治権力がどのように関わったのかという点が明らかにできるでしょう．

　人間集団を構成する基準は，血縁，地縁，信仰，職業，政治権力，学歴，階級，言語，文化など沢山あります．その中で何が基本的な単位として論じられているのか，何を基本的な考察の単位とすれば良いのか，国際社会における諸問題を考える時，私たちは常に問いかける必要があるのです．

## 4　トランスナショナルな存在へ

　最初の問いにもどりましょう．なぜ同じ国の人だから応援したり，親近感を覚えたりするのでしょうか．国家は一つの集団に過ぎません．にもかかわらず，徴税，教育，福祉などを通して私たちの生活全般を支援し，時には司法や警察という制度を通して私たちの命を「正当に」奪うこともあります（例えば「死刑判決」）．

　私たちは，周囲のあらゆるモノからメッセージを受けとります．グローバル・メディアをとおして私たちは，すでに自分がある一つの「共同体」の一部であり，何らかの状況を共有していると感じています．オリンピック・パラリンピックは，私たちの帰属する共同体が国家であること，それは愛着をもつにふさわしい存在だというメッセージを私たちに投げかけます．多様な社会的背景をもつ私たちに，共通性を想起させ，それを応援する行為によってさらにその帰属意識を強めようとします．より速く，より高く，より美しくという近年のスポーツの傾向もまた，政治的，社会的，道徳的な過程と結びついたものです．経済の成長拡大や物質的な豊かさの追求は国民国家成立の基盤であり，ワールドカップや世界選手権大会は，その基盤の優位性――例えば「日本は金メダル○

個を獲得しました」というように——を示す絶好の機会なのです.

　私たちが国民国家の枠組みを越えることは可能でしょうか. 一つの方法は, 海外旅行や海外留学などの物理的な移動によってそれを体験することです. 国境を越え, ある社会やある集団の外部に位置することは「自分は誰なのだろう」という疑問を生じさせます. この個人的な問いは, 自分は誰に似ていて誰とは異なるのかという社会的な問いへの鍵になります. ナショナリティをとおしてトランスナショナリティを想像することができるでしょう. もう一つの方法は, グローバル・メディアに絶え間なく流れる戦争や難民のニュースに耳を傾けることです. 私たちは他人の喜びや苦痛を想像し共感する能力をもつ存在です. 「なぜ難民になったのだろう」「なぜ戦争が終わらないのだろう」という問いを, 自分をとりまく他者との関係性へと広げてみましょう. そこに国民国家の基盤とその歴史性にかかわる多様な事象が発見できるはずです. トランスナショナルな想像力を働かせ, 多様なネットワークを発見し, 従来とは異なる指標による世界を想像・創造してみましょう.

## 注

1）町村敬志は, 国家の2つの側面を,「人びとが所属する共同体」を意味する場合はネーション（nation）,「政治的組織体」として使われる場合は国家（state）と呼びわけます. これら2つの異なる概念があいまいなままに融合したところに, 近代以降の大きな特徴があると指摘します（町村敬志「国家とグローバリゼーション」町村敬志・長谷川公一・浜日出夫・藤村正之『社会学』有斐閣, 2007年, p. 315）.

2）樽本英樹『よくわかる国際社会学』ミネルヴァ書房, 2009年, p. 15.

3）国民国家をたばねる組織として, 国際連合（United Nations）があります. 国際連合の役割は, 条約を締結することをとおして, 国家間の義務や共同行動を命じます.

4）主権国家体制の確立は, 三十年戦争の終結のために1648年に調印されたウェストファリア条約によります. フランスはライン左岸, スウェーデンは北ドイツに領土を獲得し, 諸侯には国家主権が認められました.

　平安時代の荘園制度や鎌倉時代から安土桃山時代にかけての刀狩は, 租税の徴収と暴力の独占という近代国家の形式と相通じるものです. しかしその当時,「日本」という国家は存在しなかったのです.

5）町村, 前掲書, pp. 316-317.

6）B. アンダーソン（白石隆・白石さや翻訳）『想像の共同体——ナショナリズムの起源と流行』リブロポート, 1987年.

7）E. ゲルナー（加藤節監訳）『民族とナショナリズム』岩波書店, 2000年, p. 1.

8）シティズン（citizen）は「都市cite」に「居る - sein」で市民, そしてシティズンシッ

プ（citizenship）は「市民citizen」「であること - ship」で市民権と訳すこともある.

9）樋口直人「トランスナショナルな移民ネットワーク」宮島喬・佐藤成基・小ヶ谷千穂編『国際社会学』有斐閣, 2015年, pp. 31 - 44.

10）樽本英樹は, 第二次世界大戦後に市民権の準拠共同体を国民国家とすることが第二次大戦後の世界で一般化したことを指摘し, ナショナル市民権と名づけています（樽本, 前掲, p. 103）.

11）J. アーリ（吉原直樹監訳, 武田篤志・伊藤嘉高翻訳）『社会を超える社会学──移動・環境・シチズンシップ』法政大学出版局, 2006年, pp. 296 - 325.

12）Alana Lentin, "Post - race, post politics: the paradoxical rise of culture after multiculturalism," *Ethnic and Racial Studies*, Vol. 37, No. 8, 2014, pp. 1268 - 1285.

13）宮島喬「国際社会学に向けて」宮島喬・佐藤成基・小ヶ谷千穂編『国際社会学』有斐閣, 2015年, p. 1.

14）宮島, 同上書, p. 5.

15）田原範子・岩谷洋史「フォト・エスノグラフィーの理論と実践」『四天王寺大学紀要』第60号, 2015年, pp. 72 - 73より抜粋改変.

16）日野舜也編『アフリカの文化と社会』勁草書房, 1992年.

17）日野, 同上書, p. 232.

18）実際の統治は単純なものではありませんでした. 例えばフランスの西アフリカ統治については, ①19世紀後半の沿岸保護領化にともなう間接的な統治, ②世紀転換期の内陸侵攻にともなう直接的な統治, ③世界恐慌後に確立が急がれた間接統治の3期に区分されています（真島一郎「植民地統治における差異化と個体化」栗本英世・井野瀬久美惠編『植民地経験──人類学と歴史学からのアプローチ』人文書院, 1999年, p. 103）.

19）真島, 同上書, p. 113.

20）松田素二「多文化共生」松田素二編『アフリカ社会を学ぶ人のために』世界思想社, 2014年, pp. 278 - 289.

21）真島は, アフリカにおける「民族」や「部族」は近代の創りあげたフィクションだという理解は, 「個人」を近代自我論の創り上げたフィクションとする理解に通底すると批判しています. 「族と人の個体化は, 19世紀西欧の『分けねば治まらぬ』という統治心性がアフリカ大陸に暴力的な形でつきつけた植民地メッセージの一総体であり, 西欧の側であらかじめ想定された『植民地経験』の原材料だった」と述べます（真島, 前掲書, p. 130）.

22）津田みわ「植民地支配と独立」松田素二編『アフリカ社会を学ぶ人のために』世界思想社, 2014年, p. 116.

23）Kigali Genocide MemorialのClement Hirwa氏の報告によります（2014年11月, Kyoto International Workshop）.

24）1994年7月, ルワンダ愛国戦線の武力介入により, ビジムング大統領（フツ）, カガメ副大統領（ツチ）による新政権が成立します. 身分証明書の民族名記載を廃止し, 国民和解委員会及び国民事件委員会の設置し, 虐殺地の地名変更, 公用語（学校教育言語）の変更など, 人びとの和解を図り, 次世代育成のために強い推進力で政策を実行しています.

25）松田, 前掲書.

26）ナショナリティは多義的な言葉です．国民的地位，帰属，とりわけ法的地位（国籍），国民的性格（国民性），国民としての政治的独立，国民としての存在，出自・伝統・言語その他を共有し，国民国家を構成しうる人民（国民）などを含意します（アンダーソン，前掲）．

27）ゲルナー，前掲書，p. 95.

28）アンダーソン，前掲書，p. 24.

29）当時はブタレ（Butare）という町でしたが，フエ（Huye）と改名されました．

30）それぞれの生を想起させるのは，むしろ名前かもしれません．沖縄の平和祈念公園の平和の礎（いしじ）には，沖縄戦で亡くなった国内外すべての20万人余の人びとの名前がぎっしりと書き込まれています．美しい海岸線を眺望する台地に放射状に広がる刻銘碑は，多くの人びとの生が失われたことを，見る者に告げます．

31）羽田正『新しい世界史へ——地球市民のための構想』岩波新書，2011年，p. 68.

32）羽田，同上書，p. 70.

33）水島司『グローバル・ヒストリー入門』山川出版社，2010年.

**参考文献**

アーリ，J.（吉原直樹監訳，武田篤志・伊藤嘉高翻訳）『社会を超える社会学——移動・環境・シチズンシップ』法政大学出版局，2006年.

アンダーソン，B.（白石隆・白石さや翻訳）『想像の共同体——ナショナリズムの起源と流行』リブロポート，1987年.

ゲルナー，E.（加藤節監訳）『民族とナショナリズム』岩波書店，2000年.

スミス，A. D.（巣山靖司・高城和義・河野弥生・岡野内正・南野泰義・岡田新翻訳）『ネイションとエスニシティ——歴史社会学的考察』名古屋大学出版会，1999年.

田原範子・岩谷洋史「フォト・エスノグラフィーの理論と実践」『四天王寺大学紀要』第60号，2015年，pp. 65 - 86.

樽本英樹『よくわかる国際社会学』ミネルヴァ書房，2009年.

津田みわ「植民地支配と独立」松田素二編『アフリカ社会を学ぶ人のために』世界思想社，2014年，pp. 112 - 125.

羽田正『新しい世界史へ——地球市民のための構想』岩波新書，2011年.

樋口直人「トランスナショナルな移民ネットワーク」宮島喬・佐藤成基・小ヶ谷千穂編『国際社会学』有斐閣，2015年，pp. 31 - 44.

日野舜也編『アフリカの文化と社会』勁草書房，1992年.

真島一郎「植民地統治における差異化と個体化」栗本英世・井野瀬久美惠編『植民地経験——人類学と歴史学からのアプローチ』人文書院，1999年，pp. 97 - 145.

町村敬志「国家とグローバリゼーション」『社会学』有斐閣，2007年，pp. 311 - 343.

松田素二「多文化共生」松田素二編『アフリカ社会を学ぶ人のために』世界思想社，2014年，pp. 278 - 289.

水島司『グローバル・ヒストリー入門』山川出版社，2010年.

宮島喬「国際社会学に向けて」宮島喬・佐藤成基・小ヶ谷千穂編『国際社会学』有斐閣，2015年，pp. 1 - 12.

ユネスコ『アフリカの歴史』第7巻［上］隆文社，1988年.

# 第15章

## 国際経済論
—— グローバル化は人びとの幸福を導くか？——

津崎克彦

> グローバル化は21世紀の社会を捉える重要なキーワードです．人びとの
> 期待を背負いながら進展していくグローバル化ですが，その帰結は果たし
> て人びとに幸福をもたらすものなのでしょうか．本章では経済のグローバ
> ル化を中心にこの問題と課題を考えていきたいと思います．

## 1  グローバル化と現代世界

### グローバル化と反グローバル化

2001年9月11日，アメリカ・ニューヨークの2つの高層ビルに，ハイジャックされた2機のジェット機が激突し，多くの方が亡くなりました．大惨事の舞台となったビルの名前は「世界貿易センター」，国際的なビジネスに関わる企業のオフィスが多数集まる，名実ともに国際経済の中心でした．この事件の真相は必ずしも明らかになっていませんが，グローバル化の象徴であった世界貿易センターが悲劇の舞台になったことは，21世紀の幕開けに暗雲をもたらしました．世界的に紛争が拡大する中，2018年の難民の数は7080万人で，この20年間でほぼ2倍に増加しました<sup>1)</sup>．しかし同時に，外国人の自国への流入を阻止しようとする排外主義を掲げる政党が，ヨーロッパを中心に支持を集めるようになりました．2017年1月には移民の抑制と保護主義を掲げたドナルド・トランプ氏が当選，加盟国同士がお互いに自由な貿易を促進しようとした環太平洋パートナーシップ協定（TPP）からの離脱を決めました．2020年1月には，ヨーロッパが時間をかけて積み上げてきた，各国の相互交流の枠組みである欧州連合（EU）から，イギリスが離脱しました．21世紀に入り，世界では，グローバ

ル化に抗する動きがマグマのように噴き出しています．その背後には，20世紀終盤から展開してきた経済的なグローバル化の急速な進展がありました．

　日本に住むわれわれの日常生活に目を向けてみましょう．皆さんが今日食べた食事はどこを原産地としたものでしたでしょうか．日本の食料自給率はカロリーベースで約37％（2018年），現在の日本人が摂取するカロリーの6割以上は海外に依存しています[2]．今，着ている洋服は，どこで作られたものでしょうか．洋服のタグを見てみてください．日本の衣類の多くは中国（57.0％）で生産され，他に，ベトナム（15.4％），バングラディッシュ（4.1％），カンボジア（4.0％）といった諸国に支えれています．日本の衣類は97.7％（2018年）を輸入に頼っており，現在の日本でメイドインジャパンの洋服を着ている人は，ごく少数です[3]．スマートフォンは日常生活に欠かせなくなっていますが，例えば，iPhoneはどこで作られたものでしょうか．アップルの本社はアメリカですが，アップル製品に部品やサービスを提供している組織は2018年で45カ国に及んでいます[4]．

## 本章の問題

　地域や国境を越えて人間関係が深まり，それぞれの行為がお互いに影響を及ぼすこと，そして，お互いが一つの世界を生きるようになること，こうした現象をグローバル化と呼びたいと思います．人間関係にはさまざまなものがあります．暴力や支配も一つの人間関係です．恋愛や親密性に基づく人間関係もあります．人間関係の一つに経済的な関係，モノやサービス，土地や労働力を売買したり，金銭を賃貸したりするような関係があります．こうした関係を市場経済と呼び，市場経済が地域や国境を越えて広がることを経済のグローバル化と呼びたいと思います．経済のグローバル化そのものは，後述するように，人類の歴史とともに古いものです．しかし，それが世界規模で拡大し，日常生活に浸透するようになった第1の契機は18世紀から20世紀初頭にかけて，第2の契機は20世紀終盤から現在にかけての時期でした．どのような要因で経済のグローバル化が進み，それは，人びとにどのような影響を及ぼしたのでしょうか．また，われわれは未来に向かって，この問題をどのように考えていけばいいのでしょうか．本章ではこれらの問題を考えてみたいと思います．

## 2 自由と戦争の時代 18世紀から20世紀の国際経済

### 近代国家の誕生と重商主義

　世界に広がる人びとの移動や交流は，人類の歴史とともにあったと言えます．気候の変動，疫病や災害など，人間はさまざまな理由で，世界規模での移動を繰り返してきました．シルクロードと呼ばれる中国とヨーロッパを結ぶルートは，紀元前から存在していた世界の東西を結ぶ陸上の交易路として知られていますが，海上においても世界中に多数の交易路が古くから存在していました．国境が生まれる前から人びとはグローバルに活動し，お互いが関係を持っていたことは強調しておきたいと思います．ただし，当時の移動は制約が多いもので，多くの人びとの日常生活は，狭い範囲の活動に支えられていました．

　15世紀から17世紀にかけて，国境によって区切られる領土の存在と，領土内の統一的な官僚機構，常備軍や警察を持つ，絶対王政と呼ばれる政体を持つ国家がヨーロッパで生まれました．1648年にヨーロッパで締結されたウェストファリア条約は，こうした国家が自分の領土に対して支配権を持つという国家間の約束であり，以降，先進的に発展した諸国による領土の拡張や地域の独立を通して，20世紀までに世界という空間が，国境で区切られた国家に埋め尽くされることになりました．

　絶対王政期の国家は，他国に対する優越を確立するために，国内に金等の希少金属を大量保有することを目標として，自国商品の輸出を振興することで外国から金を獲得し，支払いの形で金の流出をもたらす輸入を関税等の手段で制限するという政策を行いました．国家が貿易に介入して輸出と輸入の差額を大きくすることで国の富を増そうとする政策を重商主義と呼びます．重商主義は，限られた希少金属を富と考え，その確保を目指しましたが，そこでは，一般の人びとの日常生活は考えられていませんでした．また，重商主義は一見，貿易を重視するような考えに見えますが，有限な富をめぐる国家間の奪い合いが発生したことや輸入制限を相互に設けたことで，諸国家の協力関係や貿易は阻害されました．

### 市場経済と自由貿易の思想

　A. スミス (1723 - 1790) は，重商主義の考え方や施策を批判的に検討する中で，国の豊かさとは，希少金属の保有量ではなく，生活必需品や便益品が国民の間に普及することであり，そのためには，一般の人びとが広く生産活動に従事することを重視しました．そして，個人が単独で身の回りの全てのことをこなす自給自足的な生活よりも，多様な技能を持つ個人がそれぞれ，他の個人よりも得意な仕事（絶対優位）に特化して従事し，お互いが役割分担（分業）をすることで生産活動を推進していくこと，個人と同様に，特定の地域や国も，それぞれ他の地域や国よりも得意な分野に特化して，不得手な分野の商品は他から市場を通じて入手すること，つまり市場経済の発展が，社会がより豊かになる前提であることを論じました．経済学者のD. リカード (1772 - 1823) は，スミスの考えをより発展させ，自国が最も得意とする分野に特化すること（比較優位）によって全体の利益が高まることを示しましたが，彼の考えは，関税や規制を撤廃して，企業の自由な活動を尊重する自由貿易の拡大に影響を与えました．スミスやリカードが生きた時代は，イギリスを中心に綿紡績機，蒸気機関，製鉄技術の発明等に代表される産業革命が起こりつつありましたが，彼らの思想は，こうした技術とあいまって，市場経済と自由貿易を広く世界に浸透させることに寄与しました．多くの人びとの日常生活が経済的なグローバル化に影響を受けるようになったのは，この時代以降のことでした．

### 市場経済，自由貿易の浸透と世界大戦

　市場経済と自由貿易の浸透は，人びとの生活に大きな影響を与えました．かつて，多くの人びとは農業や小規模な製造業を中心に，自然のリズムの中で，安定した仕事や家族，地域に囲まれて生活していました．しかし，仕事は契約に基づく雇用に変化し，また，人びとに求められる仕事と技能は刻々と変化していきました．市場経済は，生産活動に必要な土地や工場の所有者に巨大な富をもたらしましたが，それ以外の人びとには必ずしも十分に富はいきわたりませんでした．行き過ぎた経済活動や海外情勢など個人の努力を超えた景気変動は，人びとの賃金や就労状態を左右し，大きな孤立感，無力感，不安をもたらしました．19世紀後半になると，次第に自由貿易は後退し，先進各国は関税に

より相互の貿易を抑制する一方で，発展が遅れた地域とそこに住む人びとを支配，搾取することで，生産活動に必要な資源の確保と国内の安定を図ろうとする植民地主義が進みました．1929年には，世界恐慌と呼ばれる未曽有の不況が世界に訪れました．世界が危機的な状況に向かう中で，自由と民主的な政治体制を維持しつつ，市場経済からもたらされる人びとの生活に関わる問題を政策的に解決しようとする福祉国家と呼ばれる体制が，この時期のアメリカやイギリスを中心に登場しました．しかし，アメリカ，イギリスよりも，市場経済の浸透と社会変動がより急激であった，ドイツ，イタリア，日本からは，人びとの自由な活動と民主主義的な政治体制を否定し，敵対者を名指し攻撃することで人びとの不平，不満をそらそうとするファシズムと呼ばれる体制が生まれました．1939年から1945年に起きた第二次世界大戦は，植民地主義に基づく各国の競争を背景にしながら，政治的には，自由と民主主義を基調とするアメリカ，イギリスを中心とした連合国と，ドイツ，イタリア，日本というファシズムを基調にした枢軸国による戦いとなりました．

# 3　第二次世界大戦後の国際経済と経済発展

## 第二次世界大戦後の国際秩序

1945年，世界中の国々を巻き込み，膨大な犠牲者を出した第二次世界大戦は終結しました．市場経済の急激な浸透がもたらした社会的な不安感，植民地に対する先進国の抑圧，先進国間の相互不信と対立は当時の大きな反省材料でした．こうした反省の下，平和を守り，各国の友好的な関係と協力を促進するための国際機関として，国際連合（国連）が設立されました．国連は全世界各国の独立を維持し，統合を調整する重要な機関として位置付けられましたが，経済的な思想については，市場経済を基調とした西側諸国（第一世界）と，社会主義を基調とした東側諸国（第二世界）の間で強い対立が生まれ，両者は競争，さらには軍事的な対立にまで発展しました（冷戦）．

西側諸国は，アメリカ，イギリスを中心に西ヨーロッパや日本等の諸国により構成されました．西側諸国は，個人や企業の自由な活動とそれに基づく市場経済を基本にしながらも，経済運営を個人や企業の自由に完全にゆだねるので

はなく，税金や保険，規制や国営企業の運営，公共事業の創出や経済への介入など，政府が積極的に市場経済に介入して，格差や貧困を防ぎ，安定した経済運営を達成しようとする福祉国家と呼ばれる体制を選択しました．国内における市場経済の尊重と同時に，国際経済の分野でも，西側各国は自由貿易を尊重しましたが，その平和的な運営のために，1945年には国際通貨基金（International Monetary Fund=IMF），1947年には多国間で平和的に自由な貿易を進めるための場として，関税と貿易に関する一般協定（General Agreement on Tariffs and Trade=GATT）が設立され，国際機関を通して，各国がお互い対話と調整を行いながら，自由な活動を維持する方策が整えられました．

　東側諸国は19世紀に市場経済がヨーロッパを席巻していく中で，その問題点の超克を目指したK．マルクス（1818‐1883）の思想に依拠し，生産活動の目的や，それに必要な手段，具体的な生産活動の内容を，個人や企業の自由にゆだねるのではなく，国家による計画と公有にゆだねた社会主義に基づく経済運営を行いました．1917年のロシア革命に端を欲するロシアを中心としたソビエト連邦，1949年に成立した中華人民共和国がその代表となりました．

　冷戦は1945年から1989年という長きにわたり，世界の政治，経済情勢の前提となりましたが，第二次世界大戦後の国際経済の大きな問題として，独立したとはいえ，貧困にあえいでいた第三世界の発展の問題がありました．第三世界の発展途上国の開発を目的とした国際機関として，1945年に世界銀行（World Bank）が発足し，途上国の資金調達や政策に強い影響を及ぼすようになりました．また，第三世界は，西側諸国と東側諸国の競争の舞台ともなり，特に西側諸国では，いかにすれば，途上国を発展に導くことができるのかについて，市場経済との関係から研究が進みました．

### 経済発展の諸理論（1）　国内総生産（GDP）と発展段階モデル

　1930年代に経済学者のS．クズネッツ（1901‐1985）は「一定期間において，一国内で生産されるすべての最終的な財・サービスの市場価値」として定義された国内総生産（gross domestic product, GDP）という概念を提起しましたが，GDPの成長＝経済発展は，特に市場経済を前提とする世界各国の重要な政策目標となりました．いかにすれば，GDPの成長をもたらすことができるので

しょうか．第1の説は市場経済とそこで活動する個人や企業の自由を前提としつつも，政府の政策により適切に管理運営していくことで経済発展を導こうとする考え方です．その起源は，アメリカの初代財務長官であったA．ハミルトン（1755-1804）が1791年に提唱した幼稚産業保護論があげられます．ハミルトンはイギリスに比べて遅れて発展したアメリカにとっては，自由貿易の下では，より大量で高品質であったイギリスの産業がアメリカの国内市場を席巻してしまい，自国で産業が発展する余地がなくなってしまう可能性があると危惧しました．そこで，ハミルトンは未熟な産業に関しては，他国に後れを取っている場合に限り，輸入税や輸入禁止措置，あるいはその産業に必要な原材料への減税措置をとることで，その産業を保護し，国際競争に参加するのに十分な力をつけた後に自由貿易に参加すべきという主張を行いました．ハミルトンの主張はドイツの経済学者であったF．リスト（1789-1846）を通して戦前期のドイツや日本の貿易政策に影響を及ぼすことになりました．1950年代になると，発展段階論と呼ばれる，先進各国の経済発展パターンを一般化し，途上国にもあてはめていこうとする考え方が生まれました．その代表的な論者であるW．W．ロストウは，著書『経済発展の諸段階』（1952）において，これまでの先進国の経験を抽象化した経済成長のイメージを5段階で示しました．第1段階は農業を中心とした伝統段階であり，人びとは食料生産を中心とした生産活動に従事しつつ，自給自足的な生活を送っており，市場での取引が不活発で貯蓄が低い状態を指します．第5段階は最終段階として，高い生産水準と経済成長を達成しつつ，国内の消費者のニーズが多様化していく段階です．第1段階から第5段階に向かうエンジンとなるのは，その国の貯蓄と投資であり，十分な貯蓄があり，それが新しい産業に適切に投資されることが，経済発展にとって重要であるとされました．

## 経済発展の諸理論（2）「誤りのパラダイムモデル」と世界システム論
　先進国の経験をあてはめようとする発展段階論に対しては，1970年代になると強い反論が現れました．一つは，途上国と先進国の差異や途上国の多様性に注目した「誤りのパラダイムモデル」と呼ばれるものです．誤りのパラダイムモデルは，途上国の経済発展を目指してやってくる先進国の経済アドバイザー

や，先進国に留学してその知識を学んだ途上国のエリート層が，途上国が抱える独自の歴史や制度を無視してしまい，結果として，貧困問題が維持されてしまうと主張しました．加えて，途上国には独自の身分制度や民族間の不平等，あるいは，不平等をもたらす法律や慣習，権力などが存在しており，こうした格差構造の克服に無頓着な政策を実施しても，途上国内部の貧困状態が温存されてしまうとしました．<sup>5)</sup>誤りのパラダイムモデルは主として途上国の内的要因から経済発展を阻害する要因を明らかにしようとしましたが，途上国の外的環境となる自由貿易そのものに途上国と先進国の格差の原因を求める従属論・世界システム論と呼ばれる考えも生まれました．世界システム論の主要な論客であるI. ウォーラーステインによれば，16世紀以降の世界経済の歴史は，支配し搾取する側（中心）と，搾取される側（周辺），そして両者の中間（準周辺）によって構成されている資本主義世界システムの拡大として理解できるとします．彼は，ヨーロッパ内部の関係性から始まった世界システムは，世界のさまざまな国や地域を包摂しつつ，20世紀に至るまで拡大を続けましたが，彼はその本質的な部分は，中心による周辺の搾取にあるとしました．同時に彼はシステムの内部においてさまざまな国家が上昇，下降を繰り返す可能性はあるものの，周辺国が中心国に上昇するのは基本的に困難であるとし，長期的にはシステムそのものの崩壊をもって，社会主義的な世界政府を中心とした新しい世界が生まれるのではないかと考えました．

### 経済発展の諸理論（3）　新自由主義理論

　1970年代中盤頃になると，アメリカやヨーロッパの間で，次第に経済発展の速度が停滞するようになってきました．新自由主義と呼ばれる考え方は，その原因を，高い税金やさまざまな規制，あるいは経済の重要分野を国営企業による運営にゆだねていた福祉国家の政策に求めました．彼らはスミスやリカードが考えた市場経済の原理を信奉しつつ，経済発展にとって重要なのは，「他人のお金（税金）を他人のため（政府の政策）」に使う政府の役人ではなく，「より高い利益を目指して自分のお金を自分のために使う」経済人と民間企業による主体的な取り組みであるとし，こうした経済人の活動範囲を拡大するために，減税，国営企業の民営化，国内外における規制緩和を通した市場の自由化，関

税引き下げや保護貿易措置の撤廃を主張しました．1980年代になると，社会主義国の停滞も明らかとなり，福祉国家以上に社会主義的な経済運営を強く批判していた新自由主義理論の主張はより強い影響を持つようになりました．IMFや世界銀行に代表される国際機関は，従来は市場経済を尊重しつつも，政府の役割を重視する立場に立っていましたが，1980年代には次第に各国に対して新自由主義的な政策を推進するようになりました．こうした傾向は，「ワシントンコンセンサス」と呼ばれ，その後，2000年代にかけて，世界的なグローバル化を推進していく思想的な原動力になりました．

## 市場原理主義の隆盛とアジアの経済発展

　しかし，政府の関与を全面的に否定する新自由主義的な経済運営は果たして途上国の経済発展にとって有効な政策と言えたでしょうか．1980年代にヒントとなる事例が登場しました．アジアNIESと呼ばれた地域（韓国，台湾，香港，シンガポール）の急速な経済発展です．ここでは，一つの例として台湾を見ていきたいと思います．台湾は1965年から1980年代にかけて，年率10％程度の非常に高い経済成長を経験しました．さらに1990年代になるとハイテク分野に進出するようになり，コンピューターやソフトウェア，バイオテクノロジーなどの分野において，今や世界の中心的存在となっています．こうした成長の背景として，第1に工業化の重要性と，産業や貿易における政府の強い役割をあげることができます．台湾はもともと，多くの途上国と同様に，農業を中心とした産業構造でしたが，1940年代から1980年代にかけて，幼稚産業保護論に基づく輸入代替政策と呼ばれる政策を行い，海外からの輸入品を規制し，国内で生産を行うことで，国内産業の強化を図りました．さらに，台湾は輸出についても許可制という形での規制を行い，将来の発展が見込まれる産業へ限られた資金や人材が集中するように誘導しました．いかなる産業をどのように発展させればよいのかという計画の作成に関しては，台湾政府の研究機関がアメリカを中心とした諸外国の状況を綿密に調査することで作成していきました．その後，台湾は輸出主導型経済と呼ばれる体制に移行し，日本の1／5程度の少ない人口にも関わらず，高い成長率を達成していきました．台湾に経済発展をもたらした第2の要因として，言論の自由や政治的な民主主義を通した政府に対する

監視機能の強化を挙げることができます．新自由主義者が主張するように，経済における政府の役割が大きくなると，政府による放漫な財政運営や，役人と特定の実業家が結びついた政治的汚職などが発生し，経済的な非効率性や人びとの不公平感をもたらす可能性が高くなります．実際に台湾もそうした経験をしてきましたが，1980年代から90年代にかけては，政治的な民主化運動が高まり，民主的な選挙と報道を通して，政府に対するチェック機能を高めることで，経済成長と政府の役割との両立を図ってきました．第3の要因として歴史的，文化・社会的な背景があります．経済発展に際しては生産活動や生活の基盤となる道路や港湾などの基盤が必要となりますが，インフラストラクチャーと呼ばれるこうした基盤の整備に際しては莫大な費用が必要になると同時に，民間企業による投資だけでは賄いきれないという問題があります．第二次世界大戦中の日本による植民地支配は，それ自体は望まれたものではなかったとはいえ，戦後の経済成長に必要な基盤整備に寄与したという点は指摘できます．また，発展段階論が主張するように，貯蓄や教育は経済成長や産業発展のエンジンとして非常に重要なものですが，台湾を含むアジアNIES諸国の人びとは全般に教育熱心で貯蓄率も高いものでした．その背後には，禁欲的で勤勉な労働倫理，更に，儒教という思想的な要素があったのではないかと指摘する説もあります．[6)]

　上記で見てきたアジアNIESの経験は，途上国の発展の方策に大きな示唆を与えています．第1に途上国が自由貿易を通して先進国を含む他国と関係を持つことは，従属論・世界システム論者が強調するようなマイナス面ばかりではなく，経済発展にとって有望な機会，条件となりうるということです．しかし，第2に，他国との交流を経済発展に結び付けていく手段は，新自由主義理論が強調する，低い関税や規制撤廃に代表される小さな政府ばかりだけでないということです．世界経済の中でどのような戦略を果たしていくのか，また，付加価値の高い産業に企業と労働者をコーディネートしていくためにはどのようにすればよいのか，という点について政府が検討し介入することは，それが適切な形であれば，経済にプラスの効果をもたらします．第3に経済は大きな意味での社会を構成する要素の一つであり，政治的な民主主義，その国の歴史や慣習，その他の社会的条件からも影響を受けるという点を挙げることができます．経済発展にとっては，経済のみならず，その国の歴史や制度など，多様な要因

を研究，考慮することによって，各国の多様な発展の可能性，方策を考えることができます．

## 4　グローバル化は人びとの幸せを導くか？

### 21世紀のグローバル化と中国の発展

　1989年，地中海のマルタ島で行われた，ソ連のゴルバチョフ書記長とアメリカのブッシュ大統領のマルタ会談により20世紀後半の世界秩序であった冷戦が終結しました．かつての第二世界に属していた多くの国々が，社会主義を捨て去るか，あるいは自国の経済体制に市場経済を導入することになりました．国際経済の分野では，かつての第一世界の自由貿易を調整する枠組みであったGATTが，世界貿易機関（World Trade Organization＝WTO）に改組され，1995年に発足しました．WTOはかつての社会主義国を取り込みながら拡大し，2020年現在，164か国が加盟することになりました．WTO加盟国の拡大は，21世紀は自由貿易を一つのカギとして，世界が一つになったことを示しています．

　スミスの時代，基本的に一つの製品は一つの工場で作られていました．特定の製品の貿易を通して各国はつながっていたわけですが，21世紀のグローバル化は，第1節で言及したiPhoneのように，一つの製品の製造に多くの諸国に分散した企業が関わる「グローバルサプライチェーン」と呼ばれる分業体制に進化し，世界に分散した企業が，特定製品の分業によりつながる傾向が拡大してきました．18世紀のグローバル化を支えたのは輸送技術の急速な進展でしたが，21世紀のグローバル化は，情報を通して分業を瞬時に調整する情報技術がそれを支えています．こうしたグローバルサプライチェーンの発達に寄与したのが，アジア諸国と中国でした．1970年代から少しずつ，市場経済の導入を進めてきた中国は，先に発達したアジア諸国からの投資を受け入れる一方で，他のアジア諸国と同様，政府のコントロールの下で工業化を進めていきました．特に，中国は人口抑制，教育，移動など，人口に関わる政策に力を入れ，より高いレベルでの産業に転換することに成功しました．

## 格差問題と反グローバル化運動の高まり

　しかし，第１節で言及したように，急速に進む経済的なグローバル化の中で，それに対抗するような「反グローバル運動」とも呼ぶべき胎動も，世界に広がりつつあります．その嚆矢となったのは，1999年にアメリカのシアトルで行われた第３回WTO閣僚会議でした．WTO加盟国の閣僚が集まったこの会議では，加盟各国の利害調整が困難になっただけでなく，世界から自由貿易に疑問を持つ人びとが集結，シアトル市に戒厳令が敷かれ，多くの逮捕者が出るなど，極めて緊張に満ちたものになりました．経済的なグローバル化に対抗しようとする運動は必ずしも一枚岩のものではなく，環境問題，労働問題，文化など，さまざまな要因，立場や主張を包含しています．しかし，こうした運動の背後に底流する要因として，市場経済の浸透に伴う格差が世界規模で拡大した点をあげることができます．世界的な市場経済の広がりは，外食産業ではマクドナルドやスターバックス，衣料品産業ではH&MやZARAなどのファーストファッション，情報技術の分野では，GAFAと呼ばれるグーグル，アマゾン，フェイスブック，アップルに代表される巨大企業を生みました．グローバルサプライチェーンを支配するこうした企業は，より小規模な生産者に，競争を通した経済的な圧力を加えています．多くの先進国では，製造業が衰退し，小規模な商店や飲食店のビジネスは，巨大企業によるチェーン店やインターネット通販に置き換えられるようになりました．こうした状況の中で，経済的な地位が低下したり，自分自身が誇りをもって従事してきた仕事が奪われたり，また，そうした不安感を持つ人びとが出てきています．他方，冷戦の崩壊や，市場経済の浸透の中で，困難や希望を抱えて先進国に移住した難民や移民たちも，しばしば，移住先で低賃金かつ不安定な仕事に従事せざるをえなくなったり，自分自身の居場所が見つけられなかったりするなどの状況に置かれています．途上国でも深刻な問題が起きています．例えば，2013年に，バングラディッシュのダッカで先進国に衣料品を供給していた工場が崩落し，1000名以上の死者を出す大惨事となりました．この事件は，市場経済の中で，より安いコストで生産しようとする競争が労働条件や安全性を犠牲にした結果と言えます．グローバル化がもたらしたさまざまな困難を背景とした，反グローバル運動と呼ばれる活動の中には，穏健で対話を中心とした平和的な活動も数多くありますが，暴力，

排斥，テロリズムに依存しようとする過激な活動も目立ってきています．経済的なグローバル化が急速に進展していく中で，人びとの疎外感，孤立感，不安感が同時に拡大していく点において，現代世界は，第二次世界大戦に向かう世界と似たような状況に直面しているのではないでしょうか．

### 経済的なグローバル化と主観的幸福との関係

　経済的なグローバル化は果たして人びとの幸福をもたらすのでしょうか．あるいは，社会問題を拡大し，世界を対立と分断，破滅に導いてしまうのでしょうか．ここでは，その問題を考える手がかりの一つとして，主観的幸福度の研究をとりあげたいと思います．主観的幸福度とは，人びとに直接，自分自身が幸福であるか否かを聞いたもので，主観的幸福度の研究は，そうした人びとの幸せ度合がいかなる要因によって左右されるのかを明らかにしようとするものです．1980年代に開始された世界価値観調査（World Values Survey）はその中でも最も大規模なもので，2020年現在では 6 回目（2010 - 2014調査），約60か国を対象にした調査が公表されています．**図15 - 1** は第 6 回目の最新データによる主観的幸福（「さまざまな要因を考慮した上で，あなたは最近自分自身の生活に全体としてどの程度満足していますか，まったく満足していない＝1，完全に満足している＝10としてお答えください」）と，2014年のそれぞれの国の一人あたりGDP（購買力平価換算＝物価で調整したもの）との関係をグラフに示したものです．

　このグラフには大きく 3 つの興味深い点があります．一つは全般的に見れば，GDPと幸福度の間には一定の比例関係が見られ，特に，購買力平価換算で一人当たりGDPが 2 万ドル程度まではGDPの上昇と幸福度の上昇との関係が非常に強いという点です．経済的なグローバル化の推進がGDP増大の条件になると考えるのであれば，特に途上国にとってはその推進を考えることは人びとの幸福感もたらす重要なポイントになると考えられます．しかし，第 2 の注目点として，3 万ドルを超えるような先進諸国の間では一人当たりGDPと幸福度との関連が弱くなっており，また，一人当たりGDPが 2 万ドル以下の国の中でも，一般的には幸福度にはかなりのばらつきがあることが指摘できます．このことは，GDPの拡大のみが，人びとの幸福感に寄与するものではないことを示しています．ここにグローバル化を強く求める途上国との温度差を見る

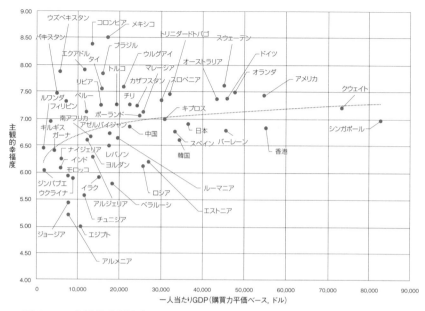

**図15-1　主観的幸福度とGDP（一人あたりGDP購買力平価ベース，ドル）との関係**

出所：主観的幸福度は世界価値観調査（2010 - 2014調査），GDP（購買力平価ベース，ドル）は世界銀行（2014年）
　　データから作成.

ことができます．第3に，日本も含むアジア地域，とりわけ，急速に経済発展
を遂げたシンガポール，香港，韓国や中国は，GDPの高さに比して，幸福度
が低い結果となっています．現在のアジア諸国では，格差，長時間労働，自殺
などが社会問題になっていますが，これらの諸国の発展のあり方には，人びと
の幸せと矛盾する要素があるのではないかと考えられます．

### まとめ　グローバル化は幸福をもたらすか？

　GDP＝経済成長は20世紀の世界においては，達成すべき大きな目標と考え
られてきました．上述したように，GDPは現在でも，特に途上国にとっては
重要な指標でもあります．経済的なグローバル化はGDPの拡大に寄与します
が，しかし，GDPには必ずしも現れない社会問題を生み出し，それが人びと
の困難や大きな対立の原因にもなりえます．われわれはこうした現実にいかに
して立ち向かえばよいでしょうか．一つは，近年，GDPを乗り越える指標に

関する研究が数多くなされるようになってきており，そうした指標を利用して施策を考えることです．著名な例は，ノーベル経済学賞を受賞したA．センによる潜在能力アプローチです．彼は，GDPは，人びとの生活にとって重要ではあるが，人生の目的ではなく，あくまでも手段の一つで，重要なのはその人が人生の中でなしうることをなすこと，潜在能力を発揮することにあると考えました．この考えに基づき開発されたのが，その国の寿命（出生時平均余命），知識（教育年数），生活水準（GDPを調整したもの）の3つの要素を合成した人間開発指標（Human Development Index=HDI）です．HDIはGDPでは測れない環境や労働環境，教育からもたらされる将来の潜在的可能性など，より深い政策課題を提起し，同時に，どの国でも入手しうる基本的な統計データから作成可能なため，特に統計データの収集が発達していない途上国で用いることができるは大きな利点となります．HDIの向上と密接にかかわる具体的な施策の目標として，2000年に国連総会で採択されたミレニアム宣言に基づくミレニアム開発目標（Millennium Development Goals=MDGs）と，2015年にそれを継承した持続可能な開発目標（Sustainable Development Goals=SDGs）があります．MDGsはワシントンコンセンサスが求めてきたような経済人の自由を重視する新自由主義的な政策が，途上国の貧困撲滅にはあまり寄与せず，むしろ，世界的に大きな格差をもたらしたという反省の下，特に途上国の貧困問題と，教育，健康問題を中心に8つの政策目標を定め，国際機関及び加盟各国政府にその取り組みを求めたものです．政府の役割は第2次世界大戦後の世界でも強調されたポイントであり，現在の国際機関は世界的な悲劇の遺産でもあります．21世紀の社会，改めてその重要性が注目されているといえます．

　SDGsはMDGsをさらに発展させたもので，「誰も取り残さない（leave no one behind）」ことを合言葉に，2030年までを一定の区切りとして，17のゴールと169のターゲットを設定しています．その特徴として，途上国ののみならず，先進国と途上国双方の問題を取り込み，貧困のみならず，より広い社会，環境問題を，また，国際機関や政府，NPOだけでなく民間企業に対しても，経済のみならず社会的な問題の解決にも積極的に役割を果たすことを求めています．企業は従来，経済的な利益を求め，社会問題の解決には無関係な存在，それゆえ規制される主体と考えられてきました．しかし，企業が社会的な問題に

取り組み，積極的にその責任を果たすことは，21世紀の企業活動の大きなポイントになるでしょう．

　21世紀の世界において，グローバル化が世界の人びとに幸せをもたらすかという問いに対して，本稿ではイエスと答えたいと思います．しかし，それは経済的なグローバル化，市場経済と自由貿易の浸透だけでなく，そこからもたらされる社会問題について認識し，対話し，多様なアクターがお互いに協力する非経済的なグローバル化を含めてのことと思います．政府，企業，国際機関やNPOは重要なアクターですが，最も重要なのは，そうした組織を構成し，また，日常生活を通してグローバル化に影響を与えている個々人です．より賢明な選択を行うために，個々人が世界を知り，正義を考えることは，自分自身の幸せにとっても，また，今日の世界にとっても重要であると考えられます．

注

1）国連UNHCR協会「UNHCRの難民支援」2020年（https://www.japanforunhcr.org/lp/trend，2020年4月10日閲覧）.
2）農林水産省「日本の食料自給率」2018年（https://www.maff.go.jp/j/zyukyu/zikyu_ritu/012.html，2020年4月10日閲覧）.
3）日本繊維輸入組合『日本のアパレル市場と輸入品概況』日本繊維輸入組合，2019年.
4）Apple Japan合同会社「サプライヤー責任」2019年（http://www.apple.com/jp/supplier-responsibility/，2020年4月20日閲覧）.
5）トダロ，M.P.・スミス，S.C.（森杉壽芳訳）『トダロとスミスの開発経済学』ピアソン桐原，2010年，p.151.
6）トダロ 前掲書，p.802.

参考文献

ウォーラーステイン，I.（川北稔訳）『近代世界システムⅠ，Ⅱ』岩波書店，1981年.
末廣昭『新興アジア経済論——キャッチアップを超えて』岩波書店，2014年.
スミス，A.（玉野井芳郎・田添京二・大河内暁男訳）『国富論』中央公論社，1980年.
スティグリッツ，J.E.（鈴木主税訳）『世界を不幸にしたグローバリズムの正体』徳間書店，2002年.
マディソン，A.（政治経済研究所訳）『世界経済史概観 紀元1年～2030年』岩波書店，2015年.
マンキュー，N.G.（足立英之・石川城太・小川英治・地主敏樹・中馬宏之・柳川隆訳）『マンキュー入門経済学』東洋経済新報社，2008年.
ラブ，P.・ロッテルムーア，R.（濱田久美子訳）『よくわかる国際貿易』明石書店，2010年.

# 索　引

**《執筆者紹介》** （掲載順. ＊は編著者）

＊大関雅弘　[第1章・第8章] ……………………………… 四天王寺大学人文社会学部 教授
おおぜきまさひろ

津崎克彦　[第2章・第15章] …………………… 四天王寺大学人文社会学部 専任講師
つざきかつひこ

座主果林　[第3章]………………………………四天王寺大学人文社会学部 非常勤講師
ざすかりん

五十川飛暁　[第4章]…………………………… 四天王寺大学人文社会学部 専任講師
いそがわたかあき

平井秀幸　[第5章]……………………………… 四天王寺大学人文社会学部 准教授
ひらいひでゆき

太田健二　[第6章]……………………………… 四天王寺大学人文社会学部 准教授
おおたけんじ

笠原一哉　[第7章]………………………………… 東海大学文化社会学部 専任講師
かさはらかずや

曽野　洋　[第9章]……………………………… 四天王寺大学人文社会学部 教授
そのひろし

藤谷厚生　[第10章]……………………………… 四天王寺大学人文社会学部 教授
ふじたにあつお

四方俊祐　[第11章]……………………………… 四天王寺大学人文社会学部 専任講師
しかたしゅんすけ

梅原隆治　[第12章]……………………………… 四天王寺大学人文社会学部 名誉教授
うめはらたかはる

山本　誠　[第13章]……………………………… 四天王寺大学人文社会学部 教授
やまもとまこと

田原範子　[第14章]……………………………… 四天王寺大学人文社会学部 教授
たはらのりこ

《編著者紹介》

大 関 雅 弘（おおぜき　まさひろ）

1954年　北海道生まれ
　　　　東北大学文学部社会学研究科博士後期課程単位修得退学
現　　在　四天王寺大学人文社会学部 教授
専攻分野　社会学理論，現代社会論

研究業績
『人間再生の社会理論』（共著）創風社，1997年.「日本の『社会文化』のいま」
『社会文化研究（第22号）』晃洋書房，2020年.『学生と市民のための社会文化
研究ハンドブック』（共著）晃洋書房，2020年.

　　新　版
　現代社会への多様な眼差し
　　　──社会学の第一歩──

2020年11月10日　初版第1刷発行　　　＊定価はカバーに
　　　　　　　　　　　　　　　　　　　　表示してあります

　　　　　　編著者　大 関 雅 弘 ©
　　　　　　発行者　萩 原 淳 平
　　　　　　印刷者　西 井 幾 雄

　　　　発行所　株式会社　晃 洋 書 房
　　　　〒615-0026　京都市右京区西院北矢掛町7番地
　　　　　　　　　　電話　075 (312) 0788番代
　　　　　　　　　　振替口座　01040-6-32280

カバーデザイン　㈱クオリアデザイン事務所
印刷・製本　㈱NPCコーポレーション
ISBN 978-4-7710-3429-7